JN066130

入門・マーケティング戦略

新版

池尾恭一

Ikeo Kyoichi

有斐閣

　本書の初版が出版されてから6年が経ちました。この間，デジタル化の進展やコロナ禍などもあり，マーケティングの現実は大きく変化しました。6年の間に，萌芽的であったものが大きな流れになったり，新たな動きが生まれたりといったことが，数多くみられました。こうした変化を取り入れ，さらに理論や事例を更新するために，今回，本書を改訂することにいたしました。

　また，本書をよりよいものにするという観点から，読者の方々から頂いたご意見も，できる限り今回の新版に取り入れました。ご意見をお寄せいただいた方々に厚く御礼申し上げます。

　最後に，この新版についても企画・編集・校正で大変にお世話になった有斐閣の柴田守氏に，心よりの謝意を表する次第です。

　　2022年8月

池尾　恭一

◆ウェブサポートページ
本書を活用した講義用のスライド素材，試験問題・解答など（先生用）を提供いたします。
http://www.yuhikaku.co.jp/books/detail/9784641166035

　日本の企業の強みはものづくりにあるといわれてきました。ところが，そのものづくりのすばらしさが必ずしも業績に結び付かず，苦戦を強いられる事例が多くみられます。つまり，よい製品をつくっているのに，うまく売れないのです。それにはいくつかの理由が考えられますが，その１つが広い意味での売り方の拙さ，つまりマーケティングの拙さです。

　マーケティングとはどのようなものかの詳細は序章に譲りますが，今日の日本の企業において，業種を問わず，マーケティングがますます重要性を高めていることは間違いないでしょう。

　本書はこのマーケティングを初めて学ぶ人たちを対象とした入門書です。典型的には，大学でのマーケティング入門コースの教科書，企業で初めてマーケティングに接する人たちのための入門書というイメージです。

　そのため，本書では標準的なマーケティングの体系をできる限りやさしく解説することを心掛けました。ただ，マーケティングは日進月歩しています。そうした最先端の動向も，できる限り取り入れるようにしました。

　本書のもう１つの特徴は，企業におけるマーケティングのあり方を決定的に左右する，マーケティング戦略に焦点を合わせた点です。マーケティングにおいては，製品（Product），価格（Price），プロモーション（Promotion），流通チャネル（Place）といった，4P（これらの頭文字をとったものです）をいかにすべきかが重要であることはいうまでもありません。しかし，より重要なのは，4P を背後で方向づけている，マーケティング戦略です。

　ただ，マーケティング戦略をつくるための公式があるわけではあ

りません。よりよいマーケティング戦略をつくるためには，企業を取り巻く環境を理解し，それらをもとに創造力を発揮して，考え抜く必要があります。そのためのガイドラインを提供するのが，本書の目的です。

この目的に向けて，本書では，マーケティング戦略とはどのようなものであり，その形成には，どのような知識と手順が必要かの解説に重点が置かれています。具体的には，環境理解のためのさまざまな枠組みの解説，ならびにマーケティング戦略形成のためのさまざまな枠組みの解説に力を入れています。これらにより，マーケティング戦略形成のためのガイドラインを会得できるはずです。そのうえで，マーケティング・テキストの定番である 4P の解説にも，もちろん十分なページを割いています。

なお，入門書という性格から，各章におけるやや高度な内容は，それぞれの章末に補論という形で掲載しています。本書を読み進むうえで，これらを読み飛ばして差し支えありません。必要に応じて，参照してください。

本書を執筆するにあたっては多くの方々からご支援をいただきました。とりわけ亜細亜大学の中川正悦郎専任講師は，本書の草稿に目を通し，貴重なコメントをくださいました。日々，初学者と向き合っている若手教員からのコメントは，本書の内容を大きく改善しました。また，有斐閣書籍編集第 2 部の柴田守氏には，本書の企画，編集，校正の段階で大変にお世話になりました。

これらの方々に深甚なる謝意を表する次第です。

それでは，マーケティングの世界へ入っていきましょう。

2016 年 4 月

池尾　恭一

目 次 CONTENTS

第2部　マーケティング戦略形成

序 章

マーケティングへの招待

1

1. マーケティングとは

例えば，あなたが，テレビ広告で興味を引かれたインスタント・ラーメンをコンビニ（コンビニエンス・ストア）の店頭でみつけ，価格も手ごろなので，試しに買ってみたら，その味がすっかり気に入って，また買いに行ってしまったとしましょう。現代社会におけるこのような状況は，当該インスタント・ラーメン・メーカーの**マーケティング活動**による部分が少なくありません。

インスタント・ラーメン・メーカーの観点から，こうした状況をつくり出すためには，例えば，狙いとする顧客（**標的市場**）を見定め，その顧客が特定の状況において気に入りそうな製品の開発をするというのは効果的でしょう。また，その製品の**出荷価格**やメーカー**希望小売価格**をいかに設定するかも，重要です。さらに，その製品の存在を標的となる消費者に知ってもらうために，いろいろな広告を行い，また，コンビニをはじめ，この製品を売るのに適切な小売店で取り扱ってもらえるよう，手配する必要もあります。

このようなさまざまな手段（**マーケティング手段**）を動員して，販売を体系的・効率的・効果的に支援するのが**マーケティング**です。

2009 年に，『もし高校野球の女子マネージャーがドラッカーの『マネジメント』を読んだら』（通称『もしドラ』，岩崎夏海著，ダイヤモンド社；新潮文庫刊）という本が出版され，大変に話題になりました。この本のタイトルにある，ピーター・**ドラッカー**は，アメリカの有名な経営学者です。そのドラッカーの言葉を借りれば，「マーケティングの目的は，顧客について十分に理解し，顧客に合った製品やサービスが自然に売れるようにして，セリングを不要にすること」なのです（Drucker 1974）。

もちろん，ここでいうセリングとは，「販売」ではなく，「売り込

み」といったニュアンスです。つまり，無理して売り込まなくとも自然に売れていくような「仕組みや仕掛け」こそが，マーケティングなのです。

　上で述べたようなマーケティング手段は，4P で知られる，**製品**（Product），**価格**（Price），**プロモーション**（Promotion），**流通チャネル**（Place）の 4 つのカテゴリーに分類されます。また，マーケティング手段の組み合わせは，**マーケティング・ミックス**と呼ばれています。このマーケティング・ミックスの決定，つまり，製品をどのようなものにするか，価格をいくらにするか，広告などのプロモーションをどのように行うか，どのような小売店で売るか（流通チャネル）の決定は，マーケティングにおける大切な仕事です。

　マーケティングにおいては，マーケティング・ミックスを標的市場に合わせなければなりません。つまり，狙いとする顧客の好みや行動に合った形に 4P を決めていくわけです。

　ただ，標的市場にマーケティング・ミックスを合わせようとしているのは，自社だけではないのが普通です。当然のことながら，競合各社も，自社の製品を顧客に買ってもらえるよう，同様にマーケティング・ミックスを標的市場へ合わせようとしています。したがって，競合状況のなかで，顧客からの購買に至るためには，標的市場へのよりよい適合が必要になり，そのためには，標的市場から成る**市場環境**とともに，**競争環境**の理解が求められます。また，この標的市場への適合競争は，**流通環境**，**技術環境**，**政治環境**など，さらに多くの環境要因に囲まれたなかで行われるのが普通で，したがって，それらさまざまな環境要因への目配りも必要になります。

2. マーケティングの登場

　このマーケティングが生まれたのは，19 世紀末から 20 世紀初頭

3

のアメリカだといわれています。当時アメリカでは，**大量生産技術**や**大規模生産技術**がさまざまな産業で次々と導入されていました。つまり，生産段階での大規模化による効率の追求により，費用の削減と競争力の強化が目指されていました。しかし，工場に投資を行いライバルより効率的な生産を行うことができるようになったとしても，それが成果として実を結ぶためには，生産された製品が販売されなければなりません。マーケティングは，このような形で生産体制への投資が行われているなかで，販売を体系的・効率的・効果的に支援するための活動として登場しました。

　例えば，シンガーミシンは 1880 年代に大規模な生産設備を完成させて，実に全世界の 75 ％のミシンを製造するとともに，それらの販売のためにより直接的かつ効率的な流通チャネルを採用していったといわれています。

　また，石鹸などで知られる P&G も同じ頃，**アイボリー石鹸**等の製品を生産するために大規模な工場を建設するとともに，大規模な広告と販売支店網の創設に乗り出しました（Chandler 1977）。

　こうした動きのなかでどれをもってマーケティングの原点とするかを見定めることは，必ずしも容易ではありません。ただ，19 世紀末のアメリカにおける生産能力の増大が，そこで生産された製品をいかに売るかという販売問題の重要性を高め，やがてマーケティングを生み出すことになったという流れは，間違いないでしょう。

　フォード自動車の創業者であるヘンリー・フォードが，新しい組立ラインにより自動車の大量生産を始めたのは 1908 年のことでした。この組立ラインによる大量生産が，販売価格の大幅な切り下げを可能にしました。その結果，登場したのが**モデル T** という自動車です。

　もっとも，フォードによるモデル T の価格切り下げは，顧客志向の考えに基づくものでした。つまり，低価格を実現すれば，大量販

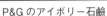

P&G のアイボリー石鹸

フォードのモデルT
（写真提供）　トヨタ博物館

売が見込めるであろうというフォードの読みによるものでした。価格が需要拡大の障害となっているとき，フォードにみられるような，大量生産技術を背景とした価格の切り下げは，ライバルに打ち勝つという競争的観点のみならず，市場拡大の観点からも意味があります。また，一体いくらまで価格が下がれば市場が爆発的に拡大するのかに関する判断は，多くの場合マーケティング上非常に大切です。フォードはこの判断をきわめて適切に行ったわけです（Levitt 1962; Chandler 1964）。

　しかし，仮に需要拡大の障害が価格にあり，大量生産技術の導入によって費用の削減が可能になったとしても，それだけで販売の拡大が可能になるとは限りません。販売の拡大には，流通チャネルをはじめ，販売を体系的・効率的・効果的に支援する活動が必要になることも少なくありません。つまり，マーケティングです。このように，少なくとも当初のマーケティングは，生産技術の改良による費用削減を需要に結び付ける活動という側面が強かったといってよいでしょう。

5

3. 顧客志向のマーケティング

　1920年代までのアメリカのマーケティングは，**高圧的マーケティング**と呼ばれ，生産技術の改良による費用削減を需要に結び付けるという色彩が強いものでした。アメリカでは1929年から有名な大恐慌が起こります。これをきっかけに，マーケティングは，**コペルニクス的転換**と呼ばれた大転換により，顧客志向の**低圧的マーケティング**に向かっていきます（森下 1959a; 1959b）。

　大恐慌のもとでは，売り手が大規模な生産設備を維持しているにもかかわらず，買い手の購買力は低下してしまいます。その結果，需要が停滞すれば，売り手間の競争は激化します。しかも，大量生産体制のもとでの消費生活に慣れ親しんだ買い手は，製品を見る目を向上させています。こうしたなかで，ライバルに打ち勝って買い手に選択されるためには，より買い手の立場に立ったマーケティングが必要になります。つまり，つくった物をいかに売るかという，製品を起点とした**プロダクト・アウト**の発想ではなく，売れる物をいかにつくるかという，市場を起点とした**マーケット・イン**の発想への転換が求められます。このマーケット・インの発想に基づくマーケティングこそ，顧客志向のマーケティングにほかなりません（図 序−1）。

　これが現代におけるマーケティングの考え方であり，そのための活動が現代のマーケティング活動です。

　このマーケティングを行うのは，企業などの組織体です。これらの組織体は，売上拡大や利益拡大といった目標を達成するために，マーケティング活動を体系的・効率的・効果的に行う必要があります。そのためにはさらに，マーケティング活動をうまく管理していかなければなりません。このマーケティング活動に対する管理が，

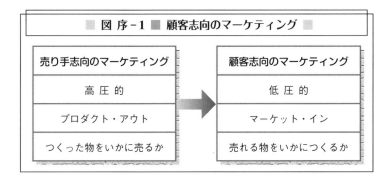

■ 図 序－1 ■ 顧客志向のマーケティング

売り手志向のマーケティング	顧客志向のマーケティング
高 圧 的	低 圧 的
プロダクト・アウト	マーケット・イン
つくった物をいかに売るか	売れる物をいかにつくるか

マーケティング・マネジメントです。したがって，マーケティング・マネジメントは，企業など組織体の経営管理の一翼を担うものだと考えてよいでしょう。

　なお，本書の以下の記述では，マーケティングを行う組織体として，企業とりわけ消費財メーカーを想定していますが，それらの記述のほとんどは，それ以外の企業（生産財メーカー，流通企業，サービス企業など），さらには学校，病院，自治体などの組織体がマーケティングを行う場合にも適用可能です。

　日本の場合，マーケティングが本格的に導入されたのは第二次世界大戦後の 1950 年代半ばのことでした。当時は折からの高度経済成長のもとで需要の急激な伸びがみられ，供給がそれに対応できない場面も少なくなく，それだけに，つくった物をいかに売るかという高圧的マーケティングの要素も少なくなかったように思われます。

　ところが，1970 年代中頃を境に，日本経済は経済成長率を低下させて安定経済成長期へ移行し，さらに 90 年代にはバブル経済崩壊後の経済の低迷を経験しました。その結果，日本においても，顧客志向の現代的マーケティングの考え方の必要性が次第に高まっていきました。

　したがって，マーケティングやマーケティング・マネジメントの

考え方自体は，1950年代半ばから導入されてきましたが，顧客志向のマーケティングが本格的に求められるようになったのは，業界によって違いはあるものの，それほど古いことではないといえるでしょう。

そのマーケティングが，1990年代以降，インターネットの登場と普及にともない，大きく変化していきます。それは，単にマーケティング手段としてインターネットが活用されるというだけでなく，消費者の行動や業務用ユーザーの行動そのものを変えることによっても，マーケティングのあり方に大きな影響を及ぼしました。

本書では，マーケティングのそうした新たな動きを念頭に置いたうえで，議論を進めていきます。

4. マーケティング戦略とマーケティング・ミックス

マーケティングを実施していくためには，市場環境や競争環境といった外部環境をできる限り正確に把握したうえで，そうした環境へのマーケティング・ミックスの適応を方向づける枠組みが必要になります。これが**マーケティング戦略**です。

マーケティング戦略とはなにかについて，最もよく知られている枠組みは STP と呼ばれるものです（Kotler and Keller 2006）。STP とは，**市場細分化**（Segmentation），**標的設定**（Targeting），**ポジショニング**（Positioning）の頭文字をとったものです。

市場機会の識別と市場細分化・標的設定

マーケティング戦略においては，まず，市場機会が識別されなければなりません。つまり，どこにビジネスのチャンスがあるかの識別です。

そのうえで，対象となる市場のなかで，競争上の優位性という配

慮を踏まえながら，どの部分を標的とするかが決められなければなりません。

　そのために，マーケティング戦略では，なんらかの基準によって，多様な購買がそれぞれのなかでは相対的に同質的ないくつかのグループ（**セグメント**）に区分されます。すなわち，買い手の**ニーズ**はさまざまでしょうし，同じ買い手であっても，場面によってニーズは異なります。こうした多様な購買をいくつかのセグメントに分けて，セグメントごとにマーケティング手段を適合させていくというのが，市場細分化の考え方です。

　市場細分化では，なんらかの基準によって市場がいくつかのセグメントに分けられます。例えば，年齢によって市場をいくつかのセグメントに区分する，どこに住んでいるか（地理的特性）によって市場をいくつかのセグメントに区分する，どのような**ライフスタイル**をもっているかによって市場をいくつかのセグメントに区分する，といった具合です。

　市場を細分化したうえで，標的とすべきセグメント（**標的市場**）が選択されます。市場細分化の結果つくられたいくつかのセグメントのなかで，どれを選ぶかの標的選択基準としては，それぞれのセグメントにおけるニーズの性格や競争の程度，それぞれのセグメントに対応するさいの必要資源，社内外に有する強み・弱み，収益性，企業目標との関連，といった要因が挙げられます。

　どのような基準で市場を細分化し，どのセグメントを標的にするかという作業は多分にクリエイティブな作業であり，他に類をみないやり方でセグメントを切り取ることで大きな成果を達成した事例も多くみられます。

　例えば，**QB ハウス**という理美容チェーン店が，時間志向・節約志向のセグメントに焦点を当て，シャンプー，ブロー，シェービングなどのサービスをやめることによって 10 分 1000 円（現在は 1200

QBハウスの店舗と店内の様子
（写真提供）　キュービーネット株式会社

円）という短時間・低価格のヘアカット・サービスを実現したというのは，そうした例の1つです。

どのようなセグメントを標的として選択するかによって，マーケティングを取り巻く環境は変わってきます。つまり，標的設定とは，セグメントの切り取りであり，環境の選択です。したがって，どのような形でセグメントを切り取るかについての種々の可能性を検討するためには，環境分析を行うことが必要になります。また，いかにセグメントの切り取りがクリエイティブな作業だとしても，そうして切り取られたセグメントに対して，マーケティング上の打ち手が検討される以上，セグメントは規模が測定可能であるとともに，広告や流通チャネルによって到達可能なものでなければなりません。

このように，マーケティング戦略形成においては，最初に似かよったニーズを有する顧客グループに市場を細分化し，それらのなかで標的を設定するという，市場細分化と標的市場の設定が行われます。

ポジショニング

次はポジショニングです。ポジショニングとは，標的となるセグメントの顧客に提供される，価値の設計です。価値の設計は，いかなる価値を提供するか（提供価値）といかなる方法でその価値を提供するか（提供方法）に分けられます。例えば，先ほどのQBハウ

■ 図 序-2 ■ STP と選択内容

STP		選択内容	
S	市場細分化	標的市場	だ れ に
T	標的設定		
P	ポジショニング	提供価値	な に を
		提供方法	い か に

スの場合，短時間・低価格での「手軽なヘアカット」というのが提供価値であり，それを実現するための独自のヘアカットのやり方やさまざまな設備，機器，備品が提供方法です。

マーケティング戦略と 4P

　この STP の枠組みによって，だれに対して，いかなる価値をいかに提供するかが方向づけられます（図 序-2）。こうした価値を実現するための具体的計画が**マーケティング計画**であり，その内容は 4P の組み合わせとしてのマーケティング・ミックスとして示されます。あるいは，この枠組みによって，**差別的優位性**という観点から，マーケティング・ミックスに一貫性が提供されるといってもよいでしょう。

　一般に，標的市場の設定や提供価値・提供方法のあり方には，膨大な可能性が存在し，新規性や独自性が重要な役割を果たします。マーケティング戦略形成にはクリエイティブな要素が強い，つまり創造的な思考が求められるというのはそのためです。ただ，マーケティング戦略の目指すところは，顧客により大きな価値を提供して，かれらがその製品に支払ってもよいと考える価格（**支払意思価格**: Willingness to Pay: WTP）を高めるか，従来と同様の価値をより低いコストの方法で提供するか，この両者の組み合わせということにな

11

ります。

　これに対して，マーケティング戦略があたえられたなかでのマーケティング・ミックスの決定には，ある程度の決まったやり方が存在します。つまり，「このようなときは，こうしたらよい」という決まったやり方です。

　例えば，納豆のような食品の流通チャネルを例に考えても，標的が単身者の場合はコンビニが，主婦の場合はスーパーが，強調されることになるでしょう。また，カメラやオーディオのような製品の場合，詳しいマニアのような顧客には印刷媒体によるプロモーションが向いているのに対し，一般顧客にはテレビ媒体によるプロモーションが効果的になる，といった具合です。

5. 本書の構成

　本書は，3部，12章から構成されます。

　「環境分析」と名づけられた第1部では，マーケティングを取り巻く主要な環境が取り上げられます。第1章では，競争圧力の強さ，自社とライバルの相対的な強みや弱みなどから成る，競争環境が取り上げられ，競争環境とはいかなるものであり，それにいかに対処すべきかが示されるとともに，いかなる競争環境のもとでより高度なマーケティング戦略が求められるかが論じられます。

　第2章は市場環境にあてられます。マーケティングの焦点が，市場環境への適合にある以上，市場環境の理解はマーケティング戦略の形成にとって不可欠です。それだけに，マーケティング分野では市場環境の中核を占める消費者の行動の理解に，膨大な研究エネルギーを投入してきました。第2章ではその概略をかなりの紙幅を割いて解説します。

　第3章のテーマは流通環境です。消費財のマーケティングを想定

したとき，メーカーと消費者の間には，多くの場合，小売業者や卸売業者が介在します。かれらはどのような役割を果たし，どのように行動しているのでしょうか。それらを理解することは，マーケティング戦略を形成するうえできわめて重要です。さらに，近年のインターネットの普及は，それが消費者への販売手段となりうるだけに，流通環境のあり方に大きな影響を及ぼします。そのため，第 3章では，インターネットの流通への影響にも言及されます。

「マーケティング戦略形成」と名づけられた第 2 部では，マーケティングのあり方を方向づける，マーケティング戦略形成のための考え方や枠組みが示されます。

まず，第 4 章では，マーケティング戦略形成の第一歩として，事業機会を探し出し，評価するための枠組みが紹介されます。成長マトリクス，事業領域の定義，SWOT 分析，ポートフォリオ分析がその内容です。

次いで，第 5 章では，探し出された市場機会に対する，市場細分化と標的設定の進め方が，検討されます。現代マーケティングにおいては，顧客が求めるものを提供するという顧客志向が強調されてきましたが，顧客が求めるものは顧客間で互いに同じとは限りません。そこで，マーケティング手段に対する反応が相対的に類似している顧客をなんらかの規模で市場セグメントという形でグループ化し，このグループごとにマーケティング手段を適合させようという，市場細分化の考え方が生まれてきました。この市場細分化とそのなかでの標的設定が第 5 章のテーマです。

第 6 章では，競争相手に対して有利な立場に立てるようなやり方で顧客に価値を提供するための枠組みが示されます。具体的には，①標的の絞り込みによる方法，②コスト・リーダーシップを目指すやり方，③競合他社との間に，顧客にとって意味のある違いをつくり，独自の魅力をもって競争優位を目指そうというやり方が説明さ

れます。さらに，こうした価値を実現するための企業間ネットワークのあり方や提供価値に関する信頼関係をもとにした顧客との継続的な取引関係の維持やエンゲージメントの醸成が議論されます。

続く第7章のテーマは，新製品開発戦略です。現代の企業環境のなかで，持続的な成長を維持するうえで，新製品開発は重要な役割を果たします。第7章では，この新製品の開発過程が，マーケティング戦略構築との関連のなかで，検討されます。

さらに，第8章では，製品ライフサイクルを取り上げます。新製品が導入されてからやがて消えていくまでの過程は，人間の一生になぞらえて，製品ライフサイクルと呼ばれます。この製品ライフサイクルの各段階がどのような特徴をもち，どのようなマーケティング施策を必要とするかが，第8章で説明されます。

「マーケティング・ミックスの策定」と名づけられた第3部では，マーケティング戦略のもとでの，4P各要素の決定を扱います。

マーケティング戦略が決まれば，市場環境をはじめとする環境要因もより特定化されますし，そのなかでいかなる価値をいかなる方法で提供していくかも示されます。その結果，具体的なマーケティング手段の組み合わせ，すなわちマーケティング・ミックスの大枠もあたえられます。

ただ，マーケティング戦略によってマーケティング・ミックスの大枠があたえられたとしても，実際にマーケティング・ミックスを策定するにあたっては，さらにさまざまな決定が行われなければなりません。第3部の各章では，製品政策，価格政策，プロモーション政策，流通チャネル政策それぞれの特性とともに，それぞれにおいていかなる決定がいかに行われるかが検討されます。

具体的には，第9章の製品政策では，提供価値と提供方法をどのような製品で実現し，どのようなサービスを付随させるか，さらにいかなる製品ラインを形成し，いかなるブランドを使うかが課題と

なります。また，製品の一形態であるサービス（無形製品）のマーケティングについても取り上げます。

　第10章の価格政策では，実際の価格設定に影響をあたえるさまざまな要因が論じられるとともに，複数の市場標的の間で，あるいは複数の製品の間でいかに価格を使い分けるかが検討されます。

　第11章のプロモーション政策では，標的市場に対して提供価値や提供方法を効果的かつ効率的に伝えるためのプロモーション手段が，消費者情報源との対応のなかで取り上げられ，そのうえで，プロモーション手段の組み合わせであるプロモーション・ミックスのあり方が，インターネット環境を踏まえた形で検討されます。

　最後に，第12章の流通チャネル政策では，標的市場に提供価値を届けるための最適な流通チャネルの選択と管理が検討されます。また，流通チャネルとしての電子商取引の特徴に言及されるとともに，メーカーによる新たなタイプのオンライン消費者直接販売（D2C: Direct to Consumer）が取り上げられます。

第1部　環境分析

　マーケティング戦略形成においては，標的市場が設定（Seg-
mentation + Targeting）され，提供価値・提供方法のあり方が
決定（Positioning）されなければなりません。しかし，そのため
には，まずマーケティング戦略形成の対象となる，市場機会が探
索され，評価されなければなりません。

　市場機会の探索や評価の目的は，環境からの市場機会の切り取
りです。この市場機会の切り取りを出発点とするマーケティング
戦略形成のためには，マーケティングを取り巻く環境要因が分析
され，その環境分析のもとで，市場機会の探索や評価が行われ，
そうして選択された市場機会について，さらに，標的市場が切り
取られ，提供価値・提供方法のあり方が決定されなければなりま
せん。

　加えて，こうしたマーケティング戦略のもとで，マーケティン
グ・ミックスを策定していくうえでも，環境の理解は不可欠です。

　マーケティング戦略形成においては，マクロの外部環境要因を
考慮することも大切です。**マクロ外部環境要因を分析するために
しばしば用いられる枠組みは，PEST 分析**と呼ばれるものです。
その名称は，**政治要因**（Politics），**経済要因**（Economy），**社会
要因**（Society），**技術要因**（Technology）の頭文字を並べたも
のです。

　まず，P の政治要因としては，選挙結果，外交動向，法規制，
税制などが挙げられます。当然のことながら，政治要因は，国政
レベルのものと，都道府県・市町村など，さまざまな自治体レベ
ルのものが考えられます。

　E はマクロの経済要因であり，景気動向，個人消費動向，設備
投資動向，金利，株価，外国為替，原油価格などです。

Sの社会要因には，人口動態，教育，社会環境，風潮，流行などが含まれます。少子高齢化や健康志向といった社会傾向がマーケティングのあり方に影響をあたえることは明らかでしょう。

Tの技術要因にもさまざまなものが考えられますが，自社製品に直接関わる技術のほか，社会インフラに影響を及ぼす技術にも目配りする必要があるでしょう。例えばインターネットの登場と発展は，ほとんどすべての企業に影響をあたえたといった具合です。

PEST分析においても，それぞれについて，自社が全体として受ける影響だけでなく，各標的が受ける影響を分析します。また，これら外部環境については，短期的傾向のみならず，長期的傾向にも注目する必要があるでしょう。

これに対して，マーケティングを取り巻く環境要因のなかで最も直接的な影響を及ぼすのが，顧客（Customer），企業（Company），競争（Competition）であり，これらに関する分析は，頭文字をとって3C分析と呼ばれています。

以下では，第1章において，競争環境を自社の状況を踏まえながら説明します。次いで，第2章では，顧客から構成される市場環境を検討します。

マーケティング環境としては，3Cのほか，流通チャネルを構成する流通業者の動向も，マーケティング成果に大きな影響を及ぼすことがあります。

そのため，第3章では，流通環境について，詳しく検討します。

第 *1* 章

競争環境

Introduction

　マーケティングの中心課題は，競合企業との競争のなか
で，標的とする顧客（標的市場）のニーズとマーケティン
グ・ミックスをよりよく適合させることです。したがって，
市場環境とともに，競争環境を理解することは非常に大切
です。いかに新たなニーズを発見し，それに対応する製品
を提供しても，競合企業がそれよりよい製品を提供すれば，
あるいは同等の製品をより安い価格やより強力な流通を通
じて提供すれば，十分な成果を達成することは困難になり
ます。また，それらに対抗しようとした結果，期待してい
た利益が得られないということもあります。

　そのため，マーケティングにおいては，ライバルや代替
製品などによる競争圧力はどのようなものであるか，競合
企業と自社との相対的な強みや弱みはどうなっているか，
といった競争環境を踏まえたマーケティング戦略形成の重
要性が，強調されてきました。

　本章では，この競争環境とはいかなるものであり，それ
にいかに対処すべきかが示されるとともに，いかなる競争
環境のもとでより高度なマーケティング戦略が求められる
かが論じられます。

1. 成長市場と成熟市場

成長市場とマーケティング戦略

　まず，**成長市場と成熟市場**の違いから考えましょう。

　成長市場とは，市場全体が伸びている市場です。そのため，成長市場においては，場合によっては，需要の伸びに供給の伸びが追いつかないことがあります。つまり物不足です。そうなれば，よほどひどい製品をつくっていない限り売れていくでしょう。

　もちろん，こうした場合であっても，消費者は自分のニーズによりよく合った製品を買いたいでしょう。しかし，仮に自分が一番気に入った製品も，二番目に気に入った製品も売り切れならば，三番目に気に入った製品でも，それが許容範囲に入るならば，買ってしまうでしょう。

　図1-1において，縦軸を製品の望ましさとして，5つの製品があり，製品4以外の4つが最低許容水準を超えているとします。この状況で本来購買されるのは，最も望ましい製品である製品5のはずです。しかし，それが売り切れならば，製品2が購買されるでしょう。仮に製品2も売り切れならば，製品1にも，場合によって製品3にさえ，チャンスはやってくるわけです。

　つまり，こうした状況では，顧客ニーズに最も合った，最も望ましい製品でなくとも，とくに価格を下げることなく，買われてしまうのです。比較的アバウトなニーズ適合でもなんとかなるわけです。その結果，企業間でマーケティングの良し悪しがあったとしても，それが業績格差としては顕在化しにくく，むしろ供給力のある企業が売上を伸ばすことになります。

　ここまで極端ではなくとも，市場全体が成長している状況では，その市場にいる企業すべてが対前年比で売上増ということが可能に

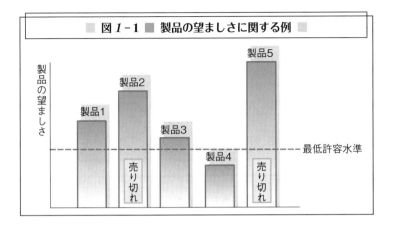

図 *1-1* ■ 製品の望ましさに関する例

なります。そうなると，各企業のマーケティングの関心も，どちらかといえば，ライバルに対するシェアの拡大というよりは，新規顧客の開拓に向けられる傾向にあります。もう買う気になっている顧客を対象とした，ライバルとのニーズ適合競争ではなく，まだ買う気になっていない顧客にいかに買う気になってもらうかです。

　そのため，競争といっても市場拡大競争であり，マーケティング戦略の形成においても，ライバルに対して強みを生かすといった競争環境への配慮よりも，標的顧客のよりよい理解といった市場環境への注目に，重点が置かれることが多くなります。

　もちろん，後々のことを考えるならば，この時期におけるシェア確保はきわめて重要な意味をもちます。しかし，競争圧力が弱い状況では，そうであっても，マーケティング・ミックスと環境との適合に関しては，かなりアバウトなものでも受け入れられることが少なくないわけです。それだけに，成長期では，供給力増強の判断が重要な役割を果たします。

成熟市場とマーケティング戦略

これに対して，成熟市場においては，市場全体の伸びは低下します。例えば，極端な例として，市場全体の規模は一定のままという，**ゼロサム**の市場を想定しましょう。そこでは，売り手企業間で，伸びない市場の奪い合いが予想されます。マーケティングの観点からは，よりよいニーズ適合を巡る競争といってよいでしょう。そうなると，成長期と比べ，より精度の高いニーズ適合が求められるとともに，そのニーズ適合を方向づけるマーケティング戦略にもより大きな役割が期待されます。

ゼロサム市場において，ある企業が対前年比で売上を伸ばしたとすると，他の企業のいずれかは，必ず売上を減少させます。したがって，この状況で，ある企業が売上増をもたらすような新製品を発売したとすると，ライバル企業たちは，それによって自社の売上が減らないように，あるいは自社の売上を逆に増加させるような手だてを講じようとするでしょう。ライバルを強く意識した相互行為，つまりやり合いが予想されるわけです。

それだけに，仮にある企業がうまくニーズを摑んだ新製品を発売しても，ライバルが簡単には追随できないような仕掛けがないと，市場シェアを大きく伸ばすことは難しくなります。

そのため，成熟市場においては，成長市場と比べ，より競争を意識した形でマーケティングが行われることになります。例えば，**新製品**を計画する場合に，成長期では，その製品が顧客のニーズに合ったものであるかが最大の考慮事項になります。これに対し，成熟期では，顧客のニーズとの適合が大切であることはもちろんですが，それとともに，ライバルが追随してきたときに自社の強みを発揮できるかということも，重要な考慮事項になります。

しかも，市場が成熟化して，市場全体の伸びが望めなくなると，企業間のこうしたマーケティングの良し悪しが，業績格差として顕

在化しやすくなります。

　日本の場合は，1970 年代前半の**第一次石油危機**をきっかけに，経済がそれまでの**高度成長**に別れを告げ，**安定成長期**に入りました。

　もちろん，高度成長とか安定成長といっても，それは国全体の経済に関することで，個々の産業においては，高度成長期にも成熟市場はあるでしょうし，安定成長期にも成長市場はあるでしょう。しかし，高度成長期には安定成長期と比べれば成長市場が多く，逆に安定成長期には成熟市場が多くなるのは，確かです。

　その結果，1970 年代には，全般に成熟市場が増加することとなり，マーケティング戦略においても，市場環境のみならず，競争環境を強く意識した対応が余儀なくされていきました。

　さらに，高度成長の過程で自らも急成長を遂げ大規模化した企業間で競争が行われるようになると，市場がかなりの成長を遂げても，競争に参加しているすべての企業の成長目標を同時に満たすことは相対的に困難になります。競争参加企業の規模が限られているときには，市場成長がすべての参加企業の成長目標を吸収することも，不可能ではありません。しかし，各企業の規模が拡大すると，同じ市場成長があっても，成長目標を達成しうる企業の数は限られてきます。そのため，競争参加企業の規模が拡大するにともない，同じ市場成長があっても，各企業のマーケティングにはより競争を意識した対応が求められることになりました。

2. ファイブ・フォーシズ

　成長市場から成熟市場に入ると，より競争を意識した，精度の高いニーズ適合が求められ，それを方向づけるマーケティング戦略にもそれなりの工夫が必要になります。また，ライバルとの差別化が重要ということになると，顧客ニーズとの適合において，新たなニ

ーズをみいだすといった，独自性の追求も，重要性を高めてきます。

ファイブ・フォーシズと投資利益率

しかし，競争圧力は，市場成長率のみによって決まってくるわけではありません。世の中には，成長市場であれ成熟市場であれ，競争が緩やかで，それほど厳しいニーズ適合を行わなくても利益をあげることができる業界もあれば，そうではない業界もあります。簡単にいえば，世の中には，**競争構造**の観点からいって，儲けやすい業界と儲けにくい業界があるのです。

この点を考えるうえでしばしば使われるのが，有名な**ファイブ・フォーシズ**の枠組みです。

ある事業がどのくらい儲かるか（長期的な**投資利益率**＝投資額に対する利益の比率）は，その事業が属する業界の特性によってある程度決まってきます。アメリカの経営学者マイケル・ポーターは，事業の長期的な投資利益率を規定する環境要因（圧力）を図1-2のように整理し，ファイブ・フォーシズと名づけました（Porter 1980）。さまざまな事業の長期的な投資利益率は，戦略などの打ち手以前の問題として，ファイブ・フォーシズにまとめられる競争要因（競争構造）によって規定されるというわけです。例えば，家電産業と比べた，製薬産業の利益率の高さは，このファイブ・フォーシズで説明される部分が少なくありません。

したがって，ある事業やある標的がどれだけ魅力的であるかも，ファイブ・フォーシズによって規定されます。

ファイブ・フォーシズの詳細

ファイブ・フォーシズは，具体的には以下のような形で，利益率に影響を及ぼします。

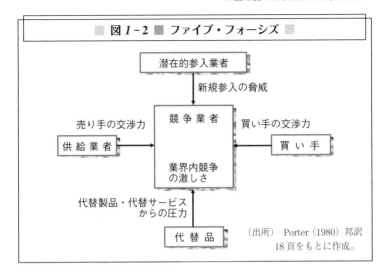

■ 図1-2 ■ ファイブ・フォーシズ ■

（出所）　Porter（1980）邦訳
18頁をもとに作成。

① 既存競争業者：業界内の競争の激しさ

　業界内に多数の競争業者が存在したり，同じような規模のライバルがひしめき合ったりしている，固定費用や在庫費用が高い，製品差別化が難しい，簡単には撤退できないといった状況の業界では，価格競争，広告合戦，新製品導入などの形で展開される，業界内部の既存業者間競争が激しくなります。業界内部の競争が激しくなれば，業界全体の市場規模がそれによって拡大しない限り，利益率は低下します。

② 潜在的参入業者：新規参入の脅威

　新規の業者が業界に参入すると，生産能力が増大し，市場シェアを巡る争いが激化します。そうなると，価格が低下するか，競争に対抗するための費用（広告費，キャンペーン費用など）が増大して，利益は低下します。そのため，**新規参入の脅威**が大きい業界では，新規参入を封じ込めるためにあらかじめ価格を低めに設定しなければならず，その結果，利益率は低下します。

25

③　代替品：代替製品・代替サービスからの圧力

　競争環境を構成するライバルは，同じ業界の企業だけとは限りません。他の業界において**代替品**を供給している企業に注目することも必要です。競争とは顧客が「迷う」ことであり，その「迷う」対象には，他の業界の代替品も含まれます。例えば，スマートフォンは明らかに小型デジタル・カメラと代替関係にあります。そのため，スマートフォンのカメラ機能が充実するほど，小型デジタル・カメラの売上は影響を受けます。代替品が魅力的なものであるほど，自社製品の価格を低く抑えたり，製品の魅力を高めたりするための支出が必要になり，利益率は低下するわけです。

④　買い手：買い手の交渉力

　買い手は値下げを迫ったり，よりよい品質やサービスを要求したりします。こうした買い手の要求を無視したとき，その買い手との取引を失う可能性が大きく，しかもその取引を失うことによる自社のダメージが大きい場合，買い手の交渉力は強くなります。買い手の交渉力が強くなれば，買い手の要求に応じざるをえなくなるわけで，結果として，自社の利益率は低下します。

　もっとも，消費財の場合，買い手としての最終消費者が，価格に敏感になることはあっても，消費財メーカーに直接値下げを迫るといったことはなかなかないでしょう。この場合，メーカーの利益率に大きな影響を及ぼす買い手は，小売業者や卸売業者です。例えば，食品メーカーにとって，大量仕入れを行う**コンビニ**や**量販店**は強い交渉力をもつわけで，そのことが食品メーカーの利益率を押し下げる要因になっています。

⑤　供給業者：売り手の交渉力

　代替的な供給元がないなどの理由により，売り手の交渉力が強い場合は，売り手が値上げを迫ったり，品質やサービスを引き下げたりしても，それらを拒否できず，結果として，自社の利益率は低下

します。パソコン・メーカーにとって，**ウィンドウズ** OS を有する**マイクロソフト**社や，CPU で大きなシェアをもつ**インテル**社が手強い供給業者であることは明らかでしょう。

ファイブ・フォーシズによって，その業界の利益率はある程度決まってきます。競争圧力が弱いところでは，利益率は高くなります。したがって，企業経営の立場からは，その企業の事業を利益率の高い分野に集中させてしまうという考えも生まれてきます。アメリカの GE という巨大企業で 1980 年代から 2000 年前後にかけて手腕を発揮した**ジャック・ウェルチ**という経営者のやり方は，これに通じるものがあるといわれています。

COLUMN

ジャック・ウェルチと GE の経営改革

GE（General Electric）は，かの発明王トーマス・エジソンを起源とする，アメリカを代表する企業です。GE はもともと発電・送電機器や家電製品に焦点を合わせていましたが，その後，航空機エンジン，医療機器など多くの分野へ多角化していきました。また，GE は先進的な経営手法を取り入れてきた企業としても知られていました。

1981 年ジャック・ウェルチが CEO（Chief Executive Officer: 最高経営責任者）に就任したとき，GE はすでに売上高 274 億ドル，純利益 17 億ドルの巨大企業でしたが，企業を取り巻く環境は折からの不況もあって厳しさを増していました。そこで，ウェルチが取り組んだのが，事業内容の再構成と人員削減でした。

有名な「ナンバーワンかナンバーツーになれなければ撤退か売却」「3 つの事業グループ（中核製造事業，技術集約事業，サービス事業）に当てはまらないものは撤退か売却」という大胆なメッセージを発

し，事業構造の再構成にあたりました。1981年から90年の間に
GEは，200以上の事業を売却して110億ドルを得る一方，370以
上の買収を行い，210億ドルを投入しました。売却した事業はGE
の売上の25％を占めていました。この売却と買収とともにリスト
ラを進め，1980年から89年の間に，GEの従業員は40万4000
名から29万2000名に削減されました。

　1990年前後からウェルチは，グローバル化と製品サービスに注
力しました。

　グローバル化に関しては，「ナンバーワンかナンバーツー」という
ルールを世界市場における地位に置き換え，1985年に売上高に占
める海外比率が20％にすぎなかったものを，2000年にはほぼ50
％にまで引き上げました。

　製品サービスとは製品に付随して提供されるサービスで，医療機
器，航空機エンジン，電力プラントなどが正常に作動しているかを
遠隔で監視し続けたり，旧式の機械を最新の技術で甦らせたりとい
ったものが典型です。これらを含めたGEにおけるサービスの売上は，
1980年に15％であったものが，90年代の末には70％弱を占め
るようになりました。

　ウェルチがCEOを辞する直前の2000年の段階で，GEの売上高
は1300億ドル，純利益は127億ドルとなりました。また，GEの
時価総額は1981年の130億ドルから引退時には4000億ドルを超
え，ウェルチは経営者としてきわめて高い評価を得ることになりま
した。

　ウェルチの改革はこのほかにも企業文化の刷新や品質管理など多
くの分野に及びますが，ここで述べたような事業内容の再構成が業
績向上に大きく寄与したことは間違いないでしょう。

参考文献 Bartlett and Wozny（2005），Bennis（2002），森本（2001），
Welch（1980-1999）。

競争構造とマーケティング戦略

ただ，競争構造の観点から利益率の高い業界であっても，顧客はいらないものは買いません。したがって，ニーズとマーケティング・ミックスの適合は必要です。しかも，競争構造から利益率が高くとも，成熟市場であれば，ニーズ適合には，成長市場と比べ，それなりの精度や独自性が求められるかもしれません。しかし，それにしても，利益率の低い業界に比べれば，求められるマッチングの精度や独自性は限られたものだといってよいでしょう。つまり，競争構造に恵まれて利益率が高いということは，必要とされるニーズ適合の精度や独自性も低く，マーケティング戦略における工夫の必要性も低くなるということなのです。逆に，競争が激しくなれば，より正確なニーズ適合やより独自性をもったニーズ適合が必要とされ，それだけに，標的選択をはじめマーケティング戦略での工夫の必要性は高まります。

ファイブ・フォーシズに要約される**競争構造**から高い利益率が達成されやすい業界では，その恵まれた環境ゆえに，他の業界からの新規参入が予想されます。それでも，参入障壁が高ければ，高い利益率はある程度まで維持されます。しかし，長期的には，利益率の高い業界への参入の試みが続き，やがて利益率は低下していく傾向にあります。

さらに，グローバル化，規制緩和，IT（情報技術）の発展などの要因はいずれも競争圧力を強め，利益率を低下させる方向に作用します。例えば，経済のグローバル化が進めば海外からの参入の可能性が生まれます。規制緩和が行われれば，それまで参入できなかった業界からの参入が可能になるかもしれません。ITが発展してインターネットが普及すると，消費者の選択肢が増え，売り手からみれば，競争圧力が増すという事態も考えられます。

このような形で競争圧力が増し，業界の利益率が低下していくと，

自社だけでもなんとか利益率を維持したいと考えるのは自然なところです。そのための1つの方向が，強みの蓄積と活用です。マーケティングの観点からは，とりわけ強みを生かしたニーズ適合，強みを生かしたマーケティング戦略が重要になります。

3. 自社の経営資源

　強みを生かしたマーケティング戦略を考えるうえで大切なのは，自社と競合企業の相対的な強みや弱み，競合企業に対する自社の**競争優位**を知ることです。そのためには，競合企業の状況とともに，自社の状況の把握も不可欠になります。

　自社の状況，とりわけ自社の**経営資源**を分析するにあたっては，**VRIO 分析**と呼ばれる枠組みが有効でしょう（Barney 2002）。ここで，経営資源とは，自社が保有する金，物，人（個人），組織（個人の集合体）がどのような状態にあるかを表すものです。VRIOとは，経済価値（Value），希少性（Rarity），模倣可能性（Imitability），経営資源活用のための組織体制（Organization）の頭文字をとったものです。この4つの観点から，自社が有する経営資源を評価し，経営資源の改善や戦略作成に役立てようというわけです。

　経済価値とは，保有経営資源を用いて，自社は環境における脅威や機会に適応することができるのかという問いによって評価されます。つまり，現在保有している経営資源によって，新たに持ち上がった脅威に対処したり，新たに生まれた機会を活用したりすることができるかです。例えば，チャンスをものにするために必要とされる製品の開発に，自社の技術陣がもっている技術で対応できるかです。

　保有経営資源がいかに経済価値をもっていても，多くの競合企業によっても保有されていれば，それらはなかなか競争優位の源泉に

はなりません。そこで大切なのが，どれくらいの数の企業がその経営資源を保有しているかという，希少性です。上記の例でいうならば，自社の技術陣がもっている技術を競合他社がもっているかです。

　経済価値があり，かつ希少な経営資源は競争優位の源泉となりえます。ある会社がその経営資源を活用して競争優位を確立すれば，ライバルのなかには同じような経営資源を手に入れようと考えるところが出てくるでしょう。もしライバル企業がその経営資源を簡単には，あるいは費用上の不利を被ることなく手に入れることができないならば，その競争優位はより強固なものになるでしょう。これが模倣可能性です。これもまた，上記の例でいうならば，競合他社がその技術を簡単に手に入れることができるかどうかです。

　経済価値があり，希少で模倣が困難な経営資源を競争優位に結び付けるためには，それらを活用するための組織的な方針や手続きが必要です。具体的には，報酬体系や命令・報告系統などです。これが経営資源活用のための組織体制です。上記の例では，その技術を活用していくうえで，つまりその技術を用いて製品を開発し，生産し，市場に導入していくうえで，会社の組織体制が十分に整っているかです。

4. 戦略グループ

　一般に，成熟期の市場においては，競合各社は，市場環境とそれぞれの強みと弱みを考えながら，戦略を構築します。したがって，同じ市場に向かい合っていても，もっている強みと弱みが異なれば，とりうる戦略は違ったものになりえます。だが，逆に，一定の市場環境のもと，各企業それぞれの強みと弱みがいくつかのパターンを成しているときには，各社の戦略もそれに応じたパターンを示す可能性が強くなります（Porter 1980）。

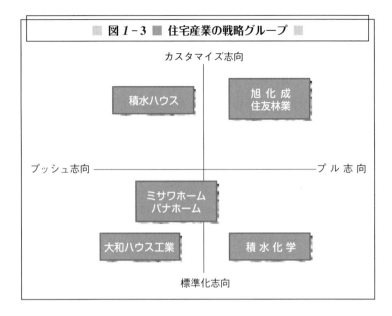

図 *1*-3 ■ 住宅産業の戦略グループ

カスタマイズ志向

積水ハウス

旭化成
住友林業

プッシュ志向 ─────────────── プル志向

ミサワホーム
パナホーム

大和ハウス工業

積水化学

標準化志向

住宅産業における戦略軸

　そこで，住宅産業を例にとり，主要メーカー各社の戦略のパターンを考えてみましょう。図1-3は，2000年代末における主要メーカー各社を，カスタマイズ志向対標準化志向，プッシュ志向対プル志向という2つの戦略軸を用いて，グループ分けしたものです。

　ここで，カスタマイズ志向とは，住宅建設にさいして，間取りなどに関して，顧客により高い自由度を提供し，顧客の要望により細かく対応していこうというものです。これに対して，標準化志向とは，顧客の選択幅をある程度制約するなかで，より魅力的な企画を割安な価格で提供していこうというものです。

　プッシュとプルは，詳しくは第11章第7節で説明しますが，プロモーション活動を中心とした，マーケティング・ミックスのパターンです。

	積水ハウス	大和ハウス工業	積水化学	ミサワホーム	パナホーム	住友林業	旭化成
2008年	10.98	14.19	6.14	9.65	7.29	4.76	5.66
2009年	11.26	14.98	5.91	9.20	8.33	4.73	5.91

■ **表 1-1** ■ 住宅産業における住宅展示場当たりの営業担当者数

（出所）　住宅産業研究所（2010）48，50，51 頁をもとに作成。

　プッシュとは，消費者へのプロモーションにあたり，小売店頭での説明販売や推奨販売に重点を置くやり方です。これに対して，プルにおいて企業は，自身の製品力と広告による消費者への働きかけによって指名購買を導くことに重点を置きます。

　住宅産業の場合は，取り扱われる製品の特性から，いずれの企業のマーケティング・ミックスも，他の耐久消費財などと比べれば，よりプッシュ型なものになるでしょう。しかし，住宅産業のなかではやはり，製品の販売における価格を含めた製品力と営業担当者による営業力の相対的重要性という観点から，企業間でプッシュ型とプル型の違いが識別されます。

　プッシュとプルの相対的な重要性は，1つには表1-1にあるような，住宅展示場当たりの営業担当者の数に反映されるとみることができます。すなわち，住宅展示場当たりの営業担当者数が多ければ，それだけ営業力の相対的重要性が高いわけで，よりプッシュ型のミックスが志向されていることになります。これに対して，住宅展示場当たりの営業担当者数が少ない場合には，より製品力依存型であり，プル型のミックスが志向されているといえるでしょう。

　住宅産業における各社の戦略は，それぞれが有する経営資源を反映して，この2つの軸に沿って分類されます。これらのグループは，それぞれの内部では戦略が相対的に類似しているという意味で，**戦**

略グループと呼ばれます（Porter 1980）。

経営資源と移動障壁

　ある産業に複数の戦略グループがあるとき，それらの戦略グループのうち，戦略が環境とうまく適合し，内部での競争も限られているところでは，利益は相対的に大きくなるでしょう。

　では，仮に，このような理由により，戦略グループ間で利益に差があるとすると，利益の低いグループの企業は，高いグループに移動すべく戦略を変更することになるのでしょうか。実際には，必ずしもそうはいきません。

　というのは，各戦略グループにはそれぞれを支える強みがあり，他のグループの企業はこの強みを簡単には入手できないことが少なくないからです。この場合，戦略グループ間の移動は困難です。つまり，戦略グループ間に**移動障壁**が存在するわけです。

　したがって，ある戦略グループの戦略が環境に適合し内部での競争も限られ，しかもそれを取り巻く移動障壁が高いほど，そのグループにおける利益は大きくなります。

　図1-3に示された戦略グループも，個々の企業が有するこうした強みあるいは弱みを反映したものだとみることができます。

　これらのなかで，売上高・利益とも，最も高い実績をあげてきたのは，設計自由度の高い製品をプッシュ型のマーケティングで拡販してきた，**積水ハウス**でした。

　では，なぜ他の戦略グループの企業は，積水ハウスの戦略に追随することができなかったのでしょうか。そこには，どのような移動障壁があったのでしょうか。

　結論からいえば，積水ハウスの戦略を支えてきたのは，他社を圧倒する強力な営業力でした。すなわち，積水ハウスはすでに1980年代から，いちはやく設計自由度の高い中高価格帯の製品ラインを

強化し，それらの販売に適した質量ともに充実した営業陣の育成を図ってきました。さらに，獲得した顧客に対しては，製品販売後もアフターサービスなどで囲い込みを行い，顧客間の紹介受注にも，力を注いできました。また，こうした営業体制のなかで，社内における営業担当者の発言力を高めるとともに，高価格製品顧客の高い要求水準に耐えうる営業担当者の能力を磨いていきました。

これに対して，競合他社は，過去においてはそうした販売方法をとらなくとも売上をあげていくことができたということもあって，設計自由度や営業力の強化に後れをとったといえるでしょう。

それら競合他社のなかで，例えば**旭化成**や**住友林業**は，設計自由度の高い中高価格帯の製品を強調してきましたが，ヘーベルハウスや在来工法といった製品特徴依存型で，営業力という面では，積水ハウスに劣るものがありました。これに対して，ミサワホーム，パナホーム（ナショナル住宅建材）[1]，**大和ハウス**は，かなりの営業力を整備してきましたが，主力製品が自由度では劣る中ないし中低価格帯であったこともあって，設計自由度を生かす営業力という面では，やはり積水ハウスには及びませんでした。また，ミサワホームやパナホームは，流通チャネルがディーラーを介した間接流通であり，直接販売の積水ハウスと比べると，営業担当者に対するコントロールの弱さという面も否めませんでした。

積水化学の場合は，設計自由度が相対的に低い企画重視の中低価格帯製品を中心とする一方で，数多くのモデルハウスを設置し，それらへの訪問客に対して，価格訴求をともなったコスト・パフォーマンスの高さを売りものに，より少ない数の営業担当者で販売していくという戦略をとってきました。つまり，積水化学のマーケティ

1）　ミサワホームとパナホームは，こののち2020年に，パナソニックとトヨタ自動車の合弁会社である，プライム ライフ テクノロジーズのグループ企業となりました。

ング戦略は，積水ハウスとは対極をなしてきました。

5. 競争対抗戦略

　ある産業に属する各企業の戦略は，市場環境とそれぞれが有する経営資源によって規定され，戦略グループが構成されます。しかし，いったん戦略グループが形成されたならば，それらのなかに含まれる各企業はいかなる競争を行えばよいのでしょうか。また，同じ戦略グループに属する企業間の競争はいかに行われるのでしょうか。これらに対して答えをあたえるのが，**競争対抗戦略**の考え方です。

競争対抗戦略の類型

　競争対抗戦略に関する 1 つの有力な枠組みは，**リーダー**，**チャレンジャー**，**ニッチャー**，**フォロワー**という，戦略類型です（嶋口1986）。

　この類型によれば，まず，リーダーとは産業内で最大のシェアと経営資源を有する企業です。したがって，リーダー企業は，競合企業間で製品などが少なくとも顧客の目から見て大きな違いがない限り，他の面で優っているため，有利に競争を進めることができます。つまり，リーダー企業の戦略の鉄則は，競合企業からの差別化には同様のもので対抗し，また自ら差別化を行わず，競合企業との間に違いをつくらないという**同質化**であり，また，競合企業のあらゆる攻撃に備えるという**全方位化**です。

　加えて，リーダーである以上，価格競争による機会損失，そして市場全体の拡大による売上増も最大となることから，価格競争の回避と市場全体の拡大への動機も最も大きくなります。つまり，価格競争で価格が下がり業界全体として利益が低下したとすると，シェア最大のリーダーが最も多くの利益を失うことになります。逆に，

　新規顧客の吸引，新用途の開発，既存ユーザーの使用量の拡大など
を通じて市場が拡大した場合，シェア最大のリーダーはその拡大分
の最も大きな部分を獲得する確率が高くなります。それだけに，リ
ーダーの関心は，価格競争の回避と市場全体の拡大に向かうわけで
す。
　これに対して，二番手以下の企業には，いくつかの戦略代替案が
存在します。
　このうち，チャレンジャー戦略とは，リーダーの地位を窺うべく，
積極的にリーダーに攻撃を仕掛けていくというものです。しかし，
これらの企業は，リーダー企業と比べ経営資源に劣るため，同質的
な競争では，勝ち目は少ないです。そのため，チャレンジャー戦略
は，リーダー企業に対していかに**差別化**を図っていくかに向けられ
ます。
　ただ，二番手以下の企業のすべてが，差別化によってリーダーに
チャレンジすべきであるわけではもちろんありません。経営資源の
面で他の企業に後れをとる企業の場合，それらを限られた市場なり，
製品なり，流通チャネルなりに投入することによって，**集中化**のメ
リットを狙っていくという戦略もありえます。これが，ニッチャー
戦略で，リーダーとの関係は棲み分けということになります。
　また，市場がすでに成熟化し，しかも製品差別化の余地が少ない
とき，あるいはリーダーがあまりに強力なときには，あえてリーダ
ーに攻撃を挑むより，リーダーのリーダーシップに従っていくとい
う，フォロワー戦略が有効になります。魅力の少ないセグメントで
生き残り，リーダーとはむしろ**共生**していこうというわけです。

リーダー戦略と「鍵となる成功要因」

　競争対抗戦略のこのような類型化は，現実のかなりの競争状況に
おいて有用な指針となります。しかし，この類型を用いるさいに最

も問題となるのは，リーダー企業といっても，市場をいかに定義するかによって変わってきてしまうことです。

　住宅産業の場合は，市場を低層住宅とみても，あるいはプレハブ住宅とみても，2000年代における積水ハウスのリーダーとしての地位は揺るぎません。ただ，産業によっては，個々のセグメント別に定義する必要があるかもしれませんし，グローバルな競争が展開されているときは国境を越えて，市場を定義する必要があるかもしれません。

　そうなると，逆説的ではありますが，問題は，市場をいかに定義するにせよ，リーダー戦略をとりうる企業が存在するか否かということになります。ある産業においてトップシェア，とりわけ安定したトップシェアを有する企業は，リーダー戦略をとりうるリーダーであることが多い傾向にあります。これは，そうした企業が単に最大のシェアをもつだけではなく，市場環境とVRIOから考え，最も重要な経営資源において，圧倒的な強みを有する傾向にあるからです。すなわち，その業界での競争における「**鍵となる成功要因**」（Key Success Factor: KSF）に優れているからです。

　このKSFが安定しているとき，リーダー企業はリーダー戦略をとりうるわけです。

競争対抗戦略とニーズ適合やマーケティング戦略の関係

　こうした競争対抗戦略類型は，ニーズ適合やマーケティング戦略のあり方とどのように関わるのでしょうか。リーダー企業の場合は，KSFを生かしながら，同質化や全方位化を行って，チャレンジャー企業と同じような形でニーズ適合を図っていけばよいということになるのでしょう。例えば，KSFが営業力であるならば，それを生かしながら，あとはチャレンジャー企業と似通ったマーケティング・ミックスを提供する，ということになります。

　これに対して，チャレンジャー企業は差別化を必要とするわけで，ニーズ適合においても，リーダー以上の精度のニーズ適合，あるいはリーダーとは異なる形でのニーズ適合が求められます。

　ニッチャーは，標的設定の部分で独自性を発揮することにより，優位性を目指すわけですから，標的設定を含むマーケティング戦略全般にわたって工夫が必要になります。

　フォロワーは，魅力の少ないセグメントを標的に，リーダーと類似した製品でリーダーとの共生を図るわけですが，ニーズ適合においては，できるだけリーダーに近いものを提供することが有効になるでしょう。例えば，価格は安いがあまり聞いたことがないブランドの製品が売上を伸ばしていくためには，リーダー企業の製品と類似した特徴を備えることが有効であろう，ということです。そうなると，マーケティング戦略に関しては，標的の選択が重要な課題となります。

　したがって，リーダーが比較的単純なマーケティング戦略を採用するのに対し，二番手以下の企業には，程度の差こそあれ，より工夫を凝らしたマーケティングが求められることになります。

6. KSF の崩壊と産業の不安定化

KSF としての囲い込み流通チャネル

　戦後の日本では，COLUMN「囲い込みとオープン化」にあるように，多くの産業において，市場環境と VRIO から，自社の製品を優先的に販売する，囲い込み流通チャネルが KSF となってきました。これらの産業で流通チャネルを形成するのは，自社の営業部門であったり，販売会社であったり，あるいは外部の流通業者であっても長期の取引相手であったりしました。例えば，キヤノン製品の国内での販売を担当するキヤノン・マーケティング・ジャパン（キ

ヤノン販売）はキヤノンの事実上子会社です。これに対して，**トヨタ自動車**の販売会社の多くは，トヨタ自動車からは独立の存在として長期にわたってトヨタ自動車の製品の販売にあたっています。また「Panasonic」の看板を掲げた系列小売店は，長期にわたって，**パナソニック**の製品を中心に販売を行ってきました。

　つまり，メーカーと流通チャネルの間は，雇用関係や契約関係や人間関係などによって，半ば固定的に結ばれることが少なくありませんでした。そのため，流通チャネルは，とくに日本においては，いわゆる4Pに要約されるマーケティング手段のなかで，模倣や変更が最も困難であり，それだけに優れた流通チャネルは，きわめて重要な競争優位の源泉になってきました。

　これらの産業でリーダー企業が同質化によって好ましい業績を維持してきたのは，そうした企業が単に最大のシェアをもつだけではなく，KSFである囲い込みの流通チャネルにおいて，数や質の面で圧倒的な強みを有し，そのKSFが安定していたからです。

　このような状況のもとでは，仮に二番手以下の企業が差別化努力を行い，それに成功したとしても，その成功が大きなものであるほど，リーダーの同質化を呼び，リーダーの優位を揺るがすことは容易ではありませんでした。つまり，リーダー企業は，囲い込み流通チャネルという経営資源で，二番手以下の企業の差別化努力という脅威に十分に対抗できたわけです。

COLUMN
囲い込みとオープン化

　日本にマーケティングが導入されたのは1950年代半ばのことでした。それはちょうど日本が高度経済成長を迎えたときでした。

　高度経済成長のもと次々と導入される新製品と急激に変わりゆく

社会のなかで，日本の消費者やユーザー（業務用）は相対的に未熟
な状態に置かれることになりました。この未熟な消費者・ユーザー
は，リスク回避的で，そのこともあって，双方向コミュニケーショ
ンが可能な人的情報源に依存する傾向にありました。日本のマーケ
ティングは，それらに対応した形で，展開されました。具体的には，
細かな差別化を施した同質的な製品を次々に投入し，人的情報源を
擁する流通チャネルを囲い込み（専属化し），それをサポートするた
めにフルラインの製品を揃えたというわけです。

　競争優位という観点から，これらのなかでとくに大きな役割を果
たしたのは，簡単に模倣することができない，人的情報源としての
囲い込みの流通チャネルでした。囲い込みの流通チャネルに強みを
もつ企業が，同質的な製品をフルラインで揃え，比較的小さな差別
化を施した新製品を次々に投入していくというのが，戦後の日本に
おけるマーケティングの勝ちパターンでした。

　しかし，かつて未熟だった消費者・ユーザーは，日々の学習のな
かで未熟さを解消していきます。そうなれば，マーケティングも対
応しなければなりません。未熟性を解消していく消費者・ユーザー
は，自らの判断で自分のニーズに合ったものを選択する能力を高め
ていきます。この状況では，同質的製品は価格競争を招きやすく，
むしろ正確なニーズ把握に基づく大胆な差別化が求められます。た
だ，企業にもよりますが，大胆な差別化を施した製品を次々に投入
しながら，フルラインを維持していくことは相対的には難しくなり
ます。その結果求められるのが**選択と集中**です。

　開発・製造部門としては，差別化製品を実現するためには，選択
と集中により力を絞り込んでいくことが効果的です。しかし，流通
チャネルと接している営業部門にとってはどうでしょうか。顧客と
接する流通チャネルにとって，その流通チャネルと接する営業部門
にとって，顧客のニーズに応えていくためには，フルラインを揃え

ていたほうがやりやすいはずです。**ワンストップ・サービス**ないし**ワンストップ・ソリューション**です。

この相反する要請に応えるための方策が**オープン化**です。つまり、開発・製造部門が選択と集中を行って欠落した部分を、営業部門は他社の製品を仕入れて補うというわけです。選択と集中により製品力の強化を図り、選択されなかった部分は他社による製品力のある製品を仕入れれば、営業部門として強力な製品ラインナップを用意することができます。他方、開発・製造部門は選択と集中により製品力の強化ができれば、他社の営業部門や流通チャネルに売り込むことも可能になるわけです。

こうして、流通チャネルの囲い込みを特徴としてきた日本のマーケティングは、営業部門、流通チャネルによる、他社の製品も仕入れるという意味でのオープン化と、開発・製造部門の選択と集中による製品力強化へと向かっていったわけです。

参考文献 池尾（1999）。

KSF 崩壊の過程

逆に、この条件が満たされなくなったとき、すなわち、KSF の模倣可能性が高くなると、あるいは差別化の脅威に同質化で対応しづらくなると、リーダーの地位は危うくなり、業界の安定は崩れていきます。

例えば、ある企業が囲い込み流通チャネルを KSF としてリーダーの地位にあったとしましょう。この状況で、囲い込み流通チャネルの模倣が容易になれば、リーダーの地位はもちろん維持できなくなります。

では、簡単には模倣ができない場合を想定して、二番手の企業（チャレンジャー企業）が積極的に、さまざまなメーカーの製品を扱う量販店チャネル（例えば**家電量販店**）で拡販を行ったとしましょう。

すなわち，流通チャネルによる差別化です。

　こうした状況で，リーダー企業が2つの異なる流通チャネルで積極的に拡販することは必ずしも容易ではありません。これは，チャネルでの差別化の場合，リーダー企業が同質化して量販店で積極的に拡販すると，囲い込みの**対面販売**型小売店（例えば家電系列小売店）が窮地に追い込まれるからです。つまり，人件費比率が高い従来からの対面販売型小売店は，大規模で低費用の量販店で同じ製品を低価格で売られると太刀打ちできません。そのため，リーダー企業による同質化は，自らのKSFを損なうことになってしまいます。

　流通チャネルでの優位性は簡単には模倣されませんが，新たなチャネルが登場したときに，簡単には同質化できないのです。

　それでも，多くの消費者が量販店ではなく，対面販売型小売店を購買場所として選択しているならば，リーダー企業において問題は生じません。

　問題が生じるのは，無視できない割合の消費者が対面販売型小売店よりも量販店を好むようになった場合です。そうなると，量販店チャネルでの拡販というチャレンジャー企業による差別化が有効なものになります。この場合，リーダー企業としてはその差別化に同質化によって対抗したいところです。ところが，チャレンジャー企業によるこの差別化に同質化すると，リーダー企業のKSFである囲い込み流通チャネルそのものを犠牲にすることになります。

　このような状況になると，囲い込み流通チャネルをKSFとしたリーダーの地位は崩れ，業界は不安定期に向かうことになります。

競争対抗と需要不適合

　リーダー企業を陥れるもう1つの可能性は，競争対抗のための同質化が，結果として，ニーズとの不適合をもたらすというものです。

　マーケティングの基本は，顧客ニーズとマーケティング・ミック

スの適合でした。したがって，顧客ニーズが進化すれば，それに応じて，マーケティング・ミックスも進化させなければなりません。しかし，こうしたニーズ適合はライバル企業との競争のなかで行われます。つまり，顧客ニーズによりよく適合したマーケティング・ミックスを巡る競争です。

そうなると，ライバルと比べよりよい適合を行えばよいわけで，リーダーとしての地位が強固であればあるほど，「大は小を兼ねる」的な発想のもとで，同質化による競争対抗をニーズ適合に優先させることが合理的になります。

上記で説明した，流通チャネルをKSFとしたリーダー戦略は，その典型です。

しかし，競争優位を目指した同質化は，競争対抗をニーズ適合に優先させているだけに，時としてマーケティング・ミックスを顧客ニーズから乖離させます。その結果，ライバルには負けないが，顧客満足度は低下するという事態を招きます。

こうした事態は，短期的にはシェアや利益を増加させても，やがて新規参入を生み，業界構造の劇的変化をもたらすことが少なくありません。

7. イノベーションのジレンマ

技術開発競争と製品のコモディティ化

競争に負けないための動きが，結果としてニーズ適合を悪化させるという事態は，前節で述べたようなリーダー戦略による同質化だけから生じるわけではありません。技術開発競争も，時として同様の事態，すなわちニーズ適合の悪化をもたらします。

企業は，よりよい性能（ないし品質やサービス）をめぐってしのぎを削ることが少なくありません。しかし，こうした性能改善は顧

客に望まれるものなのでしょうか。もちろん、それらにコストを要しないのであれば、改善は多くの場合顧客に歓迎されるでしょう。しかし、性能の改善には、ほとんどの場合、費用をともないます。その費用が顧客に転嫁されたときには、それを上回る価値がもたらされなければ、魅力は低下します。

　それにもかかわらず、多くの企業は果てしない改善競争を繰り返し、顧客が求める性能水準を上回った過剰性能をもたらし、そのことが、製品の**コモディティ化**、**価格競争**、そして利益の低下の一因にもなっています。ちなみに、製品のコモディティ化とは、多くの顧客が製品間の違いを認めなくなり、価格だけが判断基準になってしまう現象です。

イノベーションのジレンマと破壊的技術

　そうしたなかで、注目を集めてきたのが、アメリカの経営学者クレイトン・クリステンセンによる「**イノベーションのジレンマ**」という考え方です（Christensen 1997）。

　クリステンセンは、技術の進歩のあり方として、**持続的技術進歩**と**破壊的技術**を区別します。持続的技術進歩とは従来の性能指標にしたがって製品の性能を高めるものです。つまり、通常の技術進歩です。パソコンの処理速度が上がった、自動車の燃費がよくなった、カメラの解像度が改善されたというのは、持続的技術進歩の例です。

　企業は、互いの競争のなかでこの持続的技術進歩を繰り返しています。ところが、この技術進歩をめぐる企業間競争は、場合によっては、図1-4にあるように、製品の性能をやがて市場のハイエンド（最も高い性能を求める人々）で求められる以上の水準にまで押し上げてしまいます。つまり、競争がニーズとの乖離をもたらしているわけです。

　そこで登場するのが破壊的技術です。破壊的技術は従来とはまっ

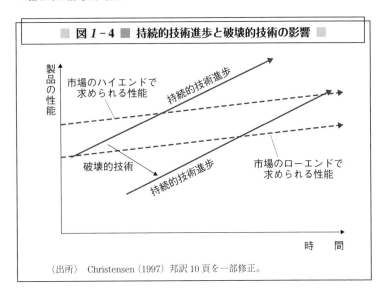

図1-4 ■ 持続的技術進歩と破壊的技術の影響

製品の性能

市場のハイエンドで
求められる性能

持続的技術進歩

破壊的技術

持続的技術進歩

市場のローエンドで
求められる性能

時　間

（出所）　Christensen（1997）邦訳10頁を一部修正。

たく異なる価値基準を市場にもたらします。破壊的技術は，従来市場においては既存製品よりもむしろ性能が下回りますが，新たな顧客に評価される傾向があるという特徴を有しています。タブレットPC，格安旅行，ファスト・ファッションなどは，破壊的技術の例です。

　例えば，iPadのようなタブレットPCは，従来のノート型PCと比べれば，性能は劣りますが，携帯しやすさや操作性によって，ノート型PCとはかなり異なる市場を作り上げ，さらに後にはノート型PCの市場の一部を侵食しているといってよいでしょう。

　クリステンセンによれば，「新規参入企業」がこの破壊的技術をもって参入するのに対し，「実績ある企業」はこれをうまく採用できない傾向にあり，そのことが多くの優良企業による失敗の原因になっています。

　では，なぜ実績ある企業は破壊的技術をうまく採用することがで

きないのでしょうか。その原因は，実績ある企業の財務構造と顧客構造にあります。

すなわち，破壊的技術は既存技術と比べ利益率が低く，従来の重要顧客には評価されない傾向にあります。破壊的技術の市場は，少なくとも当初は小さいか，新しく，規模の予測が困難です。こうした市場に，実績ある企業が十分な投資を行うのは，難しい傾向にあります。

その結果，実績ある企業は既存技術への投資を続け，破壊的技術への対応に遅れ，新規参入企業が破壊的技術でリーダーシップを握ることになるというわけです。

さらに，既存技術と同様に，破壊的技術もその登場後は，高性能，高利益率を目指して，持続的技術進歩を図ります。その過程で，図1-4に示されているように，破壊的技術も，その進歩のペースが需要変化のペースを上回り，当初，標的とした市場のローエンドで求められている性能はもとより，やがてハイエンドの要求さえも上回るようになっていくというわけです。

こうして，技術競争も，ニーズとの不適合をもたらすことになります。それだけに，マーケティング戦略の形成にあたっては，競争対抗や技術動向に心を配りながらも，常に標的とすべき市場がなにを求めているかに焦点を当て続けていかなければなりません。

8. まとめ

マーケティングの目的は，ニーズとマーケティング・ミックスの適合であり，それを方向づけるのがマーケティング戦略でした。この適合においてどれだけの精度や独自性が求められるかは，競争環境の厳しさによって左右されます。

供給が需要に追いつかない場面さえありうる成長市場では，ニー

ズ適合においてさしたる精度や独自性は求められません。それが，全体としての伸びが期待できない成熟市場になれば，さらにファイブ・フォーシズの観点からは高い利益が期待できない市場になれば，あるいはライバル企業がKSFを確保し自らは二番手以下の立場にある市場になれば，より精度の高いニーズ適合，より独自性のあるニーズ適合が求められ，それに応じて，より綿密な，よりオリジナリティのあるマーケティング戦略が求められることになります。つまり，競争環境がタフなものになるほど，より高度なマーケティング戦略が求められるといってよいでしょう。業界が不安定期になった場合も同様です。

　しかし，競争環境がどのようなものであれ，ニーズとマーケティング・ミックスの適合を方向づけるマーケティング戦略が必要であることに変わりはありません。そして，このマーケティング戦略を形成するためには，顧客から成る市場環境を理解することが不可欠です。

　次章では，この市場環境を検討していきましょう。

■■■■ 練習問題　　　　　　　　　　　　　　　**EXERCISES ■**

1. 典型的な好業績業界と典型的な低業績業界をそれぞれ探し，それらの業績の違いをファイブ・フォーシズの観点から説明してください。

2. 図1-3のような戦略グループを別の業界について，描いてみてください。

3. 日本では多くの業界において，囲い込みの流通チャネルが鍵となる成功要因（KSF）となってきましたが，それはなぜだと思いますか。また，近年では，囲い込み流通チャネルのKSFとしての地位が崩れている事例が少なくありませんが，それはなぜでしょうか。典型的と思われる業界を取り上げて，説明してください。

4. 破壊的技術の例を挙げ，それが当該業界での競争にどのようなインパクトをもたらしたかを説明してください。

第2章

市場環境

Introduction

　マーケティングを取り巻く環境のなかで，しばしばきわめて大きな役割を果たすのが，顧客から構成される市場環境です。

　ニーズ適合に関わるマーケティングにおいては，人々がどのようなニーズをもつかとともに，どのようにしてニーズを満たすための購買を行うかが焦点となります。

　顧客には，一般消費者もいれば，会社の業務のために購買を行う業務用顧客もいます。業務用の顧客もマーケティングの対象としてはきわめて重要な存在ですが，本章ではよりなじみのある一般消費者の購買を想定して説明していきます。

　消費者はさまざまな製品やサービスをどのように評価し，購買を決定しているのでしょうか。本章では，その仕組みを，現在の主流の考え方である消費者情報処理アプローチを中核において，解説していきます。

1. 消費者行動の捉え方

S－Rアプローチ

図2-1は，消費者の行動に関する最も単純な考え方を示したものです。つまり，消費者にある条件のもとである刺激をあたえると一定の反応が得られるということです。マーケティング手段はこの刺激にあたり，反応は，購買といった行動です。この刺激と反応の関係，例えば価格を下げれば購買する確率が高まるという関係を明らかにしていこうというわけです。ブラックボックスというのは，この部分を考えることなく，刺激と反応の関係にのみ注目するということです。こうした考え方は，**刺激**（Stimulus）－**反応**（Response）**アプローチ**とか，頭文字をとって**S－Rアプローチ**と呼ばれています。なお，図に描かれている**フィードバック**という矢印は，ある刺激に対する反応が，次の反応に影響をあたえることを示しています。

S－O－Rアプローチ

こうした刺激と反応の関係に注目するだけでも，マーケティングのやり方に対して大きな示唆がもたらされることは少なくありません。しかし，場合によっては，刺激と反応の関係がなぜもたらされたのかという，理由を明らかにする必要があることもあります。つまり，消費者のなかでなにが起こっているのかの解明です。S－Rアプローチが消費者の内面をブラックボックスとして扱っているのに対し，図2-2で示したこのアプローチは，消費者の内面をも解明の対象としているため，**S－O－Rアプローチ**と呼ばれています。なお，Oは生活体（Organism），すなわち人間のことです。

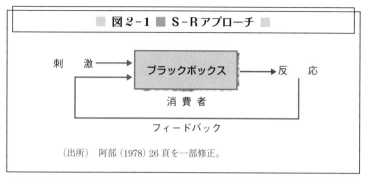

■ 図2-1 ■ S-Rアプローチ ■

刺　激 ⟶ ブラックボックス ⟶ 反　応

消　費　者

フィードバック

（出所）　阿部（1978）26頁を一部修正。

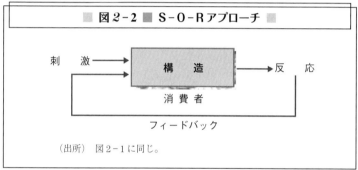

■ 図2-2 ■ S-O-Rアプローチ ■

刺　激 ⟶ 構　造 ⟶ 反　応

消　費　者

フィードバック

（出所）　図2-1に同じ。

消費者情報処理アプローチ

　刺激-反応というと，刺激を受けて反応するという受け身の消費者というイメージになります。これに対して，現代の消費者行動研究の多くでは，よりよい説明を可能にするために，消費者をより能動的な存在として捉えています。つまり，消費者は自らの「問題」を解決するために能動的に行動すると考えます。ここで「問題」とは，なにかが足りないこと，すなわち目標の状態と現状とのギャップです。この問題を解決するために，消費者は，あたえられた能力の制約のなかで，能動的に情報（刺激）を探索・取得・処理し，購買を行うとみるわけです。例えば，空腹というのは，なにかが足り

51

ない状態であり，その問題を解決するために，情報を探索・取得・処理し，購買を行い，空腹を解消するという，目標の状態を達成していくわけです。これが，現代消費者行動研究の主流である，**消費者情報処理アプローチ**の考え方です。

さらに，消費者情報処理アプローチでは，消費者が購買を行う環境の違いや消費者の個人差に注目します。つまり，同じ刺激を受けても，状況が異なれば，また消費者が異なれば，結果は異なると想定しています。

消費者の環境の違いや個人差に注目しながら，問題解決のための，購買に至るまでの**心的過程**を解明するというのが，情報処理アプローチの特徴です。

環境要因としては，文化，下位文化，家族，準拠集団，マクロ外部環境要因，状況要因が，**個人要因**としては，人口統計特性，パーソナリティ，ライフスタイルが取り上げられてきました。

なお，環境要因と個人要因の詳細については，章末の補論（2-1，2-2）で解説されています。

2. 消費者の購買意思決定過程

消費者は種々の環境要因の影響を受けながら，そして個人に特有の事情をもって購買意思決定を行います。

したがって，マーケティング戦略やマーケティング・ミックスの策定にあたっては，常にこれらの要因に注目しておく必要があります。

そのうえで，考えなければならないのが，消費者の心的過程，すなわち消費者の**購買意思決定過程**です。例えば，ある消費者がスマートフォンを買うとしたとき，どのスマートフォンを買うかを決めるまでの過程，つまり購買意思決定の過程は，図2-3の形で整理

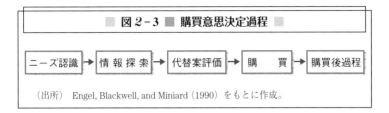

■ 図2-3 ■ 購買意思決定過程

ニーズ認識 → 情報探索 → 代替案評価 → 購買 → 購買後過程

（出所） Engel, Blackwell, and Miniard（1990）をもとに作成。

することができます（Engel, Blackwell, and Miniard 1990; 池尾・青木・南・井上 2010）。もちろん，場合によって，この過程のなかの順序が前後したり，**情報探索**が繰り返し行われたりすることはあるかもしれませんが，スマートフォンの購買のように，消費者がある程度重要と考える購買においては，こうした過程を想定することができます。

　そこで，この購買意思決定過程を詳しくみていくことにしましょう。

ニーズ認識

　先に述べたように，人は目標の状態と現状とのギャップを感じ，なにかが足りないという「問題」に直面すると，それを解消しようとします。これが**ニーズ（欲求）**です。例えば，空腹というのはなにかが足りない状態であり，その状態を解消するために，食べ物へのニーズが生まれます。あるいは，みんながスマートフォンで連絡を取り合っているのに自分は持っていないというのもこの足りない状態であり，今度はスマートフォンへのニーズが生まれます。人はニーズを認識すると，そのニーズを満たして，目標の状態を達成するように動機づけられます。

　このニーズをなんらかの方法で分類しようという試みが，多くの分野でなされてきました。かつてアメリカの心理学者アブラハム・**マズロー**は，その**ニーズ階層モデル**において，人間の基本的なニー

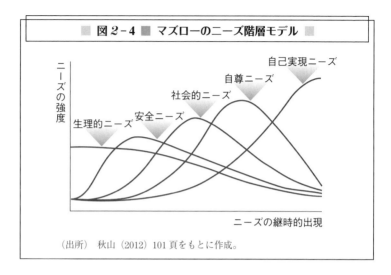

図2-4 ■ マズローのニーズ階層モデル

ニーズの強度

自己実現ニーズ

自尊ニーズ

社会的ニーズ

安全ニーズ

生理的ニーズ

ニーズの継時的出現

(出所) 秋山 (2012) 101 頁をもとに作成。

ズを生理的ニーズ，安全へのニーズ，帰属と愛のニーズ（社会的ニーズ），自尊ニーズ，自己実現ニーズの5つに分類し，図2-4にあるように，人間はより低次のニーズが満たされるにつれ，より高次のニーズに重点を移すとともに，ニーズの強度も増すことを主張しました（Maslow 1970）。

こうしたニーズを満たすために特定の製品やサービスに向けられたものが**ウォンツ**です。例えば，特定の社会集団に帰属したいというニーズを満たすために，それにふさわしい洋服へのウォンツをもつ，といった具合です。製品やサービスは，ニーズやウォンツを満たすことで，人々に価値をもたらすわけです。

機能的価値・感覚的価値・意味的価値

ニーズや価値の分類としては，このほかにもさまざまなものが提案されてきました。例えば，顧客が求める価値を，**機能的価値，感覚的価値，意味的価値**に分類するというのは，わかりやすく，現実

にも当てはめやすいやり方だと思われます（和田 2002；池尾・青木・南・井上 2010）。

まず，機能的価値とは，製品やサービスの機能，性能，品質などによる価値です。自動車の加速性能や燃費，カメラの解像度，飲料に含まれるポリフェノールの量，サービス完了までの時間などがこれに該当します。次に，感覚的価値とは，視覚，聴覚，臭覚，味覚，触覚という五感に関わる価値です。自動車のデザインの美しさや乗り心地，スマートフォンの音質，アロマの香り，食べ物や飲料の味，リネンや肌着の触感といった具合です。

これに対して，意味的価値は**情緒的価値**と**自己表現価値**から構成され，より精神的な側面が強い価値です。

このうち，情緒的価値とは，思い入れや愛着といった要素に基づく，機能的価値を超えた価値です。Aaker（1996, 2014）に準ずれば，当該製品の購買や使用経験によりなんらかの肯定的な気分を感じるとき，その製品は情緒的価値をもたらしています。延岡（2011）は，顧客自身のなかで完結して生まれる価値であり，内向きの価値であると説明しています。愛用のカメラ，使い込んだ万年筆，お気に入りのカフェでの一杯のコーヒー，夏の海辺でのコークなどがその例です。また，性能のよさに思い入れをもつ，デザインの美しさに愛着を感じる，といったように，機能的価値や感覚的価値が情緒的価値をもたらすこともあるでしょう。このほか，「製品がもつプレミアム感」「製品を作っている人への共感」「エコなど世の中の潮流への共感」「世代をまたいだ継承が可能な製品」といった要素が情緒的価値をもたらすという指摘もあります（遠藤 2008）。

次に，自己表現価値とは，製品を消費することで，自分自身，もしくは理想的な自己イメージを表現できることによる価値です（Aaker 2014）。自分らしさを周りの人々に表現するために服を選ぶ，自分の富と成功を示すために高級車に乗る，自分の先端性をみせる

ために最先端の時計を身につけるといった具合です。

　こうした自己表現価値が，現代の消費生活においてきわめて重要な役割を果たすことは，われわれの周りを見渡しただけでも明らかでしょう。衣料品や自動車の選択において，機能性よりも自己表現が重視されるというのは珍しいことではないですし，パソコンやレストランの選択においてさえ，自己表現価値は重要な役割を果たしています。さらに，最近では，SNS（Social Networking Service）の普及により，自己表現価値はさらに大きな役割を果たすようになってきました。

COLUMN

エルメス

　高級ブランドの典型である**エルメス**は，圧倒的に高価であるにもかかわらず，大変な人気を誇り，数カ月待ちは珍しくなく，中古品も高価格で取引されています。これには，エルメスがもたらす意味的価値が関わっているわけですが，そうした地位を築くことができた背後には，エルメスにまつわる歴史やエピソードがあるといわれています。

　エルメスは，1837年に馬具職人のティエリ・エルメスによってパリで創業されました。エルメスの馬具は，その品質の高さから次第に人気を集めていったといわれています。

　その後のエルメスの発展の軌跡において1つの大きな特色は，製品がどのようなものになろうとも，徹底的に品質にこだわり続けてきたことです。これがエルメスの大切な伝統になっていきました。

　もう1つの特色は，時代の変化に敏感に適応し，しかもその適応過程で革新的な試みを次々と打ち出していったことです。

　ティエリ・エルメスによって創業された馬具屋は当初は下請からスタートしましたが，やがて自ら製造・販売に乗り出し，徐々に規

模を拡大するとともに，名声を高めていきました。しかし，19世紀末になるとフランスでも自動車が登場し，馬具市場の行く末が危ぶまれる事態が生じました。これに対応してエルメスは，一方で市場を海外（ロシア）に求めながら，他方で馬具製造の技術を生かした主に女性向けのバッグや手袋といった革製品に進出しました。そのさい，クウジュ・セリエという鞍を縫う特別な技法を採用したり，アメリカで発明されたファスナーをいち早く取り入れたりしながらも，伝統の品質を頑なに守り続けました。その後エルメスはスカーフに代表される絹製品など，革以外の製品にも進出しますが，品質にこだわる伝統を守りながら新たな革新を取り入れるという姿勢には，変わりはありませんでした。

　多くの高級ブランドにみられる伝統と革新が，みごとに維持されてきた事例といえるでしょう。

　さらに，伝統と革新のすばらしさを消費者に伝えるために，さまざまなエピソードを巧みに利用してきたことも，注目に値します。なかでも，「ケリーバッグ」と「バーキン」は有名です。「ケリーバッグ」は，ハリウッド・スターからモナコ王妃となった，グレース・ケリーが愛用していたことに由来しています。また，「バーキン」は，有名な女優で歌手でもあるジェーン・バーキンが籐のバッグにいろいろなものを詰め込んでいるのを，たまたま飛行機で乗り合わせたエルメスの社長のジャン‐ルイ・デュマが見て，彼女の要望に沿ったバッグを後日つくって贈ったことから始まりました。

　これらのエピソードも，エルメスの価値を高めているといえるでしょう。

　なお，ジェーン・バーキンは，東日本大震災のさいにいち早く来日し，チャリティ・コンサートや募金活動を行ったことでも知られています。

■■■■ 参考文献 ■■■■　川島（2013）；竹宮（2000）；戸矢（2004）。

情 報 探 索

　ニーズが認識されると，人は次にそのニーズを満たすためにはどうすればよいのかについて，情報を集めます。情報探索です。そのとき人は，まず自分の記憶のなかの情報を探してみるでしょう。ちょっと変ないい方かもしれませんが，これを**内部探索**といいます。また，記憶のなかの情報を**内部情報**といいます。内部情報は，過去の購買経験，購買を意識しないで行われた情報探索（例えば専門雑誌の読書経験），友人との会話のなかで偶然知ったといった，関連情報との偶然の接触などによって，蓄積されていきます。これが「**知識**」です。

　どの製品を買うかを決めるにあたって，自分がもっている情報だけで事足りればよいのですが，もし十分な情報をもっていないとわかれば，他の人に聞いたり，インターネットで調べたり，お店を見てみたりする必要が出てきます。自分の記憶以外からの情報の探索を**外部探索**といいます。また，記憶以外にある情報を**外部情報**といいます。

　例えば，シャンプーを切らし，いつものブランドのシャンプーを買うという場合は，ほとんど内部情報に依存しているわけです。また，ソフトドリンクのようにいつも同じブランドの製品を買うとは限らない場合でも，ニーズを認識したときの気分に応じて，主に内部情報に頼って購買決定を行うというのは珍しいことではないでしょう。これに対して，スマートフォンを買うときには，仮にそれが2台目や3台目の購買であったとしても，内部情報に加えて，外部情報を探索するのが普通です。

　あるニーズを満たすための購買にあたって，消費者が内部探索と外部探索をそれぞれどれだけ行うかは，内部情報のあり方，外部探索に必要な労力や外部探索から期待されるメリットなどによって左右されます。例えば，過去の購買に満足していれば，またその製品

について豊富な知識をもっていれば，内部探索が多くなるでしょう。また，インターネットの普及などによって外部探索に必要な労力が低下すれば，あるいは当該購買の重要性が大きくなれば，外部探索がより活発に行われることになるでしょう。

代替案評価

内部探索や外部探索で情報を集めたうえで，消費者は利用可能な代替案（購買可能なさまざまなブランドの製品）を評価し，購買に至ります。

代替案評価を行うさい，どのような評価基準が考えられるでしょうか。もちろん，価格は重要です。また，ブランドや原産国が重要な役割を果たすことも少なくありません。また，スマートフォンならば，画面の大きさ，バッテリーの持続時間，特定機能の有無といった属性が，重要な評価基準になるでしょう。

これらをいかに用いて選択に至るのかは，マーケティングとの関連では最も重要な過程だけに，次節以下でさらに詳しくみていくことにしましょう。

購　　買

消費者はさまざまな属性を用いた代替案評価のうえ，特定ブランドの製品を選択して**購買意図**を形成します。つまり，どのブランドの製品を買いたいか決めるわけです。

ここでいま1つ重要な決定があります。それは選んだ製品をどこで買うかという，**購買場所**の決定です。これを消費者の**買い物行動**といいます。購買場所の選択にあたっては，近くの小売店ならば行きやすいが，遠くの小売店ならば行くのが大変だという要素を加味する必要があります。これを**距離抵抗**といいます。消費者は，個々の小売店がもっている**魅力度**とそこに行くまでの距離抵抗を勘案し

てどこで買い物をするかを決定すると考えられています。昨今は自宅で発注が可能な**インターネット**も有力な購買先となっているだけに，買い物行動の重要性はますます高まっているとみておかなければならないでしょう。

　第3章第2節では，小売店の視点から，この点に言及します。

　こうして購買製品と購買場所を決めて，消費者が小売店に出向いたとき，選択した製品を実際に購買するのかというと，そうとは限りません。特定の製品を買おうと決めて小売店に行っても，実際には違う製品を買ってしまうというのは，よくあることです。例えば，小売店に行ったら意図していた製品が品切れだったので，他の製品を買ってしまったり，他の製品が安売りされていたので，それを買ってしまったりということがあるでしょう。また，店員の説明や陳列の仕方に影響されて，意図していたのではない製品を買ってしまうということもあります。これらは状況要因と呼ばれるものです。状況要因について詳しくは，章末の補論2−1で説明されます。

　これとは別に，小売店に行ったら，当初は予定していなかった製品を買ってしまったということもあります。**非計画購買**とか**衝動買い**といわれるものです。

　選択製品と購買製品の相違や衝動買いは，当該**購買の重要性**が低いほど，発生しやすくなります。逆に，価格が高いなどして購買の重要性が高い場合には，こうした状況は比較的起こりにくくなります。

購買後過程

　購買後，消費者はその製品を消費したり，使用したりし，場合によってはサービスを依頼したりするでしょう。そして，最終的にはなんらかの形でその製品を処分するわけです。この購買後過程を含めた一連の購買意思決定過程について，消費者は評価を行い，一定

の満足を感じ，その情報は**学習**という形で記憶へ送られ，知識の変更をもたらします。この知識の変更に応じて，他の消費者への紹介，推奨，インターネットへの投稿，企業へのフィードバックなどを行い，さらに同じものを再購買したり他の製品へスイッチしたりします。**購買後評価**に基づく口コミなどの活動は，とりわけインターネットの普及とともに，重要性を増しています。

　消費者による購買後の評価は，**事前の期待**と深い関係をもっています。つまり，結果が事前の期待を下回れば，失望し不満足を感じるのに対し，結果が期待を上回れば満足するというわけです。

　ある製品を買って満足を得ることができれば，次回からはその記憶を内部探索するだけで，同じ製品を買うということになるかもしれません。これが**ブランド・ロイヤルティ**と呼ばれるものです。これに対して，不満足な結果しか得られなかった場合は，それまでの代替案評価のやり方が拙かったということで，代替案評価のやり方が再検討されることになります。

3. 代替案評価過程

　本節と次の第4節では，消費者の購買意思決定過程のなかの代替案評価について，より詳しく説明していきましょう。

　同一の機能をもつ製品のグループを**製品カテゴリー**といいます。いま仮に，ある消費者が，例えばデジタル・カメラのような，ある耐久消費財の製品カテゴリーから購買を行おうとしているとしましょう。そして，この消費者は，その製品カテゴリーに属する製品1という製品を，最終的に購買したとしましょう。

　消費者がある製品カテゴリーにおいてニーズを認識し，最終的な購買にたどり着くには，通常いくつかの段階を経るものと考えられます。

知　名

　まず，この消費者はその製品カテゴリーに製品1が存在すること
を知らなければ，製品1を購買することはないでしょう。消費者が
ある特定製品の購買に至るためには，その製品の存在を知ることが
最低の必要条件です。これを「知名」といいます。消費者はニーズ
を認識した製品カテゴリーについて，いくつかの製品を知名してい
るのが普通で，これら知名している製品の集まりは，**知名集合**と呼
ばれます。

想　起

　しかし，消費者は当該製品カテゴリーに属するものとして知名し
ているすべての製品を購買候補とするわけではありません。知名し
ている製品はたくさんあっても，そのなかの一部だけを購買候補と
し，購買候補製品に関してのみ，いろいろと検討するのが普通です。
これは，1つの製品について検討するのにも，心理的なものを含め
それなりの労力が必要だからです。

　こうした購買候補製品の集まりを，「想起」集合といいます。消
費者が選択を行うのは，この**想起集合**からで，したがって，消費者
に知名されていても，想起集合に含まれていない製品は，購買され
ません。

知　覚

　消費者は，想起集合に含まれる各製品について，それらがいかな
るものであるかの「**知覚**」を構成すると考えられています。つまり，
消費者の記憶には，こうした知識が内部情報として貯蔵されている
わけです。

　例えば，デジタル・カメラについて，ある消費者が各製品を知覚
するのに用いる属性次元が「性能」と「経済性」の2つに限られ，

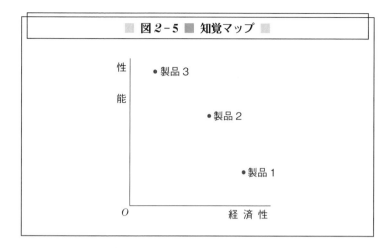

■ 図2-5 ■ 知覚マップ

購買候補の製品が3つあったとすれば，その知覚は図2-5のように示されます。こうした図を**知覚マップ**といいます。もちろん，消費者の知覚を構成する次元は2つとは限らず，このほかにも，操作性，アフターサービスといった属性が含まれてくる可能性は十分に考えられます。図2-5は，あくまでも例示のためのものです。

図より明らかなように，製品1は低価格・低性能，製品3は高価格・高性能，製品2は中間型の製品です。

理　解

ただ，各購買候補製品に関する消費者の知覚は，それぞれの製品に関するかれ/かの女の「理解」に基づくものであり，その理解が間違っていれば，知覚も誤ったものになります。この誤った製品理解ゆえに，購買が行われないという可能性もあります。

評価と態度

消費者は，知覚に基づいて，各代替製品を評価します。消費者が

用いる**評価ルール**としてはいくつかのものが考えられますが，デジタル・カメラのような耐久消費財の場合は，しばしば加重平均型が想定されます。つまり，

　　　　製品 1 の望ましさ＝性能重視度×製品 1 の性能の水準
　　　　　　　　　　　　　　＋経済性重視度×製品 1 の経済性の水準

です。消費者は各製品に関するこの望ましさにより，製品間の選好順位を決めると想定されています。

　製品理解は正しくとも，そもそもこの消費者は製品 1 が優れている属性には興味がなく，むしろ製品 1 が劣っている属性を重視しているならば，買わないでしょう。すなわち，製品 1 の中味と消費者の相対重視度＝**選好構造**の不適合です。製品 1 の中味と消費者の選好構造が合っていなければ，その消費者にとっての製品 1 の望ましさは低くなります。この全体評価としての望ましさのことを「**態度**」といいます。好ましい態度が形成されなければ，購買には至りません。

　したがって，マーケティングにおいては，自社に都合のよい態度の形成に努めたり，都合のよい方向へ態度を変容させたりすることが，重要な課題になります。

確　　信

　さらに，仮に製品 1 の中味とこの消費者の選好構造が適合していたとしても，買わない可能性はあります。つまり，製品と選好構造の適合とは，消費者がもっているその製品についての知覚と選好構造の適合です。すでに述べた通り，消費者の知覚はその製品理解に基づくものですが，それが正しいとしても，製品理解には一定の「確信」の水準がともないます。したがって，同じ知覚であっても，それに十分な確信をもっている場合もあれば，あまり確信がない場合もあります。後者のようなときには，多少評価は低くとも知覚に

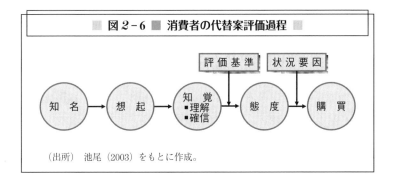

（出所）　池尾（2003）をもとに作成。

確信がもてる他の製品が購買されたり，あるいは購買が延期されたりするということが起こりえます。

状況要因と購買

　知名され，想起集合に含まれ，確信をもって正しく理解され，消費者の選好構造に適合した製品として態度が形成されても，それが小売店の店頭で容易にみつけられなかったならば，購買されないかもしれません。また，確信の水準があまり高くない消費者の場合は，小売店に行くまでは製品1の購買を心に決めていても，店頭で店員に別の製品を推奨されると，気持ちが変わってしまうことがあります。

　態度と具体的な行動である購買の間には，こうした状況要因が作用します。

　したがって，製品1がこの消費者によって最終的に「購買」されるためには，小売店頭に配荷され効果的に陳列され，最後の決断がなされるような施策が必要になります。

　要約すれば，消費者はこの製品カテゴリーでニーズを認識してから，図2-6に示されるような過程を経て，製品1の購買に至りま

す。

4. 選択対象の絞り込みと代替案評価ルール

　前節で説明した，加重平均による意思決定ルールは，**線形補償型**といわれるものです。このルールが線形補償型と呼ばれるのは，属性が一次関数，つまり加重平均の形で総合化され，ある属性のマイナス面が他の属性のプラス面によって相殺される（補償される）からです。前節の例では，経済性の悪さが性能のよさによって相殺されるわけです。

　しかし，このルールに従って各代替製品を評価していくのには，かなりの負担が消費者にかかります。そのため，多くの場合，消費者は，知名集合に含まれる製品のなかから，まずより簡略化されたルールを用いて，いっそうの検討に値する製品を選び，想起集合を形成し，次いで想起集合のなかでいずれを選好するかを決めるのに線形補償型を用いると考えられています。

非補償型ルール

　この簡略化されたルールは，**ヒューリスティクス**と呼ばれます。消費者が用いるヒューリスティクスにはさまざまなものが考えられますが，多くの場合それらは，相殺が認められない**非補償型**だといわれています。

　よく知られている非補償型ルールとしては，**連結型**ルール，**分離型**ルール，**辞書編纂型**ルール，**逐次削除型**ルール，**感情参照型**ルールなどが挙げられます。

　例えば，代表的な非補償型ルールである連結型ルールのもとでは，消費者は，代替製品の評価に用いる各属性について，最低許容水準を設定し，すべての属性についてこの条件を満たしたもののみを選

択します。これならば，選択にあたって，線形補償型ほどには消費者に負担がかかりません。そこで，知名集合内の各製品について，連結型ルールによって一次選抜を行って，想起集合を形成し，その後，想起集合内の各製品について線形補償型ルールを用いて購買製品を決定する，といったやり方が，とられうるわけです。

このように，代替案評価過程の段階に応じてルールを変えるやり方を**段階別方略**と呼んでいます。

また，図2-6では，話を単純にしておくために，知名集合から想起集合が形成され，そこから選択が行われると想定されていますが，実際にはこれがさらに多段階に及び逐次的な絞り込みが行われるということも考えられます。この絞り込みの過程でどのようなルールが用いられるかは，マーケティングの観点からはきわめて大切です。例えば，自動車を買うときに，まず価格で絞り込み，次いでタイプ，原産国，ブランドで絞り込むということがあるかもしれません。こうした絞り込みを行う消費者には，異なる順番で絞り込みを行う消費者とは異なるマーケティングが求められることになるでしょう（Kotler and Keller 2016）。章末の補論2-3で紹介するさまざまな非補償型ルールは，どのような形で絞り込みが行われるかを見極めるうえでの目安になると思います。

代替案評価ルールの多様性

実際の消費者行動では，段階別方略が用いられることが少なくありません。しかし，最終的な購買意思決定が常に線形補償型で行われるとは限りません。例えば，連結型ルールが採用され，最低許容水準をすべて満たす製品が1つしかなければ，それだけで購買製品にたどり着くこともあります。その場合は，購買製品の望ましさに関する全体評価もないままに，想起や知覚の段階で選択が行われるわけです。つまり，購買製品の選択にあたっては，その製品に対す

る態度が常に形成されるとは限らないのです。

5. 購買意思決定過程の変容

　では，どのような場合にどのような形の，代替案評価を含めた購買意思決定が行われるのでしょうか。1つの代表的な考え方は，消費者の購買意思決定を問題解決という観点から，**包括的問題解決**，**限定的問題解決**，**常軌的反応行動**の3つに分類するというものです（Howard and Sheth 1969）。

包括的問題解決

　包括的問題解決は，消費者が当該製品カテゴリーについて情報をほとんどもっていない場合に想定される問題解決です。つまり，ここでは，当該製品カテゴリーにどのような製品が存在し，そのなかで選択を行うためにはいかなる属性を重視すべきかについても，消費者は十分な情報を有していません。そのため，包括的問題解決において，消費者は，知名集合形成のために情報探索を行ったり，各属性の重視度について情報探索を行ったりします。

限定的問題解決

　限定的問題解決では，消費者は，過去の経験から，当該製品カテゴリーにどのような代替製品が存在し，そのなかで選択を行うにはどの属性をどのように重視すべきかについて，すでにかなりの情報をもっています。

　ただ，そうであっても，最近どのような新製品が発売されたかについては，消費者は十分な情報をもっていないかもしれません。そのため，消費者は，現在どのような製品が存在し，それぞれの属性水準がどのようなものであるかについての情報を探索します。また，

新しい製品が選択対象に含まれているため，属性重視度についても，多少の情報探索は行われます。しかし，こうした情報探索はいずれも，包括的問題解決に比べれば限定的であり，さらに代替案評価過程において各種のヒューリスティクスが採用される確率も高くなります。例えば，知名集合のなかから想起対象を選ぶとき，つまり名前を知っている製品のなかから検討対象とする製品を選ぶとき，より簡単な非補償型ルールを用いたり，評価基準とする属性の数を絞り込んだりといった具合です。

常軌的反応行動

常軌的反応行動では，消費者はその製品カテゴリーについて，選択対象としてどのような製品が存在し，それらをいかなる基準で評価すべきかについて，すでに十分な情報をもっています。そのため，ニーズが認識されると，あまり時間をかけずに，選択を行います。特定製品への**ロイヤルティ**が形成され，**反復購買**が行われるというのも珍しくありません。

購買意思決定過程の変容

包括的問題解決，限定的問題解決，常軌的反応行動の区分はあくまでも相対的なもので，ある製品カテゴリーが形成され，消費者がその製品カテゴリーに慣れ，知識を蓄積していくにつれ，包括的問題解決から限定的問題解決，常軌的反応行動へと進んでいくものと思われます。逆に，消費者が慣れ親しんでいる製品カテゴリーであっても，従来とは大きく異なる新製品が次々と投入されるようなことになると，常軌的反応行動から限定的問題解決，場合によっては包括的問題解決に戻るという事態も，想定できます。

こうした関係は，図2-7のように整理されます。

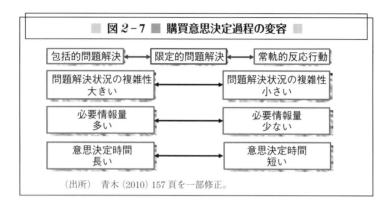

■ 図 2-7 ■ 購買意思決定過程の変容

包括的問題解決 ←→ 限定的問題解決 ←→ 常軌的反応行動

問題解決状況の複雑性
大きい ←→ 問題解決状況の複雑性
小さい

必要情報量
多い ←→ 必要情報量
少ない

意思決定時間
長い ←→ 意思決定時間
短い

(出所) 青木 (2010) 157 頁を一部修正。

6. 消費者の購買意思決定類型

前節でみたように,包括的問題解決が繰り返されると,限定的問題解決,さらには常軌的反応行動へと変わっていきます。この変容の可能性やスピードは,購買間隔がどのくらいか,あるいはどの程度新規性をもった新製品が投入されているかによって,変わってくるでしょう。購買間隔が短く,革新的な新製品がないほど,限定的問題解決さらには常軌的反応行動へと変わっていく可能性は大きくなります。つまり,より簡略化された購買意思決定過程へと変わっていく可能性は大きくなります。これに対して,購買間隔が長かったり,革新的な新製品が投入されたりするほど,限定的問題解決や常軌的反応行動へと変わっていく可能性は低くなります。

購 買 関 与

こうした購買意思決定過程のあり方の違いを考えるうえで,重要な役割を果たすのが,**購買関与**という考え方です。購買関与とは,

消費者の価値体系における当該購買の重要性です。したがって，現象的には，購買関与度は，「購買意思決定や選択に対して（消費者が）感じる心配や関心の程度」(Hawkins, Best, and Coney 1986) と，考えられてよいでしょう。また，それは，購買意思決定過程の出発点としてのニーズ認識と深く関わっています。つまり，購買関与は，ニーズ認識のもととなる「問題」の重要性を反映しているわけです。「問題」の重要性が高いほど，それを解決するための購買への関与度は高くなります。

　購買関与度が高い場合，常軌的反応行動への移行は，消費者による，選好に基づく特定製品の反復購買ということで，特定製品に対するロイヤルティに結果します。

簡略化された購買意思決定

　ここで留意すべきは，そもそも当初の購買において，常に包括的問題解決が行われるとは限らないということです。

　とくに購買関与度が低い場合には，おもしろそうな新製品が発売され，大量のテレビ広告などが投入されると，そのことによって消費者は関心や好奇心を示し，試し買いへと進み，そのうえで当該製品の評価を行うということがあります。つまり，テレビ広告や店頭のパッケージから得られる程度の，限られた情報をもとに新製品を購買し，そのうえで評価するわけです。

　このような試し買いは，消費者の新奇性へのニーズによる場合も少なくありません。つまり，**バラエティ・シーキング**です。

　また，低購買関与度のもとでの購買では，複雑な意思決定が行われることなしに，同一の製品が購買され続けていくという，**惰性購買**も起こりえます。あるいは，前回購買した製品にとくに不満がないゆえに，反復購買されるというのも，惰性購買とみなされます。惰性購買においても，現象的には，同一製品が再購買され続けると

▨ 表2-1 ▨ 消費者購買意思決定の4類型 ▨

	高購買関与度	低購買関与度
意 思 決 定	複雑な意思決定	簡略化された意思決定
習 慣	ロイヤルティ	惰 性

（出所）　Assael（2004）p. 100 をもとに作成。

いう，ロイヤルティと同じ事態が生じますが，消費者が明確な選好を示しているわけでもないだけに，これは**疑似ロイヤルティ**と考えるべきでしょう。

消費者購買意思決定の4類型

　表2-1は，このような観点から，消費者の購買意思決定を類型化したものです。すなわち，購買関与度が高く，消費者が複雑な意思決定を行うときには，前節まででみてきたような包括的問題解決や限定的問題解決が行われますが，そうした購買が繰り返されると，とりわけ購買間隔が短く購買環境が安定しているときには，意思決定が省略され，習慣としてのロイヤルティが形成されていきます。

　これに対して，購買関与度が低いときには，意思決定が行われるにしても，線形補償型ルールのような**複雑な意思決定**は行われず，なじみのある製品やおもしろそうな製品といった，より**簡略化された意思決定**が行われます。バラエティ・シーキングはその一例です。また，こうした簡略化された意思決定に基づく購買の習慣化は惰性ということになります。

　もちろん，複雑な意思決定とロイヤルティを明確に分けることができないのと同様に，どこまでが簡略化された意思決定で，ど

こまでが惰性かを明確に区分することは困難です。それらは，連続的に位置づけられるものです。

　また，購買関与度も，連続的に変化するものです。したがって，表2-1の類型化は，こうした特性をもつ消費者の購買を便宜的に4つに分けたものだと理解されるべきでしょう。

7. マーケティング活動との関係

　消費者はこうした購買意思決定過程のなかで，一連の体験をたどります。これを**カスタマー・ジャーニー**といいます。カスタマー・ジャーニーにおいて，消費者はさまざまな形で企業との接点をもちます。**タッチポイント**です。企業のマーケティング活動は，このカスタマー・ジャーニーとの対応のなかで，タッチポイントに向けて行われます。

ニーズ喚起

　消費者は，ニーズを認識したうえで，情報を探索しながら，代替案評価過程を経て，購買にたどり着きます。したがって，消費者がどのようなニーズを認識しているかは，マーケティング戦略形成の出発点を提供します。また，新たなニーズに対応した新製品の場合は，まず消費者にニーズを認識してもらわなければなりません。その場合には，この製品を使うとこうしたことが可能になるといった，**使い方提案型**のプロモーションや店頭での**実演販売**などが，マーケティングの観点からは有効でしょう。

カテゴリー・イノベーション

　ニーズが認識されたさい，そのニーズを満たすための製品カテゴリーが自明である場合は，当該製品カテゴリーのなかでの選択とな

りますが，場合によっては，ニーズを満たすための製品カテゴリーの選択が重要になることもあります。

マーケティングの立場からは，従来のニーズと製品カテゴリーの対応に割り込む形で，新たなカテゴリーをつくるというやり方は注目に値します。これを**カテゴリー・イノベーション**といいます（Aaker 2011）。

例えば，携帯電話という製品カテゴリーに登場したスマートフォンは，さまざまな使い方提案を行うことで，従来型の携帯電話（俗称ガラケー）を多くの消費者の選択対象から外し，新たな製品カテゴリーを作り上げてしまいました。このとき，多くの消費者はまず，ガラケーかスマートフォンという選択を行い，そのうえでスマートフォンのなかでの選択を行ったものと考えられます。情報処理アプローチとの関連でいえば，新たな目標の状態の提案と考えてよいでしょう。

COLUMN

腕時計におけるカテゴリー・イノベーション

カテゴリー・イノベーションにおいて大切なことは，なんらかの差別化によって可能になる提供価値を，その提供価値に応じた文脈のなかに位置づけることです。スマートフォンは，携帯電話ではなく，携帯情報端末という文脈のなかに位置づけられたわけです。

腕時計はそうしたイノベーションが繰り返されてきた製品カテゴリーです。

日本を代表する時計メーカーである**セイコーグループ**は，1881年に，服部時計店として，輸入時計の修理・販売からスタートしました。なお，服部時計店はその後さまざまな形に組織を変遷させていきますが，以下ではすべてセイコーグループで統一しておきます。

　セイコーグループはその後，掛け時計から時計の製造に乗り出し，1913年にはついに腕時計（ウォッチ）の製造を開始しました。ウォッチの世界では，スイスの時計メーカーが性能・名声ともに圧倒的な存在でしたが，セイコーグループはキャッチアップに努め，戦後の1960年代後半になると，性能面ではスイスの時計メーカーを凌駕するようになりました。

　さらに，1969年には，従来のゼンマイ仕掛けの機械式の代替品として，世界で初めて**クオーツ・ウォッチ**を発売しました。クオーツ・ウォッチは水晶に電気を加えると正確な振動が生じるという原理を利用したもので，それまでの**機械式ウォッチ**と比べ精度を飛躍的に改善させました。このクオーツ・ウォッチによってセイコーグループは世界を席巻し，1977年には世界のウォッチ市場において，売上高7億ドル，生産本数1800万本で，最大のシェアを占めるに至りました。

　ただ，残念ながらこのときは，技術的なイノベーションだけで，カテゴリー・イノベーションは行われませんでした。

　他方では，ウォッチの主流がクオーツ・ウォッチになったことにより，性能差がなくなりました。その結果，機械式ウォッチでは正確性が中心であった競争のあり方が，ブランド，デザイン，付加機能に拡がるとともに，価格競争への圧力が高まっていきました。

　こうした状況のなかで，1980年代初頭には危機的な状況に陥っていたスイスの時計産業の巻き返しが始まりました。

　その1つが1983年に発売された，**スウォッチ**です。スウォッチの特徴は，第1に，時計店，宝飾品店，百貨店から空港の売店まで，多様で広い小売チャネルを採用したこと，第2に，デザインに注力することにより楽しさとファッション性を強調し，時を刻むという機能のウォッチに，ファッション・ステートメントを注入したこと，そして第3に，年2回で合計140種類の新製品投入と半年での生

産の打ち切りといったやり方，あるいは数量限定の特別モデルの導入によって希少性を演出し，ファッション品としての性格を強化したことでした。つまり，これらのやり方により，ファッション性豊かなアパレル製品という文脈にスウォッチを位置づけ，そのことにより，大きく売上を伸ばしました。

スイス時計産業のもう１つの動きは，機械式ウォッチへの回帰でした。ウォッチにおいて正確性の役割が低下し，デザインやブランドの役割が増大したなか，スイスの時計メーカー各社の働きかけもあって，1990年代前半になると，機構としては一時代前の機械式ウォッチへの回帰が全世界的な傾向として，大きな潮流になりました。

この市場には，パテック・フィリップのように従来からそこに一貫して存在しているものもあれば，ブランパンのように名門ブランドが復活したような場合もありました。しかし，注目すべきは，機械式ウォッチ市場において，新ブランドが次々と台頭していったことでした。これらのなかには，フランク・ミューラーのように，独立時計職人によって設立され，工芸品的な美しさや機構的なユニークさを追求したものが少なくありませんでした。

安いコストで正確に時を刻むということであれば，クオーツ・ウォッチのほうが優れていることは明らかです。機械式時計が復活したのは，意味的価値を有する大人アクセサリー，場合によっては身につけるアートという文脈のなかで位置づけられたからではないでしょうか。

こうして，ウォッチをめぐる競争の焦点は，正確性から，デザイン，ブランド，機構などにシフトしていきました。セイコーグループはこの変化に出遅れ，結果的に大きくシェアを落とすことになりました。

競争の焦点が品質や性能からデザインやブランドなどに移ってい

ったときにいかに競争力を維持するかは，ものづくりにこだわってきた多くの日本企業にとって，きわめて重要な課題になっています。

　ちなみに，腕時計のカテゴリーではさらに**スマート・ウォッチ**が登場し，大きな成功を収めます。いうまでもありませんが，スマート・ウォッチの成功は，それを多機能腕時計という文脈ではなく，便利でおしゃれな携帯情報端末という文脈に位置づけたからでしょう。

■ **参考文献**　　池尾（2015）。

COLUMN

サブスクリプションとコラボ消費

　ニーズが認識されると，それに対応した製品カテゴリーからの購買が検討されます。しかし，ニーズを満たすための方法は，製品の購買だけとは限りません。食料品を購買する代わりに，外食するという方法も考えられます。そうしたなかで，近年注目を集めているのが，ニーズに対する代替的問題解決方法としての**サブスクリプション**と**コラボ消費**です。

　まず，サブスクリプションとは，一定額の支払いにより一定期間製品やサービスを利用する権利を手に入れるというやり方です。例えば**アップルミュージック**のように，膨大な量の音楽を自由に聴くことができるとか，**ネットフリックス**のように映像を見ることができるといったサービスがこれに当たります。サブスクリプションは，デジタル製品以外のさまざまな製品やサービスにも広がっています。例えば，一定額を支払えば一定期間自動車を自由に乗ることができる，いろいろな服を着ることができる，さまざまなおもちゃで遊ぶことができるといった具合です。消費者の立場からは，コレクターを別にすれば，ニーズは提供価値に対するものですから，サブスク

77

リプションは選択肢の１つになるわけです。

　マーケティングの観点からは，有形の製品を売るのではなく，音楽を聴くとか自動車に乗るといった提供価値への注目であり，提供形態（方法）の多様化です。ただ，サブスクリプションは，マーケティングに関して，提供形態以外にも新たな可能性を開きます。サブスクリプションは顧客との直接的かつ継続的関係をもたらし，それによるデータ蓄積や個別対応を可能にします。このことは結果的に，流通チャネルのあり方を変えてしまうかもしれません。現に，自動車のサブスクリプション・サービスでは，契約まではメーカーと消費者が直接やりとりを行い，試乗，納車，アフターサービスをディーラーが担当するといった具合に，流通チャネル内での機能分担が変化している事例もみられます。また，定額の対象として，どのようなサービスをパッケージ（バンドル）にするかは，差別化手段の１つであるとともに，**顧客シェア**（当該顧客の総購入金額に占める自社の比率）を高める手段にもなりえます。

　コラボ消費も，製品の所有ではなく，利用に力点を置いたものです。コラボ消費のなかには，製品のレンタルや中古品の再利用も含まれるでしょう。消費者にとっては，これらもニーズ充足の有力な選択肢であることは明らかです。しかし，コラボ消費のなかで近年とりわけ注目を浴びているのは，「社会的共用としてのシェア」と呼ばれているものです。この社会的共用としてのシェアで強調されるのは，サービスそのものの提供者がさまざまな人々に及ぶという点です。

　社会的共用としてのシェアとは，さまざまな人々によって提供される，無形資産（音楽や映像など），有形資産（住宅，オフィス，自動車など），個人スキル（家事，事務処理など）についてアクセス権を設定して，だれでも利用できるようにするものです。参加者は社会的ネットワークで結ばれ，だれもが提供者にも利用者にもなりえ

ます。この社会的ネットワークは，多くの場合オンラインのプラットフォームにおいて運営され，プラットフォーマーがマーケティング主体となります。つまり，プラットフォーマーは，よりよいマッチングの仕組みを通じて消費者ニーズの充足競争に参加するわけです。

　社会的共用としてのシェアが，サブスクリプションの形態をとることは十分に考えられます。音楽や映像などの無形資産が対象の場合は，サブスクリプション・サービスの提供は容易でしょう。有形資産や個人スキルが対象の場合には，多少の工夫は必要ですが，サブスクリプションの形で社会的共用としてのシェアが実現されている事例は多くみられます。

参考文献　Botsman and Rogers（2010），長田（2019），Tzuo and Weisert（2018）。

高関与購買でのマーケティング活動との関係

　ニーズがある程度認識されている場合には，消費者の情報探索に対応しながら，カスタマー・ジャーニーに働きかけていかなければなりません。売り手の立場から考えたとき，例えば図 2 − 6 の代替案評価過程が典型的に当てはまるような高関与購買の場合，まず標的となる顧客の知名集合や想起集合に自社製品を含めるためには，電波広告のようなプロモーション活動が有効になります。とりわけ，想起集合の形成に関しては，広告のようなプロモーション活動の量とともに，消費者が用いる絞り込みのルール（非補償型ルール）に応じた，その内容が大切になります。また，知覚の形成や確信の強化のためには，同じ広告でも印刷媒体の有効性が高まるでしょうし，製品の現物や**人的情報源**（小売店員や営業担当者）によるコミュニケーションも重要な役割を果たします。

　これに対して，いかに選好に合ったものを提供するかは，主に製品・価格政策と関わります。この製品・価格政策が，標的の選択や提供価値の決定といったマーケティング戦略の直接的結果であることは，いうまでもありません。

　しかし，顧客の好みはさまざまですし，また，自分の好みに合ったものに対していくらまで支払ってよいかもさまざまでしょう。こうした多様な好みをもった需要にいかに対応するかは，第5章でみるように，きわめて戦略的な決定です。

　最後に，小売店頭など販売場所の確保とコントロールは，売り手の流通チャネル政策に深く関わります。

　小売店頭など販売場所での製品そのものによる情報提供や人的情報源による情報提供は，プロモーション活動の重要な一部であり，流通チャネル政策はそれらに直接影響を及ぼします。したがって，流通チャネル政策は，販売場所の確保ということとともに，企業による情報提供の重要な部分に作用することを通じて，プロモーション政策と強いつながりを有しているのです。

低関与購買への対応

　低関与購買においても，企業のマーケティング活動はカスタマー・ジャーニーとの対応のなかで位置づけられます。ただ，前節までに述べてきたように，低関与の購買においては，消費者による積極的な情報探索は期待できません。むしろ，消費者は，テレビ広告のような，負担のかからない受動的なメディアから，情報を取得する傾向にあります（Krugman 1965）。また，より簡略化された購買意思決定が行われる傾向にあります。

　そのため，マーケティングにおいても，短いテレビ広告の反復によって，製品のブランド，シンボル，キャッチフレーズなどの記憶を図るとともに，小売店頭での陳列，看板，パッケージなどによっ

て，その記憶を呼び起こし，購買につなげるといったやり方が，有効になります。それだけに，低関与購買では，企業からのプロモーション努力が消費者の購買にあたえる影響は，高関与購買よりも大きくなります。加えて，低関与の消費者は，広告メッセージにおいて，製品の中身とは必ずしも関係ない，スポークスマンとしてのタレントや背景などに影響されることが知られています[1]。

また，低関与購買においては，店頭の現物が重要な情報提供手段になるとともに，消費者が，いかに気に入った製品であっても，その製品を手に入れるために小売店を何軒も買い回るということは考えられません。それだけに，より多くの小売店での取り扱いを目指した広い流通の採用やより効果的な陳列の確保は，マーケティング活動のなかで重要な役割を果たします。

しかも，低関与な購買では，消費者は満足を最大化するよりも，受け入れ可能なものを目指す傾向にあります。そのため，極端な場合には，問題のない製品を製品内容にはそれほど関係ないテレビ広告の反復によって訴求するといったやり方が，購買をもたらすこともあります。そうなると，製品政策におけるきめ細かなニーズ対応の必要性はその分だけ低下するとともに，価格訴求の有効性が増すことになります。

---

1) こうした情報による消費者の態度変化を**周辺的ルート**による周辺的態度変化といいます。これに対して，高関与な購買で消費者がある程度の製品判断力をもっている場合は，製品本来の特徴に関する情報を消費者が吟味して評価に取り入れるということが起こります。これを**中心的ルート**による中心的態度変化といいます（Petty and Cacioppo 1986）。

8. インターネット環境下でのカスタマー・ジャーニー

だれもが消費者情報源に

　消費者の情報探索は従来，広告，小売店頭にある商品そのもの，店員との会話など，企業がコントロールしやすい情報源を通じて行われる部分が中心でした。それが，インターネットの登場と普及にともない，消費者はより多くの，しかも企業のコントロールが及びにくい情報源を手にすることになりました。このことは，カスタマー・ジャーニーとマーケティング活動の関係に，大きな変化をもたらしました。

　インターネットの大きな特徴は，だれもが簡単に発信者になりえ，それゆえ消費者情報源になりうることです。それが，きわめて顕著なのが，SNS でしょう。さらに，インターネットの端末の主役が，パソコンからスマートフォンのようなモバイル端末に移るにつれ，消費者が常時インターネットに接続し，必要なときにはいつでも情報に触れることができるようになりました。しかも，消費者情報源としてのインターネットの，従来型情報源と比べた重要性は増大傾向にあり，さらにインターネットのなかでも，モバイル端末の重要性が増大傾向を示してきました。

　つまり，だれもが他の消費者の情報源になりうるわけであり，その重要性が増しているのです。そうなると，消費者の情報源をできるだけコントロールしたい企業としては，従来とはかなりやり方を変えなければなりません。

トリプル・メディア

　カスタマー・ジャーニーにおけるタッチポイントのなかには，企業自身が保有する，オウンド（Owned）・メディアと呼ばれるもの，

企業が料金を支払って購入する，ペイド（Paid）・メディアと呼ばれるもの，第三者が保有する，アーンド（Earned）・メディアと呼ばれるものがあります。この分類をトリプル・メディアといいます。これらのうち，**オウンド・メディア**は自社のウェブサイト，直営店舗，メールなどで，直接的なコントロールが可能です。また，**ペイド・メディア**とは，典型的には広告で，料金の支払いは必要ですがコントロール可能です。これに対して，**アーンド・メディア**には，比較サイトやブログなどに加え，さまざまな SNS が含まれます[2]。企業はアーンド・メディアに働きかけることはできますが，コントロールすることはできません。アーンド・メディアには，きわめて多くの人々が情報を提供し，人々の体験に影響を及ぼします。なお，インターネット上のメディアの場合，例えば**インスタグラム**の公式アカウントでは，企業による投稿はもちろんコントロール可能なオウンド・メディアですが，その投稿に対する他の人々による書き込みは企業からは直接コントロールできず，その特性から，アーンド・メディアということになります。

インターネット環境下でのカスタマー・ジャーニー

　インターネットは，多くの人々に情報発信の場を提供しました。ただ，パソコンが情報端末の中心であった 2000 年前後では，インターネット上での情報発信者は，ややもすると関心が高い人に偏る傾向がみられました。そのため，例えばカメラについての投稿であれば，投稿される情報は，マニアックで，カメラに対する関心が高い人向けで，一般消費者のニーズから乖離したものになる傾向がありました（池尾 2003）。

---

2) アーンド・メディアのうち，消費者間でシェアされるメディアを，シェアード・メディアと呼ぶこともあります。対面の口コミや SNS などがこれに含まれます。

図2−8 ■ カスタマー・ジャーニー・マッピングの枠組み

	ニーズ認識	知名	想起	知覚	態度	購買	購買後
タッチポイント	Web, SNS, アプリ テレビ広告 口コミ 過去の経験 小売店頭の商品			雑誌 Web, SNS, アプリ 小売店頭の商品 店員の説明 口コミ		小売店 Web 決済 アプリ	使用 アフターサービス SNS, アプリ イベント
状態	ニーズを感じる	知っている	興味がある	こんな製品だ	好きだ	買う	自慢する, 薦める 再購入する

　それが，スマートフォンを主流とする SNS，例えばインスタグラムにおいては，より関心が低い，言葉を換えていえば普通の消費者が，気軽に投稿するだけに，そこで得られる情報は，一般消費者のニーズにより合ったものになったと考えられます。つまり，普通の人々による，生活のさまざまな場面についての，より低関与な発信あるいは何気ないやりとりが，情報源として大きな役割を果たすわけです。もちろん，頻繁に投稿を行うインスタグラマーは，より多くのフォロワー，より多くの「いいね」を得ることへの関心は高いかもしれませんが，そのためにはいっそう一般の人々のニーズに寄り添う必要があるわけです。

　インターネット環境のもとでのカスタマー・ジャーニーの各段階と消費者情報源の対応は，かなり複雑なものになります。もちろん，インターネット環境においても，先に述べたようなリアルの情報源の役割は無視できません。しかし，場合によっては，カスタマー・ジャーニーがインターネットのなかで完結することもあるでしょう。さらに，カスタマー・ジャーニーがネットとリアルを行き来しながら進んでいくというのも，珍しいことではありません。

　そうなると，カスタマー・ジャーニーの各段階においていかなる

消費者情報源が用いられるかを一般的な形で特定化することは容易ではなくなります。とはいえ，マーケティングの観点からはこの関係はきわめて重要です。そのため，近年のマーケティングにおいては，これを**カスタマー・ジャーニー・マッピング**という形で，調査やビッグデータなどを用いて特定化する試みが盛んです。図2-8はその枠組みのイメージです。

9. 顧客エンゲージメントへの注目

マーケティング目的の進化

　カスタマー・ジャーニーがどのようなものになるにせよ，インターネット環境のもとでのマーケティングにおいては，より多くの人々による好意的な投稿や推奨が大切になります。当初マーケティングの目的は購買だと考えられてきました。しかし，再度の購買を実現するためには，購買による満足が不可欠です。さらに，購買の結果について好意的な投稿なり推奨なりを引き出すためには，満足以上のものが必要になります。つまり，その企業，ブランド，製品などについて「絆」を感じてもらえれば，好意的な反応が生まれる可能性は高まるでしょう。この「絆」は「**心的状態としての顧客エンゲージメント**」と呼ぶことができるでしょう。さらに，心的状態としての顧客エンゲージメントの結果生まれる，消費者間あるいは消費者と企業の間の相互行為を「**顧客エンゲージメント行動**」といいます。具体的には，投稿，推奨，コメント，フィードバック，「いいね」などです。

　もともとこうした考え方は，顧客の特定が容易な業務用マーケティングの分野やサービス・マーケティングの分野で提唱されてきました。例えば，図2-9で示された**ロイヤルティの梯子**のなかで，いかに顧客を高みへ導くかといったごとくです。それが，インター

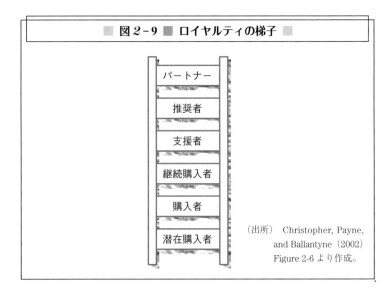

図2-9 ロイヤルティの梯子

パートナー

推奨者

支援者

継続購入者

購入者

潜在購入者

(出所) Christopher, Payne, and Ballantyne (2002) Figure 2-6 より作成。

ネットの発展にともなう電子商取引やアプリの普及により、消費者向けマーケティングの分野へも広がっていきました。

購買を超えて

ただ、例えばSNSにおいて、ある製品について、投稿したり「いいね」をしたりするのは、その製品の顧客だけとは限りません。また、ある顧客がある製品のメーカーと接するのは、その製品の購買や使用のときだけとは限りません。工場見学ですばらしい体験をして、絆を強めたということもあるでしょうし、おもしろい広告を見て製品に関係なくその企業に好感を覚えるということもあるでしょう。そうなると、「購買を超えて」(Beyond Purchase)、企業と人々の間のさまざまなタッチポイントにおいてすばらしい体験を提供し、信頼感や共感を育む必要があります (Lemon and Verhoef 2016)。

しかも、インターネットが普及した今日、企業と消費者の間に存

在するさまざまなタッチポイントのなかには，SNS のように，企業の直接的なコントロールが及ばない，アーンド・メディアも少なくありません。これらを含めたタッチポイントが，情報源としてだけでなく，顧客体験の提供を通して，心的状態としての顧客エンゲージメントに貢献し，さらに継続的購買や発信を含む顧客エンゲージメント行動をもたらして，ひいては購買を含む他の消費者の行動にも影響を及ぼします。「購買を超えて」，消費者の体験に働きかけていかなければならないといわれるのは，そのためです。

10. ま と め

　マーケティングの標的は顧客であり，この顧客から成るのが市場環境です。

　本章では，顧客のなかでも最もなじみのある消費者に焦点を当て，消費者の行動の仕組みを解説してきました。

　消費者行動の仕組みを説明する現代の支配的な考え方は情報処理アプローチと呼ばれるものです。このアプローチのもとでは，消費者の環境の違いや個人差に注目しながら，問題解決のための，購買に至るまでの心的過程の解明が図られてきました。

　環境要因としては，文化，下位文化，家族，準拠集団，マクロ外部環境要因，状況要因が，また，個人要因としては，人口統計特性，パーソナリティ，ライフスタイルが挙げられます。

　消費者心的過程としての購買意思決定過程は，ニーズ認識→情報探索→代替案評価→購買→購買後過程という形で描かれ，代替案評価過程はさらに，知名→想起→知覚（理解・確信）→態度→購買という形が想定されてきました。

　売り手は，購買意思決定過程をたどるカスタマー・ジャーニーに4P で働きかけを行います。その働きかけを方向づけるのが，マー

ケティング戦略でした。ある製品がある消費者によって購買される
ためには，その消費者の代替案評価過程のなかで生き残っていかな
ければなりません。

　もちろん，すべての製品のすべての購買が，同一の心的過程を経
ていくわけではありません。反復購買が行われたり，購買関与度が
低かったりする場合は，この過程が簡略化されたり，順序が入れ替
わったりすることがあります。逆に，新製品の場合は，代替案評価
過程の前に，ニーズ認識が重要な役割を果たします。

　したがって，マーケティングの観点からは，問題となる製品にお
いて，購買に至るまでにどのような過程が想定されるのかを識別す
るとともに，その過程のなかでいかなるマーケティング戦略やマー
ケティング・ミックスが適切になるかを見極める必要があります。

　さらに，インターネットの普及により人々の情報発信が活発化し，
消費者情報源としてのインターネットの役割が増すにつれ，顧客エ
ンゲージメントへの注目が集まり，その醸成に向けて，さまざまな
タッチポイントにおける消費者の体験への働きかけが重要視される
ようになりました。

補論2-1　環境要因

　消費者の行動に影響をあたえる環境要因は，図2-10のように分類す
ることができます。図において，文化から，下位文化，家族と，状況要
因のほうへ下がっていくに従い，影響の広がりは，一般的なものから特
定的なものへ狭まり，影響期間は，長期から短期へと短くなり，消費者
1人当たりに関わる影響源は数少ないから多くなるというわけです。ま
た，企業のマーケティング手段による働きかけも，マーケティング環境
という形で，消費者行動への影響源の1つとして位置づけられています。

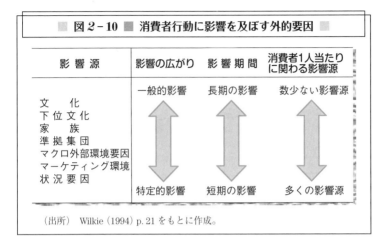

図 2-10 ■ 消費者行動に影響を及ぼす外的要因

影 響 源	影響の広がり	影 響 期 間	消費者1人当たりに関わる影響源
文　　化 下 位 文 化 家　　族 準 拠 集 団 マクロ外部環境要因 マーケティング環境 状 況 要 因	一般的影響 ↕ 特定的影響	長期の影響 ↕ 短期の影響	数少ない影響源 ↕ 多くの影響源

（出所）　Wilkie（1994）p. 21 をもとに作成。

以下では，これらの影響源をそれぞれみていきましょう。

文化と下位文化

　文化とはある社会において共有された価値観です。日本人は日本の文化に基づいて，あるものを価値のあるものと考え，別のものを価値のないものと考えます。しかし，フランス人は，日本人と同じように評価するとは限りません。それは文化が異なるからです。

　文化は人々の考え方，ニーズ，行動などに影響をあたえます。それだけに，文化は消費者の行動にとっても重要な規定要因になります。

　しかし，日本人間でも，10代の若者と50代の人たちでは価値観が異なることもあるでしょう。それは，同じ日本人でも，そのなかのグループによって文化が異なるからです。こうしたより小さなグループによって共有された価値観を，下位文化（サブカルチャー）と呼びます。製品にもよりますが，下位文化も消費者の行動に大きな影響を及ぼします。

家　　族

　家族とは，血縁，結婚，養子縁組などで結ばれた集団です。家族は消費者の行動にさまざまな形で影響をあたえます。

　その1つは，ファミリー・ライフサイクルによるものです。結婚によ

って新たな家族が出発すると，かれらはやがて子どもをもち，子どもの
成長を経験し，子どもの独立とともに，元の2人に戻っていくというサイ
クルを典型的には描くとみることができます。このサイクルをファミ
リー・ライフサイクルといいます。消費者の行動は，このファミリー・
ライフサイクルのどのステージにいるかによって説明される部分が少な
くありません。それは，ファミリー・ライフサイクルのステージによっ
て，所得も変わってくれば，必要とされる製品も変わってくるからです。

　また，製品によっては，家族が相談してどれを買うかを決めることが
あるでしょう。例えば，家を新築するということであれば，大学に通う
ために1人暮らししている子どもも帰ってきて一緒に相談するかもしれ
ません。これに対して，今晩のおかずの相談は，せいぜい同居している
メンバーのなかだけで行われるのではないでしょうか。住居と生計をと
もにしているこの集団を**世帯**と呼びます。消費生活の単位としては，こ
の世帯が重要な役割を果たします。世帯内部での役割分担や世帯として
の意思決定のやり方は，多くの製品について，消費者行動に大きな影響
を及ぼします。

　さらに，家族は，消費者としての知識や好みに関して，互いに大きな
影響をあたえます。とりわけ子どもが成人し，消費者としての特性を身
につけていく過程では，親や兄弟はきわめて重要な役割を果たします。

準拠集団とオピニオン・リーダー

　人が評価や行動の拠り所とする集団や個人を**準拠集団**といいます。集
団といいながら個人を含むというのはちょっと変ですが，ここでは便宜
上，準拠集団には構成員が1人である場合も含むとしておいてください。
ある消費者にとって準拠集団は，学校，会社，サークル，町内会，友人
など，実際に所属している集団や面識のある個人であることもあれば，
人気タレント，スポーツ選手，憧れの先輩など，実際には所属していな
い集団や面識のない個人であることもあります。

　マーケティングの観点から重要なのは，標的市場の準拠集団において
だれが影響力をもつかを見極め，そうした人々に働きかけることです。
この影響力のある人々は**オピニオン・リーダー**と呼ばれます。テレビや

新聞のようなマス・コミュニケーション媒体から発信された情報は，オピニオン・リーダーを介してより多くの人々に伝達されていくことが知られています。これを「**コミュニケーション二段階流れ仮説**」といいます。一般に，オピニオン・リーダーは，社交的で，当該製品分野に関心が高く，専門誌を読む傾向にあるといった特性を有するといわれています。

マーケティングの観点からは，当該製品分野のオピニオン・リーダーを識別し，かれらに情報を届ける方法を探し出すことが重要になります。

マクロ外部環境要因

景気動向や政治動向など**マクロの外部環境要因**も，消費者の行動に影響をあたえます。第 1 部の冒頭では，マーケティングに影響をあたえるマクロ外部環境要因を PEST 分析という形で整理しました。同様に，消費者の行動に影響をあたえるマクロの外部環境要因も，PEST 分析に従って，政治要因（Politics），経済要因（Economy），社会要因（Society），技術要因（Technology）といった形で整理することができるでしょう。

状 況 要 因

当該の購買が行われる場面に固有の影響要因を**状況要因**といいます。例えば，小売店で買い物をしようとしている消費者にその日の気温が影響をあたえたり，店員の笑顔が影響をあたえたりすることがあるでしょう。これらは状況要因です。

購買を取り巻く状況要因としては，さまざまなものが考えられますが，それらは大きく，以下の 5 つのカテゴリーに分類することができます（Belk 1975）。

(1) 物理的環境：場所，装飾，音，香り，照明，天候，商品の視覚的形状など。

(2) 社会的環境：他の人の存在，その人の特性や役割，その人との相互作用など。

(3) 時間的状況：時間帯，季節，前回購買からの期間，時間的制約など。

(4) 課題：買い物目的など。

(5) 先行状態：気分，所持金など。

補論 2-2 個人要因

　消費者の行動は，環境から影響を受けるだけでなく，消費者1人ひとりの固有の要因によっても左右されます。それが個人要因です。そのため，いまここに2人の消費者がいて，まったく同じ環境に置かれたとしても，個人要因ゆえに，かれらは同じ行動をとるとは限らないわけです。

　以下では，代表的な個人要因をみていきましょう。

人口統計特性

　消費者の行動を規定する個人要因として最も基本的なのは，年齢，性別，所得，学歴，職業といった人口統計特性です[3]。人口統計特性は，ある人がどのような人口統計特性を有しているかは簡単にわかるという意味で，把握が容易であり，しかも日本に30歳代の女性が何人いるかといった，それらに基づく市場規模の推定も容易という特色をもっています。

パーソナリティ

　パーソナリティとは，個人に特徴的な行動や思考をもたらす心理的な特性と考えておけばよいでしょう。例えば，新しいスマートフォンが発売されたときに，行列してまでいち早くそれを手に入れようとする人とそうでない人の違いは，このパーソナリティの違いによると考えることができます。

　ただ，どのようなパーソナリティの人がどのような行動や思考をとるのかといったときには，人々のパーソナリティをなんらかのやり方で記述しなければなりません。つまり，人々のパーソナリティを一貫した形で位置づけなければなりません。

　パーソナリティを記述する1つのわかりやすいやり方は，「伝統志向」

3）　第5章第2節の「市場細分化のための顧客特性」の項では，世帯規模やファミリー・ライフサイクルは，人口統計に関わる特性という意味で，人口統計特性のなかに含めています。しかし，消費者行動の規定要因という観点からは，これらは個人要因ではなく，環境要因としての家族に分類したほうが合理的でしょう。

図2-11　パーソナリティの構成要素

誠　　実	刺　激	能　力	洗　練	素　朴
堅実 正直 健康的 陽気	大胆 活発 創意 最新	信頼できる 知的 勝ち組的	上流階級的 魅力的	アウトドア派 タフ

（出所）　Aaker（1997）p. 352 をもとに作成。

「内部志向」「他者志向」といった形で，人々のパーソナリティをいくつかのグループに分類するというものです（Riesman 1950）。この例では，人々のパーソナリティはこれら3つのグループのいずれかに分類され，人はそのパーソナリティがどのグループに属するかにより，消費者として異なった行動をとるというわけです。

　もう1つの記述のやり方は，パーソナリティをその構成要素である特性（trait）の組み合わせとして捉えようというものです。誠実，刺激，能力，洗練，素朴の5つの特性によって，人々のパーソナリティのあり方を捉えるというのは，その1つの例です（Aaker 1997）[4]。図2-11は，これら5つの特性それぞれがいかなる要素から構成されているかを示したものです。この枠組みのもとで，ある人は誠実に突出し，他の人は刺激と能力に特徴がみられるといった形で，人々のパーソナリティが記述されるわけです。

ライフスタイル

　ライフスタイルとは，生活パターンや時間・お金の使い方パターンをかいつまんで示したものです（Blackwell, Miniard, and Engel 2006）。こ

4）　これら5つの特性は，本来はブランド・パーソナリティ（ブランドから連想される人間的特性の集合）を記述するために導かれたものです。ただ，あるパーソナリティをもったブランドは同じパーソナリティの人々を引きつける傾向にあるため，これらは人間のパーソナリティの例示としても有効でしょう。

| 表 2-2 ■ ライフスタイルの次元 ■ |

活　動	関　心	意　見	人口統計特性
職	家　族	自分自身	年　齢
趣　味	家　庭	社会的論点	教　育
社会的イベント	仕　事	政　治	収　入
休　暇	コミュニティ	ビジネス	職　業
娯　楽	レクリエーション	経　済	家族規模
クラブ会員	ファッション	教　育	住　居
コミュニティ	食べ物	製　品	地　理
買い物	メディア	将　来	都市規模
スポーツ	達　成	文　化	ライフサイクルのステージ

（出所）　Plummer（1974）p.34 をもとに作成。

のライフスタイルを把握することにより，行動を予測し，それぞれに応じたマーケティングを講じることが可能になります。典型的には，第5章でみるように，ライフスタイルを基準に用いて市場を細分化し，そうしてつくられたセグメント別にマーケティング手段を計画するわけです。

　ライフスタイルの具体的な把握については，いくつかの方法が提案されていますが，それらのなかで代表的な1つは，AIO アプローチと呼ばれるものです。A は活動（Activities: 仕事や趣味でどのような活動に従事しているか），I は関心（Interests: なにについて関心をもっているか），O は意見（Opinions: 政治問題や社会問題についてどのような意見をもっているか）で，これらに人口統計特性を加味して，ライフスタイルを測定します。

　表2-2は，AIO アプローチでライフスタイルを測定するさいの具体的次元の例です。

　ここに，人口統計特性を加えることで，特定のライフスタイルをもった人がどのような人口統計特性をもっているかがわかるとともに，そうしたライフスタイルをもっている人がどこにどれだけいるかの推定が容

易になります。

補論 2-3　非補償型ルール

① 連結型ルール

本文 66 ページを参照してください。

② 分離型ルール

分離型とは，連結型とは反対で，各製品を評価するさいに用いる各属性について，選択の必要十分条件となる水準を設定し，いずれかの属性においてこの必要十分条件が満たされていれば選択する，というルールです。

③ 辞書編纂型ルール

辞書編纂型では，最も重要な属性に基づいて各代替製品を評価し，最も評価の高い製品が選択されます。複数の製品が同じ評価である場合には，次に重要度の高い属性に基づいて，それでも同評価ならば，その次の重要度の属性に基づいて，という形で選択が行われます。

④ 逐次削除型ルール

逐次削除型では，連結型のように，各属性について最低許容水準が設定されますが，製品別ではなく，属性ごとに最低許容水準を満たしていないものを逐次削除していきます。

⑤ 感情参照型ルール

感情参照型は，過去の購買・使用経験から，最も好意的な態度を形成している製品を習慣的に選択するというルールです。つまり，個々の属性評価ではなく，記憶のなかにある全体評価に基づいて，選択が行われます。

数 値 例

そこで，①から④のルールにつき，表2-3の数値例を用いて説明しておきましょう。

まず，①の連結型のルールで，最低許容水準がいずれの属性も 4 だと

■ 表2-3 ■ 代替案評価ルールの数値例

	性　能	経済性
製品1	2	7
製品2	5	4
製品3	6	1
製品4	4	5
製品5	6	3
製品6	1	8

すると，製品2と製品4に絞り込まれます。②の分離型のルールで，必要十分条件の水準が6だとすると，製品1，製品3，製品5，製品6に絞られます。

③の辞書編纂型ルールでは，仮に最も重要な属性が性能だとすれば，最初に性能に注目して製品3と製品5が選ばれ，次いで経済性に注目して製品5が選択されます。④の逐次削除型ルールでは，性能の最低許容水準が5だとすれば，まず製品2，製品3，製品5に絞られ，次に経済性の最低許容水準が4だとすれば，製品2が選択されることになります。

■ 練習問題　　　　　　　　　　　　　　　　　EXERCISES ■

1. あなたが最近の買い物で手に入れた，機能的価値，感覚的価値，意味的価値をそれぞれ挙げてください。1つの買い物からである必要はありません。

2. あなた自身の経験において，包括的問題解決から限定的問題解決に移行した例，逆に限定的問題解決から包括的問題解決に移行した例を，それぞれ挙げてください。

3. 表2-1のそれぞれのセルについて，自分の買い物で当てはまる例を挙げてください。

第**3**章

流通環境

Introduction

　消費財メーカーのマーケティングを想定したとき，そうしたメーカーが直接消費者に販売するというのは，インターネットの普及により拡大しているとはいえ，2020年頃でもまだ限定的です。多くの場合，メーカーと消費者の間には，**小売業者**や**卸売業者**といった中間業者が介在しています。その場合，メーカーのマーケティングを考えるにあたっては，中間業者によって構成される，流通環境の理解が不可欠です。

　本章では，中間業者がどのような役割を果たし，どのように行動しているのかを検討します。さらに，近年のインターネットの普及は，それが消費者への販売手段になりうるだけに，流通環境のあり方に大きな影響を及ぼします。そのため，本章では，インターネットの影響にも言及します。

1. 中間業者の役割

なぜ，中間業者は存在するのでしょうか。なぜ，メーカーは多くの場合，消費者に直接販売しないのでしょうか。中間業者がいなくなれば，かれらが手にしていたマージンの分だけ，消費者が支払う価格は安くならないのでしょうか。

流 通 機 能

中間業者の存在意義の基礎となるのは，メーカーによって生産された製品が消費者によって消費されるために遂行されなければならない，**流通機能**の存在です。

分業によって生産者と消費者が別々になれば，例えば取引が行われ，製品の所有権なり使用権が移転されなければなりません。また，生産と消費が時間的・空間的に異なったところで行われれば，在庫や輸送といった機能を果たすことが必要になります。これらの機能を果たすことによって，分業の結果生じた生産と消費の間のギャップを埋めることが，全体としての流通の役割です。

流通の機能は，ある程度普遍的なものだと考えられます。例えば，分業によって生産と消費が別個の人格によって行われる限り，それによって生じた人格的なギャップをなんらかの方法で埋めなければなりません。

問題はだれがどの機能を最も効率的に遂行することができるかです。つまり，流通機能の分担です。流通機能を果たす流通業者のなかには，厳密には生産者や消費者も含まれますが，そのなかから生産者と消費者を除いた部分が，中間業者であり，その代表が小売業者や卸売業者なのです。

■ 図3−1 ■ 中間業者介入による取引数の削減

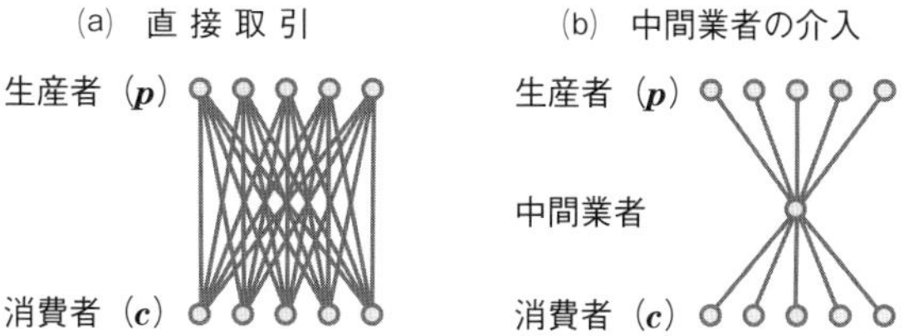

(a) 直 接 取 引　　　　　(b) 中間業者の介入

生産者 (**p**) ○○○○○　　　生産者 (**p**) ○○○○○

　　　　　　　　　　　　　　　中間業者　　　○

消費者 (**c**) ○○○○○　　　消費者 (**c**) ○○○○○

（出所）　石原・池尾・佐藤（2000）27頁をもとに作成。

取引数削減原理

　仮に，p 人の生産者と c 人の消費者の間で取引が行われるとしましょう。すべての消費者がすべての生産者の製品を必要とし，それらを直接の取引によって手に入れようとすれば，必要な取引の数は図3−1(a)のように，$p \times c$ です。これに対し，生産者と消費者の間に，小売業者のような中間業者が介在すると，必要取引数は，図3−1(b)のように，$p+c$ に削減されます。これが，**中間業者存在意義**に関してしばしば指摘される，**取引数削減原理**と呼ばれるものです。

　この原理ゆえに，中間業者が介入したほうが，取引活動はより効率的に行われます。また，中間業者介入による効率改善の程度は，生産者や消費者の数が多くなるほど大きくなります。

取引集中による効率化

　上記の例では，各消費者がすべての生産者と取引するものと想定されていました。しかし，実際には，消費者は自分のニーズを満たすのに必要な生産者の製品のみを必要としています。ところが，生産と消費が別々の人間によって行われていると，個々の消費者は自分が必要としている製品をどの生産者が生産しているかがわかりま

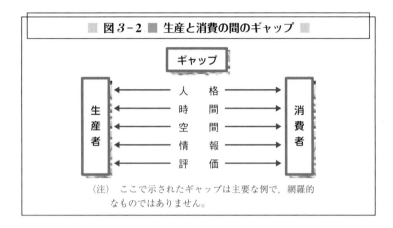

■ 図3-2 ■ 生産と消費の間のギャップ

ギャップ

生産者	←→	人 格	←→	消費者
	←→	時 間	←→	
	←→	空 間	←→	
	←→	情 報	←→	
	←→	評 価	←→	

(注) ここで示されたギャップは主要な例で，網羅的なものではありません。

せん。また，生産者も，自分が生産している製品を必要としている消費者がどこにいるかがわかりません。つまり，生産と消費の間の人格的なギャップは，同時に情報についてもギャップをもたらしてしまうのです。

さらに，いざ取引を行うとなると，価格をいくらにするかといった，取引条件についても，生産者と消費者の間で合意が必要になります。しかし，生産者と消費者が別人である以上，ある製品がどれだけの価値があるかについて両者の評価が一致する保証はありません。すなわち，評価に関するギャップです（図3-2）。

したがって，生産者と消費者は，互いに取引相手を探索し，取引条件に関して，交渉を行わなければなりません。中間業者の介入による取引の集中化は，単に必要な取引数を削減するだけでなく，この探索と交渉の過程も効率化します。この効率化された探索が，中間業者による生産者と消費者の間のマッチングということになるわけです。つまり，中間業者による**マッチング機能**です。

生産者は，中間業者に販売することによって，個々の消費者への販売に煩わされなくてすみます。他方，消費者は，多くの生産者を

探し回ることなく，中間業者のところで種々の生産者の製品を一気に見比べ，最もニーズに合ったものを手に入れることができるようになります。

　しかも，取引の集中化によって，需要と供給が一堂に会するため，需要と供給の関係という，いわゆる市場メカニズムが作用し，評価の妥協が図られて，取引条件が決定されます。その結果，生産者と消費者の双方とも，中間業者の介入により，取引を完結させるために必要な探索と交渉の労力を大幅に削減することができるのです。

マッチング機能

　もっとも，現実の世界においては，個々の中間業者が取り扱いうる商品数や対応しうる商圏の広さに限界があります。そのため，同じ小売段階に複数の小売業者が存在するのが普通です。つまり，すべての生産者とすべての消費者の取引が単一の中間業者に集中するということは通常ありません。

　そうなると，中間業者は，取引先生産者の製品を求める消費者をみつけなければならず，また，標的となる消費者のニーズに合った製品を集めなければなりません。つまり，中間業者のマッチング機能は，単に取引のある生産者と消費者の間でマッチングを図るだけでなく，取引すべき生産者や消費者を探索するという形も含むわけです。こうして，マッチング機能は品揃え形成という形をとることになります。

　また，中間業者としての小売業者の数が多くなると，今度は生産者と小売業者の間にさらに中間業者が介入する必要が生じてきます。卸売業者の登場です。この卸売業者の数が多くなると，卸売業者が多段階に及ぶ（例えば一次卸，二次卸）ことも珍しくありません。つまり，個々の中間業者における取扱品目数や商圏の限界から，存在する小売業者の数が多くなれば，生産者から消費者に至る流通チ

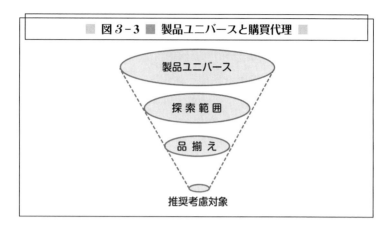

■ 図3-3 ■ 製品ユニバースと購買代理

製品ユニバース

探索範囲

品揃え

推奨考慮対象

ャネルは，段階数が多くなり，長くなります。個々の中間業者は，このなかでそれぞれマッチング機能を果たすことにより，流通業者の全体からなる流通機構によるマッチング機能に貢献するわけです。

製品ユニバースと購買代理

　例えば，時計ならば，時計について全世界で販売されているすべての品目から成る集合を時計の**製品ユニバース**と呼びます。時計の小売業者は，この時計の製品ユニバースのなかから標的顧客のニーズによりよく適合する商品を選び出さなくてはなりません。

　そのさい，セルフサービスの小売業者ならば，時計の製品ユニバースから，標的顧客が選択対象とする品揃えを選び出し，消費者はその品揃えのなかで購買を検討します。もちろん，消費者はその品揃えのなかに気に入ったものがなければ，他の店に向かうでしょう。つまり，小売業者は，この選択対象としての品揃えをいかに標的顧客のニーズに適合させるかを巡って，競争しているのです。

　また，対面販売の小売業者では，標的顧客全体のために選択された品揃えのなかから，さらに個々の顧客に応じた考慮対象の提案が

行われる可能性があります。つまり，製品ユニバース→当該小売業者による探索範囲→品揃え→顧客別の推奨考慮対象，といった形で，ニーズ対応が図られます。この関係は図3-3のように描くことができるでしょう。

　こうした関係のなかで，製品のユニバースのなかから顧客に代わってニーズに合った製品を探し出し，推奨するという中間業者の機能は，**購買代理機能**とみることができます。すなわち，世の中に存在する膨大な数の製品に関する情報を，標的顧客のニーズとの適合という観点から，選別しているわけです（田村2001）。

流通系列化と中間業者の社会性

　中間業者のなかで，社会的な存在として，特定のメーカーの立場に偏ることなく，ニーズと製品のマッチングを行うものを，とくに**商業者**といいます。なお，ここで「社会的」とは，特定のメーカーの製品を優先的に取り扱わない，という意味です。依怙贔屓しないで，各メーカーの製品を平等に扱うということです。消費者のための購買代理という観点からは，特定メーカーの製品にこだわらない，商業者としての中間業者のほうが，望ましいでしょう。

　しかし，売り手としてのメーカーの立場からは，中間業者としての卸売業者や小売業者を自らの**販売代理業者**として囲い込み，かれらの品揃えを自社製品中心に制約し，かれらの**優先的販売努力**を確保すれば，マーケティング上の有用性は大きくなります。いわゆる**流通系列化**で，この場合，メーカーは中間業者に個別性を求めているわけです。

　第1章第6節で取り上げた，「TOYOTA」の看板を掲げた自動車販売店や「Panasonic」の看板を掲げた電器店は流通系列化の具体例です。これらの自動車販売店や電器店は，トヨタ自動車やパナソニックから独立の存在でありながら，それぞれのメーカーの製品を

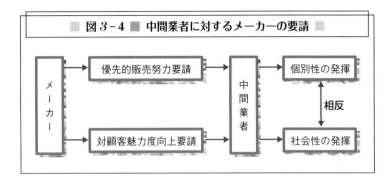

図3-4 ■ 中間業者に対するメーカーの要請

中心に取り扱い，販売努力を投入してきました。

　ただ，流通系列化により，中間業者の行動を特定のメーカーが制約し，中間業者が販売代理業者としての側面を強めていけば，マッチング機能における社会性は失われていきます。極端になれば，ある小売店が特定メーカーの製品しか扱っていないという状況です。そうなると，その小売店の顧客への魅力度は，いろいろなメーカーの製品を扱っている他の小売店と比べて低下します。いかなる理由であれ，小売店の顧客への魅力度低下は，メーカーにとっても好ましいことではありません。

　つまり，メーカーの立場からは，中間業者に，販売代理業者として自社の製品を優先的に販売（個別性を発揮）してもらいたいという要請と，顧客に対する魅力度を高めてもらいたいという要請があります。ところが，後者の対顧客魅力度向上のためには，中間業者は商業者としていろいろなメーカーの製品を取り扱う（社会性を発揮する）ことが望ましく，それは前者の要請と相反するわけです（図3-4）。この相反する2つの要請の間でいかにバランスをとっていくかが，流通チャネル政策上の重要な課題となります。

　しかも，流通チャネルは，4Pのなかでも，簡単には変えられず，模倣も難しいだけに，競争優位の源泉となることが少なくありま

せん。いったん強力な流通チャネルを構築してしまうと，ライバルには簡単に真似されないため，大きな競争優位となります。ただ，その流通チャネルが環境に合わなくなると，簡単に変えることができないだけに，逆に足かせになることもあります。

それだけに，中間業者に対する優先的販売努力の要請と社会性をともなう顧客魅力度向上の要請の間でいかにバランスをとっていくかは，流通チャネル政策のみならず，マーケティング戦略上の重要な課題だとみておく必要があります。

2. 小売業と小売競争の特質

小売業者とは

流通機構のなかで，最も消費者に近いところに位置するのは小売業者です。**小売**とは，元来は大ロットで仕入れた商品を小口に分割して販売することを意味します。しかし，現在では，最終消費者である一般家庭への消費財の販売と考えるのが普通です。小売業者とは，この小売を主たる業務とする流通機関です。したがって，小売業者は，流通機構のなかでも，あるいは経済機構全体のなかでも，私たちの生活に最も身近に関わる部分を担当しているといえます。

小売業者の産出物

小売業者は流通機構の一員であり，それゆえ，各種の流通機能を遂行します。そして，これらの流通機能の遂行を通して，産出物をもたらします。

私たちは日々の生活のなかで，さまざまな小売業者が，さまざまな商品を販売しているのを目にすることができます。しかし，そこで売られている商品自体は，小売業者の流通活動の産出物ではありません。それらは，多くの場合，生産者の産出物です。確かに，小

売業者が同時に製造業を営むこともあります。しかし，そうして生産された製品はその小売業者の生産活動による産出物であって，流通活動による産出物ではありません。

　小売業者の流通活動による産出物は，流通機能を遂行することによって生み出される，**流通サービス**です。小売業者は，自分の店によく来るタイプの消費者が気に入りそうな商品をあらかじめ仕入れて店頭に並べ，あるいは一部を倉庫に在庫します。そして，消費者が来店したなら，その消費者が興味のある商品カテゴリーにはどのような商品があるかを示し，必要に応じてアドバイスをあたえ，販売し，さらに場合によっては配達も行います。こうした活動によって生み出されるサービスこそ，小売業者の産出物にほかなりません。

　例えば，コンビニで弁当を温めてくれるというのはわかりやすい流通サービスですが，弁当に関してコンビニが提供している流通サービスは，温めるといった店頭でのサービスに限られません。コンビニの本部が用意したさまざまな弁当のなかから，「自店の客が好みそうな弁当を選んで店頭に並べる」というのも重要な流通サービスです。

　もちろん，消費者が小売段階で享受することができる流通サービスは，小売業者のみによって生み出されるわけではありません。それは，その背後も含めた流通機構全体の産出物です。しかし，小売業者がそれに大きく貢献していることは間違いありません。

小売競争の多元性
　小売業者が消費者に提供する流通サービス，およびその提供条件には，多くの側面があります。したがって，小売業者間の競争は多元的です。

　前節では，流通の役割をみてきましたが，そのなかで，1つの重要な要素は，マッチング機能でした。中間業者としての小売業者は，

このマッチング機能によってよりよい品揃えを提供し，標的顧客に対する魅力度を維持・向上する必要があります。

　ただ，品揃えが流通サービスの重要な要素であることは間違いありませんが，流通サービスを構成する要因は，品揃えだけではありません。価格，接客，店舗の雰囲気，立地など，多くの要因が関わっています。

　例えば，私たちがエアコンを買う場合に，ある小売業者は豊富な品揃えと丁寧な接客を売りものにしているのに対し，別の小売業者はこれらの点では劣るが価格は安いということがあります。

　先ほどのコンビニの場合でも，近くのコンビニを，品揃え，価格，接客，店舗の雰囲気，立地などについて比べてみると，かなりの違いがあるはずです。

　こうした流通サービスとその提供条件の組み合わせは，**小売ミックス**と呼ばれます。換言すれば，流通サービスの個々の要素や個々の提供条件が小売ミックスの要素です。

　ある小売業者の小売ミックスが顧客にいかなる魅力度をもたらすかを左右するのは，消費者の評価基準です。具体的には，小売ミックス要素間の相対重視度で，小売店に対する消費者の好みといってもよいでしょう[1]。

　それゆえ，各小売業者は，多様な消費者需要のなかで自らの標的を設定し，各消費者の**買い物起点**（自宅や通勤，通学先など）からの距離という制約（**距離抵抗**）のなかで，標的とする消費者の好みに合わせて小売ミックスを形成し，魅力度を高めより多くの消費者の愛顧を獲得すべく競争しているわけです。私たちが実際に目にするさまざまな立地や特徴をもった小売業者の姿は，こうした競争努力

---

　1)　こうした考え方は，第2章第3節で説明した，加重平均型（線形補償型）の評価ルールに基づくものです。

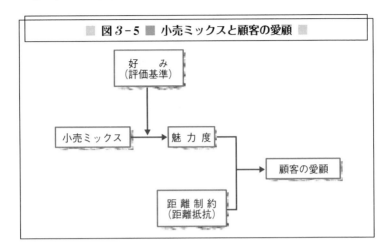

■ **図3-5** ■ 小売ミックスと顧客の愛顧 ■

好　み
（評価基準）

小売ミックス

魅　力　度

顧客の愛顧

距　離　制　約
（距離抵抗）

の結果です（図3-5）[2]。

　メーカーのマーケティングは，小売業者の競争努力を活用するとともに，小売業者の差別的優位性に貢献するという側面をもっています。

2）　小売業者の競争努力の結果である各小売店の小売ミックスは，大きくいくつかのパターンに分類することができます。このパターンが**小売業態**です。百貨店，食品スーパー，コンビニなどはいずれも業態の1つです。小売業の歴史のなかでは，さまざまな業態が生まれ，発展してきました。このような時間の経過にともなう小売業態の変遷，つまり小売業態の動態をいかに説明するかは，小売研究における重要なテーマでした。メーカーのマーケティングの観点からは，小売業者は自社製品の流通の末端を担うだけに，さまざまな小売業態の浮沈を見極めることは，流通チャネル政策にとってはいうに及ばず，マーケティングのあり方全体にとっても，きわめて重要だといわなければなりません。
　　章末の補論3-1では，小売業態研究のなかの2つの代表的な学説が紹介されます。

3. 卸売流通の介在

卸売業者とは

メーカーが生産した製品が消費者に至るまでには，小売業者とともに，卸売業者を経由することも少なくありません。

卸売には，消費者以外へのあらゆる販売が含まれます。したがって，卸売は，小売業者向けの販売以外にも，企業や官公庁に対する販売など，多くのものを含みます。ただ，本章の関心は消費財マーケティングを取り巻く流通環境にあるため，本節でも，生産者と小売業者の間に介在する卸売に焦点を当てることにしましょう。

もっとも，小売業者向けの卸売に焦点を当てたとしても，それはさまざまな機関によって行われる可能性があります。メーカー自身が**販社**と呼ばれる販売会社をつくって**垂直統合**という形で行うこともあれば，小売業者が**仕入本部**を設置して担当することもあります。もちろん，専門の中間業者が卸売を行うこともあります。卸売を専門に行うこうした中間業者のことを卸売業者と呼び，さらに卸売活動を特定の供給業者や特定の顧客のためにではなく，社会的な存在として行う商業者を，**卸売商業者**（卸売商）といいます。

卸売業者の介入余地

社会において卸売業者が存在する理由は，本章第1節で述べた中間業者の役割によるものです。つまり，それは，分業の結果生じた生産と消費の間のギャップを埋めるという，流通の機能に対応します。

中間業者としての個々の小売業者が取り扱いうる品目数や対応しうる商圏には限界があります。したがって，世の中に存在する商品の数が多くなると，あるいは対応すべき消費者の住んでいる地域が

広くなれば，小売業者の数も多くなります。小売業者の数が多くなると，生産者と小売業者の間に卸売業者が介入する余地が生じます。さらに，卸売業者の数が多くなれば，今度は生産者と卸売業者の間に，別の卸売業者の介入余地が生じ，卸売段階は多段階化します。

　同様に，生産者の数が多くなっても，卸売業者の介入余地が生じます。

　卸売業者の介入余地は，小売業者の数や生産者の数のほかにも，いくつかの要因によって左右されます。それらについて詳しくは，補論3-2で述べられています。

流通系列化と卸売業者の社会性

　卸売機能は，卸売商のみによって担当されるわけではありません。メーカーや小売業者といった他の機関が卸売機能を遂行することも珍しくありません。また，卸売商が卸売機能を担当する場合であっても，例えばメーカーがその卸売機能の遂行に干渉するということもあります。その代表的な形態が，卸売商に対する流通系列化です。

　卸売商は，社会的な存在として流通機能を遂行するため，本来，特定メーカーの製品を優先的に販売する立場にはありません。しかし，メーカーとしては，卸売商を自らのマーケティング手段として囲い込めば大きなメリットがあります。したがって，卸売商による優先的な販売努力の有効性が大きいほど，メーカーが卸売商を囲い込む動機は強まります。その典型的な事情は，大規模生産体制の確立にともなう販売問題の重要性の増大です。それゆえ，日本でも，とりわけ戦後になると，大規模メーカーにおいてマーケティングの一環として中間業者による優先的販売努力を確保する必要性が高まり，メーカーによる卸売流通の系列化が，多くの製品分野でみられるようになりました。

　例えば，大手製薬メーカーの**武田薬品工業**は，病院，診療所，薬

局への販売を有利に進めるために，多くの卸売業者の囲い込みを行ってきました。また，大手文具メーカーの**コクヨ**も，多くの卸売業者を系列下において，小売業者への影響力を確保してきました。こうした例は，他の多くの業界でみられました。

しかし，メーカーの流通系列化が卸売商の品揃えをあまりに制約すると，社会的な存在としての卸売商の魅力が低下してしまいます。しかも，系列化された卸売業者が，他方で，社会的存在としての独立卸売商と競争していかなければならないこともあります。そのため，系列化された卸売業者であっても，競争力を維持するためにあえて競合メーカーの製品を扱うという場面も少なくありません。

小売業者による逆系列化

さらに，小売業者が力を増すと，卸売商のなかには，特定小売業者との関係を深めるものも生まれてきます。

日本の卸売商はメーカーの流通系列化政策のもとで，特定メーカーとの関係を深めたものが多かったため，卸売流通がメーカー別に編成されるといった傾向が多くみられました。このような状況では，小売業者は必要な商品を取り揃えるために，数多くの卸売業者と取引を行う必要がありました。

それが，1990年代以降は，大規模化した小売業者（小売チェーン）の要請もあって，卸売商が取引メーカー数を増やして特定メーカー色を薄め，むしろ小売業者との関係を深める傾向もみられるようになりました。つまり，卸売商の売上からみると，従来は特定メーカー製品のシェアが高く，各小売業者との取引シェアはいずれもさしては高くなかったものが，今度は特定メーカーへの**取引依存度**は低下する反面，特定小売業者との取引シェアが上昇するという傾向です。

例えば，大手コンビニ・チェーンの**セブン－イレブン**は，地域ご

とに特定の卸売業者を**窓口問屋**に指定し，各メーカーからの納品を
その窓口問屋に集中させ，そこから各店へ配送するという仕組みを
作り上げました。窓口問屋制は，商品の輸送や在庫といった**物流**に
関するものですが，卸売流通が小売企業主導で行われているという
点で，注目に値します。

　こうして卸売商は，社会的品揃えに基づく存立基盤を有しながら
も，生産者からの優先的販売努力の要請と，小売業者からの優先的
対応の要請のなかで，生き残りと成長の道を模索することになりま
した。

4. インターネットによる影響

電子商取引の発展

　インターネットは，消費者が購買にあたって用いうる，情報源の
1つですが，それとともに，取引完結のための手段でもあります。

　消費者向け（B2C）の市場で，インターネットのようなコンピュ
ータ・ネットワーク上の取引である**電子商取引**（Electronic Com-
merce: EC）に，注目が集まってきたのは，1990年代後半のことで
した。

　ちなみに電子商取引とは，オンラインで行う取引のことをいいま
す。そのうち，とくにインターネット技術で行う部分をインターネ
ット販売ないし狭義の電子商取引と呼び，インターネット技術以外
を含む電子商取引の全体を広義の電子商取引と呼びます。なお，経
済産業省刊行の『2014年度電子商取引に関する市場調査』（経済産
業省 2015）によれば，インターネット技術とは，TCP/IP プロトコ
ルを利用した技術と定義されています。

　消費者向け電子商取引は，消費者にとってはパソコンやスマート
フォンから簡単に注文ができる便利な買い物方法です。

　また，売り手からみれば，家庭用パソコンやスマートフォンが普及しているなか，パソコンやスマートフォンから接続できるネットワーク上に通信販売用のカタログを掲載することにより，膨大な数の消費者への販売機会が生まれます。しかも，ネットワークへのカタログの掲載，商品の配送，代金の決済だけならば，流通コストも大幅に削減されますし，カタログには，画像，音声，映像，他のサイトへ誘導するためのリンクなどものせられます。

　そして，だれでも容易にカタログの掲載ができるだけに，通信販売のみならず，流通機構全体にも大きな影響を与えてきました。

　実際，日本における消費者向け電子商取引の売上は，1997年頃には数億円規模で，無視できる存在であったものが，2020年には19兆2779億円と急増しています（経済産業省2021）。

　また，2000年代中頃になると，携帯電話を用いた**モバイル・コマース**の成長も加速し，モバイル・コンテンツ・フォーラムの調査では，2020年で4兆4863億円の規模に達しています（モバイル・コンテンツ・フォーラム2021）。

電子商取引と供給の多様化

　電子商取引の大きな特徴は，だれもが売り手になりうるということです。これには厳密には2つの意味があります。

　1つは，だれもが流通業者になりうるということです。例えば，中古本をアマゾンに出品するというのもあれば，オークション・サイトから仕入れてきた商品を出品するというのもあるでしょう。従来こうした小売販売はプロの小売業者によって行われてきました。それが電子商取引のおかげで，だれでも容易に行えるようになりました。

　もう1つは，生産段階でのことです。例えば，農家がつくった農作物を自ら広く消費者に販売するのは，以前は簡単なことではあり

ませんでしたが，電子商取引の登場により容易になりました。さらに，ゲームや音楽のように製品がデジタル化されている分野では，電子商取引のおかげで，ゲームをつくることさえできれば，音楽をつくることさえできれば，それらを自ら市場に送り出すことはきわめて容易になりました。

つまり，流通と生産の双方の段階で，**供給の多様化**が起こったわけです。

もっとも，電子商取引ではだれもが売り手になりうるだけに，メーカーが直接消費者に販売することも可能です。ただ，既存の流通チャネルを有し，それらへの依存度が無視できないメーカーの場合は，既存の流通チャネルにダメージを与えないように配慮することが必要になります。そのため，電子商取引用に別の製品を用意したり，既存流通チャネルでは販売していない製品のみを電子商取引に投入したりといった工夫を行っています。

これに対して，既存の流通チャネルをほとんどもたない新興メーカーの場合は，電子商取引によってはじめて市場へのアクセスが可能になるということもあります。とくに，2010年代の後半になると，第12章で詳しくみるように，だれもがさらに簡単にオンラインで販売できるようにする，ショッピファイやBASEといったプラットフォームの登場もあって，新興メーカーが自ら直接消費者に販売するD2C（Direct to Consumer）という形態が目立つようになり，それがコロナ禍のもとで急増していきました。D2Cは単にメーカー直販というだけでなく，メーカーが消費者と密接なコミュニケーションを維持するという側面もあり，既存流通チャネルを有するメーカーも改めてD2Cに乗り出すという事例もみられます。

電子商取引販売と需給マッチング

こうして，電子商取引においては膨大な数の商品が提供されるわ

けですが，そのなかで，店員の援助なしに選択を行うとなると，消費者には結構大きな負担が強いられます。

　店頭販売においては，世界中から顧客のニーズに合いそうなものを探し出してくるという作業を，小売業者がその背後に控える流通機構の助けを借りながら行っています。これはプロがつくった製品をプロが流通させるという仕組みです。

　これに対して，電子商取引では，プロ以外の人も含めた，とてつもない数の売り手と買い手が，サイバー・スペースのなかで直接に向かい合ってしまいます。そうなると，従来の流通の仕組みでは対応できない場面も出てきます。

　そこで活用されるのが，プロではない，アマチュアの人々の声です。インターネット上では，商品や売り手について，さまざまな書き込みが行われています。これらの書き込みの多くは，専門家ではないアマチュアの人々によるものであり，しかも実名ではないことがほとんどです。こうした書き込みの1つひとつは必ずしも信頼できるものではないかもしれません。しかし，同様の意見が蓄積されていれば，信頼性も増すでしょうし，それを頼りに選択するという人も増えてくるでしょう。こうした多数の人々による知の蓄積を「集合知」といいます。

　さらに，インターネット上では，「その商品を買った人はこの商品も買っています」という形で推奨が行われる場面をよく目にします。これを「クロス・セル」といいます。このクロス・セルのもとになっているのは，他の顧客の購買履歴です。つまり，一般のアマチュアの人たちによる購買決定の結果であり，集合知と同様の性格のものと考えてよいでしょう。

　電子商取引での需要と供給のマッチングにおいては，この集合知の役割が小さくないものと考えられています。

COLUMN

ロングテール

　ビジネスの世界では，長らく80対20の法則が，幅をきかせてきました。例えば，ある小売店の売上の80％は20％の商品で稼いでいるというのが，典型です。これに対して，アメリカのジャーナリストであるクリス・アンダーソンは，「ロングテール」（「長いしっぽ」という意味）という言葉を用いて，80対20の法則に関わる新たな現象を取り上げ，注目を集めました（Anderson 2006）。

　ある小売業者について，縦軸に売上高，横軸に左から売上高が多い順に商品を並べると，図3-6のような右下がりの曲線が描かれます。この曲線は右へ行くに従いゼロに近づきます。この部分がロングテールです。例えば，アマゾンのような，書籍（電子書籍を除く）の電子商取引では，在庫を集中させ，インターネット上に書籍の一覧を表示するため，膨大なタイトル数の販売が可能になります。また，音楽のように，デジタル化された商品の場合は，在庫費用は事実上ゼロに近く，ロングテールはさらに長くなります。

　そのさい，テール部分の商品は，1つひとつの販売部数は少なくとも，タイトル数が多いため，全体としてのそれらの重要性は，ベ

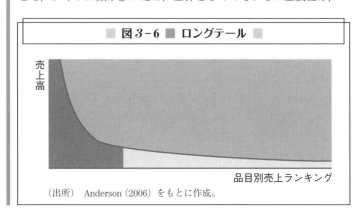

■ 図3-6 ■ ロングテール ■

売上高

品目別売上ランキング

（出所）　Anderson（2006）をもとに作成。

ストセラーにも引けをとりません。

　しかも，テール部分では，相対的に競争が少なく，需要もマニアックで相対的に価格に敏感ではないため，利益が出やすい傾向にあります。

　ただ，ロングテールにおける膨大な選択肢の提供は，新たな問題を派生させます。例えば，通常の本屋では，店頭に陳列できる書籍の数に限りがあるため，仕入れ担当者が販売可能性の高い書籍を厳選して店頭に並べています。つまり，あらかじめ消費者の選択対象となる商品を選別しています。これに対して，電子商取引におけるテールでは，消費者は膨大な選択肢のなかで選択を行わなければならず，しかも電子商取引の場合は，小売店におけるような店員の支援も得られません。そのため，この市場を活性化させるには，個々の消費者が望むものを容易にみつけられるような手立てが必要になります。口コミやクロス・セル（顧客別推奨）といった形で集合知が活用されるのは，そのためです。

　もちろん，こうしたロングテールの考え方が有効ではない場合も多くあります。しかし，IT（情報技術）の進歩，インターネットの発展，物流システムの進歩，顧客の好みの多様化，生産技術の向上といった傾向を考えると，ロングテールが重要になる部分は，今後ますます広がっていくように思われます。

マッチングを巡る競争

　電子商取引においては，だれもが売り手となりうるだけに，需給のマッチングを巡って，きわめて多様な競争が想定されます。電子商取引では，メーカーであろうが，卸売業者であろうが，小売業者であろうが，あるいは個人であろうが，消費者との直接の接触が可能になります。そのため，メーカー，卸売業者，小売業者，さらには個人まで含めたさまざまな人々が，最終消費者への販売を巡って，

競争を行う可能性があります。

　例えば，**デル・コンピュータ**の場合，顧客はインターネットを使ってデルに直接注文を行い，自宅で製品を受け取ることができます。そこには卸売業者や小売業者は介在していません。つまり，メーカーとしてのデルが中間業者を介さずに最終ユーザーと直接取引するわけです。流通の中抜きです。

　しかし，他方では，これまで述べてきたように，電子商取引では店舗販売の場合以上に，需給マッチング機能が必要とされるという部分もあります。そのため，中抜きとは正反対に，売り手と買い手の間に，再介入が行われる余地が生じることもあります。

　例えば，**価格.com**（http://kakaku.com）は，メーカーと消費者の間のみならず，小売業者と消費者の間に介入してマッチングを行っています。つまり，再介入です。このような業態は，情報を仲介することにより需給のマッチングを図る，情報をベースにしたマッチング・ビジネスであるがゆえに，**インフォメディアリー**（Infomediary: **情報仲介業者**）と呼ばれています。

　いま，ある消費者が，電子商取引で特定の家電小売業者の価格，品揃え，サービスなどについて満足し，その小売業者に対してロイヤルティを感じたとしましょう。つまり，その小売業者で買えばベストな買い物ができるという信頼感であり，その信頼感ゆえに，個々の買い物においてはいちいち小売業者（サイト）間比較をせずに，特定のサイトから購入を続けているわけです。小売業者からみれば，まさに顧客の囲い込みです。

　そこに，価格.com のようなインフォメディアリーが介入します。価格.com では，例えば，特定の冷蔵庫のモデルについて，登録してある小売業者の価格一覧や取引条件一覧が表示されます。つまり，インフォメディアリーの介入は，顧客による小売業者間比較を促進し，特定小売業者による顧客の囲い込みを破壊していきます。

　加えて，価格.com では，例えば特定容量の冷蔵庫と指定すれば，それに当てはまる事実上ほとんどの機種が主要製品仕様や最低価格とともに表示されます。この部分で価格.com が行っているのは，製品と顧客の間のマッチングです。さらに，それらの機種に関する消費者の評価情報も入手可能な場合が少なくありません。

　そうなると，メーカー，小売業者，インフォメディアリーは，需給のマッチングという機能を巡って，互いに競合しているわけです。

　このように，インターネット上では，顧客がマッチングに関してだれを信頼し，それゆえだれが顧客を囲い込むかを巡って，複雑な競争が想定されます。それだけに，電子商取引は，マーケティングのあり方に大きな影響を及ぼすと考えられています。

5. アマゾンの仕組みと革新性[3]

　電子商取引において，圧倒的な存在感を示しているのが，オンライン小売業者の**アマゾン**でしょう。

アマゾンの仕組み

　現在のアマゾンは，「Everything Store」を標榜していますが，その出発点は書籍販売でした。なぜ書籍販売から出発したのかといえば，書籍は種類が膨大で，実際の店舗ですべての本を取り揃えることは不可能なのに対し，電子商取引では，巨大な物流センターを設ければ，実店舗では考えられないような種類の品揃えが可能になるからです。ロングテールの品揃えです（本章 COLUMN 参照）。

　ただ，電子商取引では，品揃えは膨大であっても，実店舗におけるような店員のアドバイスが得られません。そこで，アマゾンでは，

---

3)　本節は池尾（2021）第2章の一部を修正したものである。

書籍についての情報提供や推奨に力を入れてきました。

　書籍に続いて，アマゾンは，CD，DVD，玩具，家電製品といった品目へと品揃えを拡大していきました。

　さらに，アマゾンは自らの販売サイトで，他の販売業者の商品の販売も始めました。**マーケットプレイス**です。これによりアマゾンは，単なる販売サイトから，さまざまな売り手と買い手の間の取引の場を提供する，**EC プラットフォーマー**になっていきました。

　しかし，マーケットプレイスでは，場合によっては，アマゾンの商品と他の販売業者が販売する同じ商品，あるいはその商品の中古品が並んで販売されるということもあります。つまり，自らのサイトで，自ら仕入れた商品と他の販売業者の商品を競争させているわけです。これは一見不合理にみえますが，このことによりアマゾンはさらに膨大な選択肢を顧客に提供することが可能になるとともに，新たな売れ筋商品の把握が可能になるというのが，創業者ジェフ・ベゾスの判断でした（Stone 2013）。

　アマゾンの展開はこのように品揃えの拡大を特徴とするわけですが，同時に価格切り下げにも大きな努力を払ってきました。そのための1つは，最先端の技術を駆使したきわめて効率的な物流システムの構築でした。こうしたコスト削減をもとに，価格引き下げ→来客数増→売上拡大・サードパーティ増→固定費（サーバー・物流センターなど）有効活用→価格切り下げ，という循環を作り出してきました。それとともに，この売上拡大をもとに，運送会社や供給業者（メーカーなど）などに対して交渉力を発揮して価格切り下げを迫るということも可能になりました（Stone 2013）。

アマゾンの革新性

　こうしたアマゾンのやり方は，従来の小売業の慣行から考えれば，きわめて革新的なものでした。元来，小売業では，標的顧客のニー

ズにあった商品を見極め，それらをできるだけ有利な条件で仕入れることが求められてきました。チェーン展開しながら仕入れを共通化して，規模の利益を享受するというのは，その典型的な姿です。例えば，コンビニの場合は，店舗当たりの平均的な取扱品目数は約3000ですから，多くの候補品目のなかから取扱品目を厳選し，その限られた品目の集中仕入れによって交渉力を発揮する必要があります。

　これに対して，アマゾンの取扱品目数は数千万，マーケットプレイスを含むと億単位だといわれています（成毛 2018）。そうなると，品揃えの厳選の重要性は相対的には下がり，むしろ物流センターでの集中在庫という利点をいかして，ロングテールまで含んだ品揃えの網羅性が重要性を高めるとみることができるでしょう。マーケットプレイスで他の販売業者の商品や中古品まで扱うというのも，この観点から理解することができます。さらに，膨大な品揃えのなかから顧客が自分のニーズに合ったものを快適に探し出すことができるように，商品説明や推奨システムを充実させる必要があったわけです。

　こうやってみてくると，アマゾンは電子商取引の特性を見極めて，従来の小売業とはまったく異なる，きわめて合理的なビジネスモデルを作り上げていったことがわかります。

グローバル展開

　アマゾンが電子商取引において作り上げた小売業の新たなビジネスモデルは，グローバル展開の可能性にも，大きな影響をもたらしました。小売企業において，強みの根幹に大規模仕入れによる交渉力や規模の利益がある限り，グローバル展開には限界があると考えられてきました。というのは，顧客のニーズは国によって異なることが多く，複数の国々のための仕入れを共通化してしまうと，個々

の国々のローカル・ニーズに合わなくなってしまうからです。その
ため，グローバル小売業であっても，仕入れは国別に行うことが多
く，グローバル・メリットを発揮しにくかったわけです。私たちの
周りを見渡してみても，海外の大規模小売企業が成功を収めている
という事例はあまり多くありません。

　ところが，アマゾンは日本を含め多くの国々で成功しています。
その理由は，アマゾンのもっている強みが，国が異なっても有効だ
ということでしょう。確かにアマゾンは巨大な販売力をもとに，運
送会社や供給業者などに対して交渉力を発揮して価格切り下げを迫
ることも可能でしょう。しかし，この交渉力はグローバルなもので
はないことが少なくありません。いかにアメリカでの売上が大きく
ても，そのことによって，日本における供給業者との交渉が有利に
なるという部分はそれほど大きくないでしょう。これに対して，効
率的な物流システムや優れた推奨システムはどうでしょうか。国に
よって売れ筋商品が異なっても，物流システム自体，推奨システム
自体には大きな違いはありません。アメリカで磨き上げた物流シス
テムや推奨システムを，例えば日本へ移植することはそれほど困難
ではないはずです。つまり，ビジネスの基盤が実店舗から電子商取
引に移るにつれて，グローバル・メリットが生まれ，グローバル展
開が活発化したというわけです。

6. オムニチャネルの台頭

オムニチャネルの仕組み

　電子商取引の普及は，同時に，オンラインと実店舗をシームレス
に連動させるという試みも活発化させました。**オムニチャネル**[4]で

　4）　オンラインとオフラインの融合の部分は，とくに O2O（Online to Offline）と呼

す。オムニチャネルの考え方の前提になるのは，**ショールーミング**（実店舗で商品を見たり店員の説明を聞いたりした後にウェブサイトで購買する）や**ウェブルーミング**（ウェブサイトでいろいろ調べてから実店舗で購買する）といった消費者の行動です。

　本章の目的は流通環境の解説なので，オムニチャネル政策の主体として，とりあえず小売業者を想定しておきましょう。メーカーによるオムニチャネル政策には，第 12 章で，D2C との関連で言及されます。

　オムニチャネルにおいて，小売企業はさまざまなオンライン手段と小売実店舗を駆使し，消費者へのシームレスな体験を提供します。

　オムニチャネルにおいては，買い物利便性の向上，顧客情報の統合的管理，顧客囲い込みのためのマイレージ（ポイント）・プログラムの実施，顧客との双方向あるいは顧客間のコミュニケーションなどを目指した専用アプリのあり方が大切ですが，それとともに注目されているのは，オムニチャネルという状況のもとでの，実店舗の役割です。実店舗の役割には，ショールームや取引場所としての役割に加え，物流拠点としての役割も含まれます。この物流拠点としての役割のなかで，コロナ禍による制約のもと，とりわけ注目を集めたのが，店舗からの配送や**クリック・アンド・コレクト**[5] でした。クリック・アンド・コレクトとは，オンラインで注文した商品を店内や専用駐車スペースで受け取るというものです。

コロナ禍のもとでの動き

　ウォルマートに代表されるアメリカの大手小売企業は，コロナ禍以前から電子商取引とともに，オムニチャネルには力を入れていま

　ばれています。なお，インターネット上のやりとりをオンラインと呼ぶのとの対比で，インターネット以外でのやりとりをオフラインと呼んでいます。

5)　BOPIS（Buy Online Pick-up In Store）ともいいます。

した。ウォルマートの場合は，食料品を取り扱い，オンライン対応店舗数の多さや価格の安さもあって，**コロナ禍**にさいして大きく業績を伸ばしました。その背景の１つは，消費者が生鮮食品を必要としているにもかかわらず，店舗には行きたくないという状況において，店舗からの宅配や店舗での受け取りが好まれたからでした。つまり，多数の店舗を物流拠点として活用したわけです。

　オンライン小売業者は，少数の物流センターに在庫を集中させることにより，ロングテールを構成する数多くのニッチ商品の取り扱いを可能にしてきました。しかし，少数の物流センターへの在庫の集中は，消費者までの平均的な配送距離と配送時間を長くし，生鮮食品のような鮮度が求められる商品では不利になります。そのため，オンライン小売業者の代表格であるアマゾンにしても，生鮮食品の物流に力を入れていましたが，コロナ禍の段階では，ウォルマートが有利な状況であったといわれていました（DIAMOND Chain Store 2020; 日経ビジネス 2020）[6]。

　こうした動きは，日本でも**イオン**のような**総合量販店**（GMS）の間で，急速な広がりを示していきました（日本経済新聞 2020 b）し，**セブン-イレブン**をはじめとするコンビニも，店舗からのスピード宅配を始めていきました（日本経済新聞 2020 f）。

実店舗の役割

　小売企業の立場では，電子商取引に進出するにしても，**集中在庫**と**分散在庫**の使い分けが必要になります。在庫を物流センターに集

---

6)　アメリカでは，アマゾンも傘下のスーパーマーケットの**ホールフーズ・マーケット**の店舗を活用したり，小型の配送センターを 1500 カ所追加したりといった対応に乗り出していました（日経 MJ 2020 d; 2020 e）。また，同社は，日本では**ライフコーポレーション**と提携し，生鮮品のオンライン販売に取り組んでいました（日経 MJ 2020 b; 日本経済新聞 2020 c）。

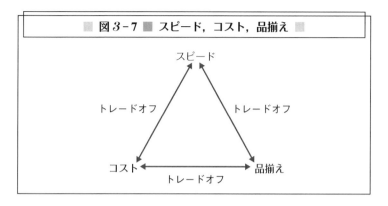

■ 図3-7 ■ スピード，コスト，品揃え

スピード

トレードオフ　　　　　トレードオフ

コスト　←　トレードオフ　→　品揃え

中させれば，在庫や配送の効率を追求できるとともに，集中在庫のメリットを生かして，ロングテールの多様な品目を取り扱うことが可能になります。つまり，このやり方のメリットは，低コストと豊富な品揃えです。

　反対に，小売店舗を物流拠点と位置づけるオムニチャネル方式を採用すれば，クリック・アンド・コレクトのニーズに対応できるし，配送のスピードも増します。しかし，こうした分散在庫では，手作業の部分も多くなり，効率は犠牲になりますし，在庫ポイントとしての店の数が増えれば品目数の拡大にも限界があります。

　図3-7にあるように，スピード，コスト，品揃えは，1つを一定とすると，残りの2つは，一方を追求すれば他方が疎かになるという，三つ巴のトレードオフの関係にあります。例えば，品揃え（取扱品目数）を一定とすれば，スピードを速くするためには在庫地点を多くする必要があり，そうすればコストは上昇します。そうなると，重要なのは，スピード，コスト，品揃えのそれぞれがどのような標的顧客やどのような商品カテゴリーにおいて相対的重要性を高めるかです。それを踏まえて，標的顧客や取扱商品カテゴリーに応じた，集中在庫と分散在庫の戦略的な組み合わせ

が求められます[7]。

　また，電子商取引が普及するにともない，逆に，実店舗ならでは
の役割が浮き彫りになるという場面もみられるようになりました。
商品の実物展示，ブランドがもつ世界観の伝達，ほかでは味わえな
い体験の提供といった役割です。電子商取引でも，実店舗によるこ
れらの役割が大きな意味をもつことがあり，そのため，新たなタイ
プの実店舗が登場したり，実店舗の形を取りながら販売を行わない
ショールームが登場したりしてきました。もちろん，こうした役割
の重要性は，商品の種類によっても，消費者の間でも異なるでしょ
う。したがって，カスタマー・ジャーニーにおいて，専用アプリ，
ウェブサイト，SNSといった顧客とのさまざまなタッチポイント
のなかで，小売実店舗がいかに位置づけられるかの見極めが大切に
なります。

7. まとめ

　メーカーと消費者の間には，多くの場合，卸売業者や小売業者の
ような中間業者が介在します。中間業者が存在するのは，生産され
た製品が消費者によって消費されるためには流通機能が遂行されな
ければならず，中間業者がこの流通機能をよりよく遂行するからで
す。もちろん，場合によっては，中間業者が排除されることはあり
ます。しかし，流通論の分野で古くからいわれてきたように，中間
業者は排除できても，かれらが果たしていた流通機能は排除できま
せん。

---

7)　例えば，アメリカでのウォルマートは物流拠点としての小売店舗に加え，大型
　　物流センターからの直送も併用していましたし，日本でもイオンや西友はいわゆる
　　ネットスーパー対応倉庫の建設を急いでいました（日本経済新聞，2020 c; 日本経
　　済新聞，2020 d）。

　中間業者が介在する場合，メーカーには，中間業者が自社の製品を優先する形で流通機能を果たし，販売してもらいたいという思惑はあります。しかし，消費者にとっては，さまざまなメーカーの製品を平等に扱っている中間業者のほうが魅力的でしょう。メーカーの流通チャネル政策は，この2つの相反する要請の間でバランスをとっていかなければなりません。

　しかも，流通チャネルは簡単には変えられず，模倣も難しく，競争優位の源泉となりうるだけに，流通チャネルをどのようなものにするかは，流通チャネル政策のみならず，マーケティング戦略全体にとっても大きな課題です。

　流通環境を構成する小売業者や卸売業者は，それぞれ流通機能を果たしながら競争を行い，自分たちの競争のための差別的優位性を追求しています。メーカーのマーケティングは，そうした卸売業者や小売業者の競争努力を活用するとともに，かれらの差別的優位性に貢献していく必要があります。そして，先の流通チャネルをどのようなものにするかの決定は，卸売業者や小売業者の競争努力をいかに活用し，かれらの差別的優位性にいかに貢献していくかにも，大きく影響を及ぼしていくわけです。

　この流通環境に決定的なインパクトをもたらしたのが電子商取引です。電子商取引の大きな特徴の1つは，誰もが売り手になりうるということで，その結果，新たなマッチングの仕組みが求められるとともに，消費者への販売の主導権を巡って，メーカー，卸売業者，小売業者，個人，インフォメディアリーの間で複雑な競争が想定されています。

　そうしたなかで，電子商取引においてはロングテールの取り扱い可能性がひろがるという特質を早くから理解し，大きく成長したのがアマゾンでした。これに対して，実店舗を基盤とする小売業者も電子商取引に進出し，オンラインと実店舗をシームレスに連動させ

るオムニチャネル方式を展開し，新たな強みを模索しているといえるでしょう。

補論 3-1 小売業態の動態

小売の輪の理論

　小売業の動態を説明しようとした試みのなかでおそらく最も有名な1つであるマルコム・マクネアの「小売の輪の理論」(McNair 1958) は，小売店舗間の競争過程という見地から，価格と，サービスに代表される他の小売ミックス要素の関係についての小売業の動態を説明しようとしたものです。

　この理論の要旨は次の通りです。すなわち，新しい小売業態は多くの場合，低サービスと低費用をともなった革新的な営業方法ないし運営システムによって低価格を実現し，これを売りものに登場してきます。革新者のこの価格訴求は，革新の結果可能になった，既存店舗とは異なる費用構造によるものであるため，既存店舗はそれにただちには十分対抗できず，したがって多くの顧客を引きつけます。しかし，革新者がひとたび革新的方法で成功すれば，やがて模倣者が現れます。この模倣者は革新者と類似した費用構造をもつだけに，もはや価格は有効な差別化手段たりえず，かれらは低回転高マージン品目の取り扱いを含む品揃えの拡大と高級化，配達や掛け売りなどのサービスの拡大，店舗の内装や外観の改善といった，**非価格競争**の道を歩みます。つまり，当初は低サービス，低マージンを特徴として出発したこの新業態は，競争過程を通して，次第に高サービス，高費用，高マージン，高価格の業態へと**格上げ**を余儀なくされるわけです。この結果，低サービス，低費用，低マージン，低価格の新たな業態の参入機会が生じますが，そこに登場する革新的新業態もやがては競争過程を通して格上げへと向かい，同様のことが繰り返されるというわけです。

　小売の輪の理論は小売業の動態，とくにアメリカにおけるそれをきわめてうまく説明したものでした。例えば，当初，低価格を売りものに登場した百貨店が，その後の格上げの結果，ディスカウント・ストアなどからの低価格の攻撃にさらされている姿は，まさにこの理論を裏づけるものだといえるでしょう。

　しかし，小売の輪の理論には，いくつかの論点も提示されています（Hollander 1960）。そのなかで最も重要なのは，アメリカにおいても，あるいは他の資本主義諸国においても，必ずしも小売の輪の理論では十分に説明できない現象が生じている点です。例えば，私たちの周りを見渡してみても，郊外型ショッピング・センターは中高所得層を対象に高価格で出発しましたし，コンビニも高価格で参入しています。

真空地帯理論

　これに対して，O. ニールセンによって示された「**真空地帯理論**」（Nielsen 1966）は，より一般的な説明を用意することにより，小売の輪の理論の上記のような問題点を解消しようとしたものだといわれています。以下では，ニールセンによる真空地帯理論の考え方に基づいて，小売店舗間の競争過程という見地から，価格と他の小売ミックス要素の関係についての小売業の動態を説明してみましょう。

　いま，ある特定地理的市場における特定業種を想定し，そこでの消費者の店舗間選択に関わる**ストア・イメージ**の次元が，経済性と，小売ミックスの他の要素を反映したサービスの2つから成るとしましょう。市場を構成する個々の消費者は，したがって，経済性とサービスをそれぞれ一定の比率で重視して，どの店舗を愛顧するかを決定します。

　次に，この市場にはほぼ同一とみなしうる立地をもった3つの小売店があり，それぞれのストア・イメージが図3-8のようにあたえられていたとします。なお，ここでは，消費者は各店舗の小売ミックスについて十分な情報をもつものと想定されています。図より明らかなように，小売店1は低価格・低サービス，小売店3は高価格・高サービス，小売店2は中間型の店舗です。したがって，経済性を重視する消費者は小売店1を，サービスを重視する消費者は小売店3を，また両者のバランス

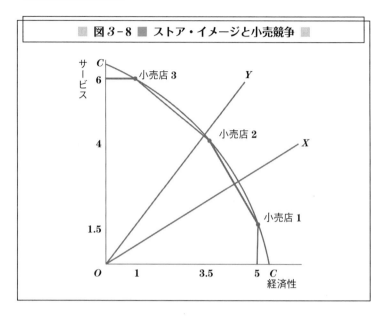

図3-8 ■ ストア・イメージと小売競争

を求める消費者は小売店2を愛顧することになるでしょう。

　さらに，この経済性とサービスに対する消費者の重視度の比率を原点Oから右上がりの直線で表します。**選好ベクトル**と呼ばれるこの直線の傾きは，(サービスの重視度／経済性の重視度)です。ある消費者にとっての各小売店のストア・イメージの魅力度は，それぞれのストア・イメージの位置からその選好ベクトルに垂直に交わる直線を引けば，それらの交点によってあたえられます。したがって，図において，重視度の比率が*OX*の傾きの消費者にとって，小売店1と小売店2の魅力度は等しくなります。同様に，重視度の比率が*OY*の傾きの消費者にとって，小売店2と小売店3の魅力度は等しくなります。それゆえ，*OX*よりも(右側の)緩やかな傾きの選好をもつ消費者は，小売店1を選好し，*OX*と*OY*の間の傾きの選好をもつ消費者は，小売店2を選好します。また，*OY*よりも(左側の)急な傾きの選好をもつ消費者は，小売店3を選好します。

　次に，現在の流通技術のもとで各小売店にとって可能なストア・イメージの位置が，図3-8のCC線上に限定されるものとしましょう。すなわち，サービスを高めるためには価格も高めなければならず，逆に，価格を低めるためにはサービスも低めなければならず，したがって，現在の流通技術のもとで両者を合理的に組み合わせる限り，いずれの小売店のストア・イメージもCC線上の点に限られます。しかし，いずれの小売店もこのCC線上ならば別の点に瞬時に自由に移動できるとはいえないでしょう。そのため，CC線上の移動には，とりあえずその距離に応じて一定の時間を要すると考えておきましょう。なお，CC線は**技術フロンティア**と呼ばれます。

　いま，図3-8において，小売店1がストア・イメージをCC線上に沿って左上方へ移動させたとしましょう。つまり，格上げです。その結果，図のOXの傾きはより立ったものになり，小売店1の売上は拡大します。すなわち，小売店1は，図で自店より右下方に他の店舗がない以上，選好ベクトルの傾きがOXより小さな消費者に対しては独占的立場にあります。それゆえ，CC線に沿っての左上方への移行は常に，小売店1の売上拡大をもたらします。

　同様に，小売店3にとっては，CC線に沿っての右下方への移行は常に売上を増加させます。したがって，小売店1と小売店3は，小売店2との違いが識別される範囲で，また，小売店2が反撃に出ても小売店1の場合ならば小売店1の右下方には容易に移動できない範囲で，できる限り小売店2に近づこうとします。

　ところが，このような小売店1と小売店3の動きは，他方で選好ベクトルの傾きが両端に近い消費者の不満を高めます。例えば，経済性をサービスと比べて非常に重視している人々は，ほかに適当な小売店がないからやむをえず小売店1を選んでいるのであり，かれらに満足のいく形で対応できる小売店はもはや存在しません。ここに**真空地帯**が生じます。

　そのとき，図で小売店1の右下方に参入しても，小売店1が簡単にはそのさらに右下方には移行できず，しかもその位置で十分な売上が期待できるならば，新たな小売店の参入機会が生じます。この参入が図3-8

の右下に生ずれば，それは低価格・低サービスを特徴とするものになり
ますし，図の左上に生ずれば，高価格・高サービスを特徴とするものに
なるわけです。

補論 3-2 卸売業者介入余地の規定要因

　一般に，卸売業者介入の余地は，①生産部門の状態，②小売部門の状
態，③生産部門と小売部門の対応の状態，④商品特性などに依存します
（田村 2001）。すなわち，①生産者の数が多く，地理的に分散し，特定製
品の生産に専門化しているほど，②小売業者の数が多く，地理的に分散
し，取扱商品が多くの生産者に及んでいるほど，③生産と消費の時間的
ずれと空間的距離が大きく，両者の品揃えが異なるほど，④商品の物理
的寿命や心理的寿命が短く，商品属性が少なくて技術的に単純なもので
あるほど，卸売業者の介入余地は大きくなります。

　例えば，生産者が大規模・集中化し，標準化された数多くの種類の製
品を大量に生産すれば，卸売業者の活動範囲は相対的には狭くなります。
また，小売業者が大規模・集中化したり，特定メーカーに偏った製品か
ら成る品揃えを有していたりする場合も，卸売業者の役割は小さくなり
ます。つまり，これらの条件が変われば，卸売業者の介入余地も変わっ
てくるわけです。

■■■ ■練習問題 Exercises ■

1. パナソニックや東芝といったメーカーの看板を掲げたメーカー系列の
   中小規模の電器店が，ヤマダデンキやビックカメラなど大型専門量販店
   に対抗するためには，どのような施策をとるべきでしょうか。
2. インターネットが普及していくなかで，小売実店舗が生き残っていく
   ためには，どのような機能を果たしていくべきでしょうか。望ましい小
   売実店舗の姿をできるだけ具体的に提案してください。

3. 表3-1は物販系分野での消費者向け電子商取引（EC）の市場規模と小売市場（対消費者商取引市場）全体に占めるECの比率をまとめたものです。なお，B to Cとは，Business to Consumer，すなわち消費者向けという意味です。ちなみに，業務用は，Business to Businessで，B to Bといいます。

いうまでもなく，2019年はコロナ禍以前の数字であり，2020年はコロナ禍のもとでの数字です。この表で示された調査結果をもとに，2019年と20年のそれぞれについて，特定の分野でなぜ他の分野よりも電子

表3-1 物販系分野のB to C-EC市場規模

分　類	2019年		2020年	
	市場規模 （億円） ※下段：前年比	EC化率 （%）	市場規模 （億円） ※下段：前年比	EC化率 （%）
① 食品，飲料，酒類	18,233 （7.77%）	2.89	22,086 （21.13%）	3.31
② 生活家電，AV機器，PC・周辺機器等	18,239 （10.76%）	32.75	23,489 （28.79%）	37.45
③ 書籍，映像・音楽ソフト	13,015 （7.83%）	34.18	16,238 （24.77%）	42.97
④ 化粧品，医薬品	6,611 （7.75%）	6.00	7,787 （17.79%）	6.72
⑤ 生活雑貨，家具，インテリア	17,428 （8.36%）	23.32	21,322 （22.35%）	26.03
⑥ 衣類・服装雑貨等	19,100 （7.74%）	13.87	22,203 （16.25%）	19.44
⑦ 自動車，自動二輪車，パーツ等	2,396 （2.04%）	2.88	2,784 （16.17%）	3.23
⑧ そ の 他	5,492 （4.79%）	1.54	6,423 （16.95%）	1.85
合　　計	100,515 （8.09%）	6.76	122,333 （21.71%）	8.08

（出所）　経済産業省（2021）53頁。

商取引によって購入・取引される比率が多いのかを検討するとともに，
今後どのような分野で電子商取引による購入・取引が伸びていくかを考
えてみましょう。

第2部 マーケティング戦略形成

　市場機会の探索・評価から始まるマーケティング戦略形成や，それに続く4Pの決定は，環境分析を基盤とします。

　そのため，マーケティング戦略形成を論じるにあたって最初に，第1部で述べてきた環境分析から具体的になにが引き出されるのかを整理しておきましょう。

　まず，競争環境の分析からは，競争環境の厳しさの程度をもとに，どの程度高度なマーケティング戦略が求められるかが導かれるとともに，自社の相対的な強みと弱みとそれに基づくマーケティング戦略の方向性が示されます。

　また，ファイブ・フォーシズの分析は，市場機会の評価にも活用できます。

　次の市場環境の分析から引き出されるべきは，第1に，マーケティング戦略の基礎となる顕在的あるいは潜在的な顧客ニーズがいかなるものであるかです。当該製品の事業領域にはどのようなニーズが存在し，それがどのような方向で発展の余地があるかを，第2章第2節の「ニーズ認識」の項で示したような枠組みを用いて検討する必要があります。

　市場環境の分析から引き出されるべき第2は，当該製品の購買ではいかなる代替案評価過程をたどると想定されるかです。カスタマー・ジャーニーです。

　例えば，高購買関与の耐久消費財ならば，知名→想起→知覚（理解・確信）→態度→購買といった過程が想定されるでしょうし，低購買関与の非耐久消費財ならば，注目→購買→知覚→態度→反復であったり，注目→購買→反復であったりといった過程が想定されるかもしれません。当該製品の購買でどのようなカスタマー・ジャーニーが想定されるかが明らかになれば，それに応じた

形で，マーケティング戦略や 4P の検討が可能になります。

　カスタマー・ジャーニーのなかで知覚や態度が形成されているならば，それに基づいて，提供価値や提供方法の検討が図られるでしょう。知覚や態度が形成されていないならば，いかなるヒューリスティクスが採用されているかが大切で，それに応じたマーケティング戦略の検討が必要になります。

　カスタマー・ジャーニーは 4P と対応する部分も多いだけに，カスタマー・ジャーニーにおける当該製品の現状，ならびにボトルネックやタッチポイントを見極め，さらにはエンゲージメントのあり様を把握することは，とりわけ 4P の改善に有効な示唆をもたらします。また，エンゲージメントの重要性を踏まえれば，タッチポイントにおける購買を超えた体験にも注目すべきでしょう。

　流通環境の分析が直接関わるのは 4P の 1 つとしての流通チャネル政策です。しかし，4P のなかでも，流通チャネルは簡単には変えられず，模倣も難しいため，競争優位の源泉となりえます。したがって，流通チャネル政策のなかでも，流通チャネル選択は戦略的に重要な決定であり，それだけに，流通環境の分析では，戦略的には，流通チャネル選択への示唆を得ることが大切です。

　つまり，どのような流通チャネルを用いるかについての示唆であり，具体的には，囲い込み流通へ向かうか，オープン型流通に向かうか，インターネットを含め直販へ向かうかについての示唆です。

　こうした環境分析の結果を踏まえたうえで，戦略形成の議論に入っていきましょう。

第 **4** 章

市場機会の探索と評価

Introduction

　マーケティング戦略形成においては，標的市場を設定（Segmentation + Targeting）し，提供価値・提供方法のあり方（Positioning）を決定しなければなりません。しかし，そのためには，まずマーケティング戦略形成の対象となる，市場機会が探索され評価され，最も適したものが選択されなければなりません。

　市場機会の選択は，いわば大きな括りとしての市場や製品の選択です。マーケティング戦略では，この大きな括りとしての市場や製品のなかで，さらに細かな標的を設定し，それに対応した提供価値や提供方法が決定されます。

　市場機会の探索と評価にはいくつかの有効な枠組みがあります。本章では，その枠組みとして，成長マトリクス，事業領域の定義，SWOT 分析，ポートフォリオ分析が説明されます。

1. 成長マトリクス

　市場機会を探索するうえで，基本的な考え方の1つは成長マトリクスです。この考え方は図4-1に示されています。

市 場 浸 透

　図4-1において，**市場浸透**とは，既存の市場に対して既存の製品をいっそう浸透させることにより，売上の拡大を図ろうという方向です。このための方法としては，①既存市場のなかでいまだその製品を購買していない非ユーザーへの販売，②競合企業の顧客の吸引，③当該製品のより多くの機会での使用の促進，④機会当たりの使用量の拡大，が考えられます。

製 品 開 発

　既存市場に新製品を導入して成長を目指すのは，**製品開発**です。製品開発には，新たな特徴の追加，スタイルの改良，異なる品質の製品の導入，バリエーションの追加が含まれます。

　携帯電話にカメラ機能を付けたり，音楽再生機能を加えたりするというのは，新たな特徴の追加の例です。異なる品質の製品の導入には，従来よりも高級な製品を導入する場合と，より廉価の製品を導入する場合があります。前者は**トレーディング・アップ**と，後者は**トレーディング・ダウン**とそれぞれ呼ばれています。バリエーションの追加としては，例えば，新たな味のペットボトル入り紅茶の投入などが挙げられます。

市 場 開 発

　既存製品を新市場に投入することによって成長を果たそうという

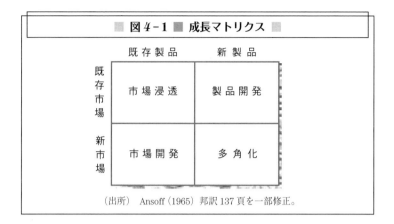

図 *4-1* ■ 成長マトリクス ■

	既 存 製 品	新 製 品
既存市場	市 場 浸 透	製 品 開 発
新市場	市 場 開 発	多 角 化

（出所）　Ansoff（1965）邦訳 137 頁を一部修正。

のが，**市場開発**です。

　例えば，もともと日本国内でのみ販売をしていた製品を海外でも
販売するというのは，まさにこの市場開発です。**ユニクロの海外進
出**はその好例です。

　ただ，新市場というのは，なにも地理的新市場に限られるわけで
はありません。オフィス用品通信販売大手の**アスクル**が，当初の中
堅・中小企業向けの市場に加え，大企業向けの市場や一般消費者用
市場に進出するというのは，新たなセグメントへの進出による市場
開発です。

　また，製品の新用途を開発して，市場開発を図る場合もあります。
かつて**旭化成**が，同社の食品包装用ラップフィルム「サランラッ
プ」について，それまでの主として冷蔵庫のなかでの使用に加え，
電子レンジでの使用を提案したのは，この用途開発の例です。

多 角 化

　新製品により新市場を開拓するのが，**多角化**です。

　企業が行う多角化には，さまざまな形態のものが考えられますが，

それらを大きく，垂直統合，集約的多角化，拡散的多角化に分けて考えるのが，有効でしょう。

　多角化の反対を専業とすると，専業企業がとりうる多角化の1つのパターンは，川上の部品生産や素材生産に乗り出したり，川下の卸売業や小売業に乗り出したりするという，垂直統合です。

　しかし，もちろん多角化は従来事業の川上・川下のなかに限られるわけではありません。従来事業の川上・川下を離れて，新たな分野に成長の機会を求めることも多くあります。そのとき，従来の保有経営資源の強みを生かすという観点が強い多角化は集約的多角化と，また，多角化によって保有経営資源に関して新たな強みをつくっていこうという観点が強いものを拡散的多角化といいます。

　例えば，家電メーカーが業務用電子レンジに進出するというのは，エレクトロニクス技術など従来の強みを生かす部分が多く，集約的多角化ということができるでしょう。これに対して，**ミツカン**が納豆に進出するというのは，ミツカンの従来の取扱製品が食酢やポン酢など常温流通品であったのに対し，納豆は冷蔵品で，製造技術や流通においてかなり異なる特性を有していただけに，拡散的多角化といってよいでしょう。

　こうした成長機会の分類は，どこで市場機会を探索するかを検討するさいの整理枠を提供してくれます。

2. 事業領域の定義

　市場機会探索の範囲をより詳細な形で検討するための枠組みが，事業領域の定義です。事業領域の定義に関して，最もよく知られている1つは，図4-2のように，**顧客機能**，**代替技術**，**顧客層**の3つの次元でそれを定義するというやり方です。

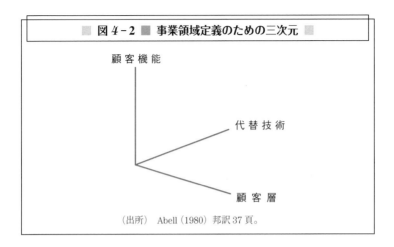

図 *4-2* ■ 事業領域定義のための三次元 ■

顧客機能

代替技術

顧客層

（出所）　Abell（1980）邦訳 37 頁。

顧客機能

　顧客機能とは，その企業が顧客に対していかなる機能を提供するかです。企業が提供する機能は，顧客が有する一定のニーズを充足します。したがって，顧客機能は，その企業が顧客のいかなるニーズに対応していくかだと考えてよいでしょう。例えば，炊飯ジャーという製品の場合では，提供している機能，つまり対応しているニーズは，炊飯と保温の 2 つです。企業として考えるべきは，このようなニーズのいかなる束を自社の事業領域として定義するかです。

代替技術

　代替技術とは，特定の顧客ニーズを充足する方法（技術）が通常いくつかあるなかで，いかなるものを採用するかです。先の炊飯ジャーのうち，炊飯機能を取り上げれば，電気という方法もあれば，ガスという方法，土鍋あるいは圧力鍋という方法もあります。事業領域の定義においては，こうした技術のなかで選択が行われます。

顧 客 層

　顧客層とは，一定のニーズを一定の技術で充足するにしても，どのような顧客に対してそれを行うかです。例えば，炊飯というニーズをもつ潜在顧客としては，主婦，単身者，業務用ユーザーなどが考えられますが，このうちのどの部分を標的顧客とするかです。

　容易に推測されるように，事業領域の定義における顧客層は標的市場に，顧客機能は提供価値に，代替技術は提供方法に対応します。したがって，この事業領域の定義をいかに行うかは，マーケティング戦略の対象となる，市場機会の探索範囲を直接的に導くことになります。

事業領域の狭い定義と広い定義

　事業領域を狭く定義しすぎると，鉄道会社が自社の事業を鉄道と考えて，鉄道事業の衰退のなか，他の輸送事業への進出に失敗したようなことになりかねません（Levitt 1962）。だが，逆に，あまり広く定義すると，意味も勝ち目もない競争に巻き込まれたり，経営資源が分散してしまったりすることになります。

3. SWOT 分析

　市場機会を探索するより直接的な枠組みは，強み（Strengths），弱み（Weaknesses），機会（Opportunities），脅威（Threats）の全体的評価を行う，SWOT 分析です。これは，市場機会の探索・評価を社内外の環境分析と組み合わせて行うための枠組みです。

　当該製品の事業領域のなかで，有望な市場機会があるかが，機会の分析であり，例えば，供給が不足しているもの，既存の製品やサービスの改善，まったくの新製品や新サービス，といった方向が考

えられます。また，脅威の分析では，さまざまな市場機会に悪い影響を及ぼしうる要因の洗い出し，発生確率と深刻度の評価，対処方法の検討が行われます（Kotler and Keller 2006）。

　具体的にどのような機会があるかの探索には，PEST 分析に加え，第2章で取り上げた市場環境の分析が有効になります。

　そのなかでも，ニーズや価値の分類の議論は，そのまま市場機会の発見につながります。また，環境要因や個人要因がニーズのあり方に影響を及ぼすことを考えれば，市場機会の探索にあたっては，これらの要因に配慮する必要があることは明らかでしょう。これに対して，カスタマー・ジャーニーは 4P に結び付く部分が多いわけですが，とりわけ知覚や態度のあり方は市場機会の発見にも大きな示唆をあたえます。

　これに対して，強みと弱みの分析は，競合企業と比べた自社の強みと弱みの分析です。したがって，これは，第1章で取り上げた競争環境の分析と直接関わります。とくに，成熟市場において，あるいはファイブ・フォーシズからみて競争圧力が強い場合は，強みや弱みの分析の相対的重要性は高くなります。また，脅威の分析も，PEST 分析に加え，ファイブ・フォーシズのなかで整理してみるのが，効果的でしょう。

　競合企業と比べた自社の強みと弱みが戦略形成上重要になる場面では，とりわけ VRIO 分析や戦略グループの分析が大きな示唆をもたらします。また，流通チャネルは模倣や変更が容易ではなく，競争優位の源泉になりうるだけに，第3章で取り上げた流通環境も，とくに強みと弱みの分析では重要になることが少なくありません。

　もっとも，対象となる機会や脅威によって，いかなる企業がライバルとなるかは変わってきます。しかも，例えば同じ流通チャネルが，ある場合には強みとなり，別の場合には弱みとなります。したがって，少なくともマーケティング戦略形成の出発点として SWOT

分析を活用する場合，強みと弱みの分析は，機会や脅威ごとに行われると考えておいたほうが，現実的でしょう。

　また，場合によっては，強みと弱みから出発し，強みを生かし弱みを表面化させないという観点から，市場機会の探索が行われるということもあるでしょう。

4. ポートフォリオ分析

　これに対して，さまざまな市場機会を評価するさいの観点を提供するのが，ポートフォリオ分析です。

ポートフォリオ分析の考え方

　ポートフォリオ分析の考え方の中心は，図4-3に表現されています。図において，縦軸に**市場成長率**とあるのは市場全体の年間成長率であり，これは資金の流出量を表しています。すなわち，市場成長率が高い段階では，競争も激しく，また，市場成長に応じた設

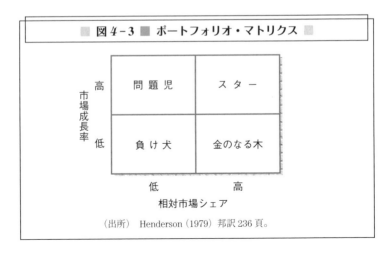

図4-3　ポートフォリオ・マトリクス

	低　相対市場シェア　高	
高　市場成長率	問題児	スター
低	負け犬	金のなる木

（出所）　Henderson（1979）邦訳236頁。

備投資や流通投資も必要であることから，資金需要が大きくなるのに対し，市場成長率が低下すると，資金流出量は減少します。

　他方，横軸の**相対市場シェア**とは，自社以外の最大の市場シェアに対する自社シェアの比率です。例えば，業界1位の企業Aのシェアが50%，業界2位の企業Bのシェアが25%だとすると，Aの相対シェアは50/25＝2，Bの相対シェアは25/50＝0.5，ということになります。

　この相対シェアは資金の流入量を表します。ある製品の単位当たり費用は，その操業規模が拡大するにつれて，また，事業を始めてからの累積生産量が増すほど経験が蓄積されて，低下していきます。前者の効果を「**規模効果**」と，後者の効果を「**経験効果**」と呼びます[1]。操業規模と経験量はいずれも市場シェアと相関しますから，相対シェアが高くなると費用は相対的に低くなり，その結果，資金の流入量は大きくなるわけです。

　ある企業が有する製品や事業は，それぞれの資金流出量と流入量に応じて，図4−3に位置づけられます。図の左上では，資金の流入量は少ないのに，需要量は多い状態です。つまり，この位置の製品や事業は，資金状況がよくないわけで，それゆえ，「**問題児**」と呼ばれます。これに対して，右上の「**スター**」の場合は，資金流入量も多いのですが，成長市場のなかでシェアを維持するための資金需要も大きくなります。これが，右下の「**金のなる木**」になると，シェアの維持に必要な資金需要を上回る資金の流入が期待できます。最後に，左下の「**負け犬**」は，資金需要は小さいが流入も少なく，大した資金源にはなりえません。

---

1)　詳しくは第10章第2節を参照。また，第8章第2節では，これらの効果を活用した新製品の価格政策が説明されています。

COLUMN

戦略事業単位

　ポートフォリオ分析に関連して確認しておかなければならないのは，図4-3でプロットされている製品や事業とは，どのような単位なのかです。ここで，しばしば用いられるのは，**戦略事業単位**（SBU: Strategic Business Unit）という考え方です。

　SBUとは戦略を形成するさいの組織上の単位であって，一般に，それは，①明確な競争業者と市場を有し，②利益センターとして，売上や利益の把握が可能であり，③一定の資源を裁量下において，独立性をもって戦略を形成できる，といった条件を満たす形で設定されるべきことが指摘されています（Abell and Hammond 1979; 石井・奥村・加護野・野中 1996）。

　したがって，SBUは，例えば花王という会社を例にとった場合，ハイジーン＆リビングケア，ヘルス＆ビューティケア，ケミカル，化粧品，ライフケアといった事業分野ごとに設定されることもありうれば，衣料用洗剤，食器用洗剤，シャンプー，小児用紙おむつといった製品ラインごとに設定されることもありえます。場合によっては，1つの事業のなかで，日本，中国，アメリカ，ヨーロッパといった地域市場ごとに，SBUが設定される可能性もあります。

　つまり，上記のような条件のなかで，いかに戦略形成にさいして競争上の優位性を発揮できるような形でSBUを設定するかも，1つの戦略的な決定なのです。

ポートフォリオ分析からの示唆

　この枠組みから得られる1つの重要な示唆は，市場成長率と相対シェアによってあたえられる位置により，期待される役割や経営資源の配分が異なるということです。すなわち，多くの製品や事業は，一度は問題児を経験します。企業として注力すべきは，この問題児

のなかで有望なものをスターに育てることです。そうすれば，スターは，それを維持することができれば，やがて市場成長率の低下にともない金のなる木となって，余剰資金を生み出します。したがって，資金の流れでいうならば，「金のなる木で得られた資金を有望な問題児に投資せよ」ということになります。これに対して，負け犬や将来性の低い問題児は，撤退が検討されることになります。

　このように，製品ポートフォリオの枠組みは，市場機会を評価し，それぞれの市場機会にどのような優先順位をあたえるかについてのガイドラインを示してくれます。

COLUMN
富士フイルムとコダック

　2012年1月，アメリカのイーストマン・コダックはアメリカ連邦倒産法第11条の適用を申請し，事実上の経営破綻に追い込まれました。コダックといえば，黄色いパッケージで知られ，世界一のフィルム・メーカーだった企業です。そのコダックの経営破綻は，世界に衝撃をあたえました。

　ではなぜコダックは経営破綻に追い込まれたのでしょうか。いうまでもなく，その理由は，デジタル・カメラの台頭で，カラーフィルムが売れなくなったからです。

　しかし，他方で，長年にわたりコダックのライバルで，日本を代表するフィルム・メーカーであった富士フイルムはいまなお健在です。この両者には，どのような違いがあったのでしょうか。

　カラーフィルムの世界需要は2000年度をピークに，その後は急激に低下し，2011年度にはピーク時の5％になってしまいました。

　1990年代のカラーフィルム市場は，多少の浮き沈みはあるものの，成長していました。したがって，1990年代のカラーフィルム

市場を成熟期と呼んでよいかは微妙ですが，カラーフィルム・メーカーは世界的にも事実上4社だったので，少なくとも富士フイルムとコダックにとってフィルム事業は，ポートフォリオでいう「金のなる木」であったといってよいでしょう。

　2000年以降カラーフィルムの需要が急激に低下したとき，富士フイルムは，それ以前から多角化に積極的であったこともあって，またフィルムで稼いだ豊富な資金もあって，さまざまな形で，次なる「金のなる木」の準備を進めました。2001年にそれまで折半出資であった富士ゼロックスを子会社化するとともに，医療用診断機器，化粧品，医薬品，液晶用フィルムなどに投資していきました。金額的には，2000年から2011年の間に，設備投資2兆円，研究開発投資2兆円，M&A（Mergers and Acquisitions: 合併・買収）に7000億円近くを投資しました。その結果，2011年度の2兆円強の売上高でみると，デジタル・カメラ，プリント機器などが15％，医療用診断機器，化粧品，医薬品，液晶用フィルムなどが40％，複合機やレーザープリンターが45％となり，10年前とはまったく別の姿になっていました。

　これに対して，コダックは，デジタル・カメラの技術を自ら開発するとともに，さまざまな多角化事業を手掛けていましたが，高収益のフィルム事業に執着し，むしろ「選択と集中」ということで多角化部門をいくつも売却していきました。

　その結果，コダックの売上高は2000年の段階で，約140億ドル（約1兆700億円）と，富士フイルムの売上高約1兆4400億円と比べてそれほど遜色がなかったものが，カラーフィルム市場が縮小した2010年には，富士フイルムの約4分の1まで減少してしまいました。

　この事例は，いかに強力な高収益事業をもっていようと，常に将来を見据えて，健全なポートフォリオの維持に備えていくことの重

要性を示しているものと思われます。

　ちなみに，その後の富士フイルムは，複合機やレーザープリンターの需要の低迷を見据えて，さらに事業内容の変革を進め，医療分野への傾斜を強めています。

　参考文献　日経ビジネス（2012）（2013）；日本経済新聞（2012）（2021）。

5. ま と め

　マーケティング戦略は，標的市場（Segmentation＋Targeting）や提供価値・提供方法のあり方（Positioning）を具体的な内容としていますが，その形成にあたっては，まずマーケティング戦略の対象となる市場機会が探索され，評価されなければなりません。つまり，どこにビジネスの機会があるのかを探し出し，最も適したものを選ぶわけです。

　この市場機会の選択は，いわば大きな括りとしての市場や製品の選択です。マーケティング戦略では，この大きな括りとしての市場や製品のなかで，さらに細かな標的を設定し，それに対応した提供価値や提供方法が決定されます。

　市場機会の探索と評価のための最もオーソドックスな枠組みは，新旧の製品と市場の組み合わせから市場機会を整理する成長マトリクスでした。次に，この製品をニーズ（顧客機能）と代替技術に分けて考えるのが，事業領域定義の考え方でした。

　これに対して，強みと弱みを踏まえながら，脅威に備え，機会を探し出すというのが，SWOT分析でした。したがって，これは，市場機会発見のためのより直接的な枠組みと考えてよいでしょう。また，市場機会を長期的な観点から評価するための枠組みがポートフ

ォリオ分析でした。

　これらの枠組みを活用して有望な市場機会を発見し，マーケティング戦略形成の出発点を提供するのが，本章のテーマでした。

■■■■ ■練習問題■ Exercises ■

1.　あなたが興味をもっている企業の歴史的な展開を，成長マトリクスを用いてまとめてみましょう。

2.　練習問題1で取り上げた企業の現在の事業領域を，顧客機能，代替技術，顧客層の観点から整理してください。

3.　同じ企業の現在のポートフォリオを整理するとともに，いまなにが求められているのかを考えてみましょう。

4.　あなたが働いている企業，アルバイトしている企業，家族が働いている企業など，内容をある程度理解している企業を取り上げて，その企業全体について，あるいはその企業の一部の事業について，SWOT分析を行ってください。そのうえで，その企業は今後どのような機会を捉えていくべきかを考えてみましょう。

第 **5** 章

需要多様性への対応

▌Introduction

　既存のものであれ新規のものであれ，対応すべき市場機
会が決まると，いよいよその市場機会に向かってマーケテ
ィング戦略が形成されます。

　マーケティング戦略づくりの第1段階は，市場細分化と
標的設定です。

　現代マーケティングにおいては，顧客が求めるものを提
供するという顧客志向が強調されてきました。しかし，顧
客が求めるものをつくるといっても，顧客が求めるものは
顧客間で互いに同じとは限りません。そこで，製品，価格，
プロモーション，流通チャネルといったマーケティング手
段に対する反応が相対的に類似している顧客をなんらかの
規模で市場セグメントという形でグループ化し，このグル
ープごとにマーケティング手段を適合させようという，市
場細分化の考え方が生まれてきました。

　市場の細分化にあたっては，市場を区分する基準を識別
するとともに，どの程度まで市場を細かく区分するのかが
決定されなければなりません。そのうえで，区分されたセ
グメントのうちどれだけを標的にするのかという，標的範
囲が設定されます。これらを前提に，最終的に市場のどの
セグメントを標的にするかという，標的設定が行われます。

　本章では，これらが検討されます。

1. 需要多様性と市場細分化

市場細分化の考え方

セグメントとは，当該製品のマーケティングの観点から類似した特性（ニーズ，関与，知識など）をもつ，顧客グループです。

ただ，厳密にいうならば，ある市場においてまったく同じ特性をもった消費者は2人といないでしょう。したがって，カスタマイズとかオーダーメイドと呼ばれる状況を別にすれば，各消費者グループの中心に向けて，この適合は図られます。

例えば，極端なマス・マーケティングの場合，単一品目で全市場に対応するということもあります。序章第2節で取り上げたフォード自動車のモデルTはいうに及ばず，日本においても，当初のiPhoneなど，そうした例は少なくありません。単一品目で全市場に対応する場合，その品目は市場の中心に向けられたものになります。

では，市場を3つに細分化した場合はどうなるのでしょうか。今度は，それぞれの中心に向けて，3通りの製品が用意されます。しかし，単一品目で全市場に対応しようと，市場を3つに細分化しようと，いずれの場合であっても，市場のなかには，製品によりよく合った特性をもった消費者とそうではない消費者が存在することに変わりはありません。したがって，**市場細分化**といっても，よりバラツキの小さな顧客グループをつくり，各グループの中心に向けて適合を図るという意味で，あくまでも相対的に各消費者の特性によりよく適合するということになります。

そもそも，市場細分化という用語は，「市場を細かく分ける」というニュアンスをもっていますが，まったく同じ特性をもった消費者は2人といないという意味での，需要本来の多様性を念頭におけば，実際に市場細分化で行われていることは，異質な需要をむしろ

まとめて山をつくっていると考えたほうがよいのかもしれません。

　本来ばらばらの需要それぞれにピンポイントで対応するためには，カスタマイズが必要になります。しかし，カスタマイズすると，価格が上昇したり注文に手間がかかったりと，消費者側に多大なコスト，能力，労力が求められます。そのため，多くの場合は，本来ばらばらの需要をいくつかの山にまとめることが有効になります。その極端な場合が，山を1つしかつくらない，フォード・モデルTのようなマス・マーケティングということになるわけです。

セグメント数の決定と標的の設定

　一般に，市場におけるある製品の普及が高まってくると，その製品に対する消費者の判断力も相対的に高まり，また，かれらの好み（選好構造）も多様化します。さらに，メーカー間の競争も，ある段階までは，製品の普及とともに激しさを増すのが普通です。

　そのため，普及率の拡大とともに，消費者の好みの多様化に対応して，あるいは激しい競争に対処するために，市場の細分化が進み，さまざまな特徴をもった製品が現れてきます。

　さらに，セグメントとしての需要の山をいくつつくるにしても，競合企業と比べた自社の強みや弱み，各セグメントの自社にとっての魅力などを考えると，すべてのセグメントを市場標的とすることが適切であるとは限りません。場合によっては，それらのうちのいくつかに絞って，力を集中させるという判断に至ることもありえます。もちろん，場合によっては，多様なセグメントに対して，多様な製品によって対応しようとするものも現れてくるでしょう。

　そのため，マーケティング戦略の形成においては，市場細分化によって形成されたセグメントのなかで，どれを標的としてマーケティングの対象とするかが，重要な決定になります。これが標的の設定です。

2. 市場細分化の基準

　市場細分化は，マーケティング手段に対する反応の違いに基づくものです。そうである以上，細分化の基準は，理想的にはマーケティング手段に対する反応ということになります。しかし，マーケティング手段にはさまざまなものが含まれますし，それらに対する消費者の反応を事前に見極めるというのは，通常，容易ではありません。

　そのため，マーケティング手段への反応そのものではなく，その反応を規定する要因が，細分化基準として想定されてきました。

市場細分化基準の条件

　しかも，実際にマーケティング戦略を作成するとなると，採用した細分化基準によって，各セグメントを構成する人々を識別し（識別性），その規模を測定し（測定可能性），種々のマーケティング手段によりそれらのセグメントに到達しなければなりません（到達可能性）。

　例えば，序章第4節で紹介した理美容チェーンQBハウスのマーケティングにおいて，時間志向・節約志向のセグメントを標的にするとしたとき，いかにしてこのセグメントを識別し，規模を測定し，それに到達するためのマーケティング手段を計画すればよいのでしょうか。もちろん，標的顧客を直接識別できる場合もあります。しかし，多くの場合は，各セグメントを特徴づける別の顧客特性の把握が有用になります。仮に時間志向・節約志向という細分化基準が，年齢および職業と強い関係をもっているならば，個々の顧客がどの程度時間志向・節約志向かを調べなくとも，顧客特性としての年齢と職業を調べるだけで，細分化を行い，標的を識別し，各標的に到

達するためのマーケティング手段を計画することが可能になります。

市場細分化のための顧客特性

　市場細分化のための代表的な顧客特性としては，年齢や職業などの**人口統計特性**に加え，**地理的特性**，**サイコグラフィック特性**，**行動特性**などを挙げることができます。

　人口統計特性には，年齢や職業のほか，性別，世帯規模，ファミリー・ライフサイクル，所得，学歴などが含まれます。地理的特性とは，顧客が居住する地域，都市の規模，人口密度，気候などです。サイコグラフィック特性としては，第2章補論2-2で説明されたパーソナリティやライフスタイルなどが考えられます。また，行動特性としては，製品の継続購買度合い，使用場面，使用頻度などが用いられます。

　また，こうした既存の細分化基準のほか，新たな独自の基準を採用するというのも，マーケティング戦略の観点からは有効です。つまり，新たな観点から，標的を切り取るわけです。例えば，**スターバックス**の場合，その売りものの1つは，自宅（第一の場所）でもない職場（第二の場所）でもない，「第三の場所」でのくつろぎでした。これは，おいしいコーヒーを求める市場のなかで，「第三の場所」としての居心地を重視する標的を切り取ったものとみることができるでしょう。

3. 市場細分化への制約

　市場細分化は，個々の顧客に対するマーケティング手段の適合の度合いを高めることを狙ったものですが，反面，市場細分化の推進は，生産や仕入れ，物流，プロモーション，販売などさまざまな面で，コストの増大をもたらしかねません。同じ100個の製品を生

産・販売するにしても，製品の種類が増えれば，製造コストも割高になれば，在庫も増大しますし，プロモーション活動の効率も悪くなれば，販売もよけいに手間がかかります。また，細分化を行って多品種となれば，どのタイプの製品に対していつどれだけ需要があるかまで予測する必要が生じ，需要予測はいっそう難しくなります。

　したがって，いかに顧客の好みが多様化し，競争圧力が高まったからといっても，むやみに市場を細分化し，製品をはじめとするマーケティング・ミックスの多様化を図ればよいというわけではもちろんありません。

　他方では，むしろ市場細分化を抑制することで販売の単純化とコスト削減を図り，そのことによって競争優位を求めていくという動機も常に働いています。つまり，ここでは，製品の顧客ニーズ適合と，効率追求によるコスト削減は，一方を追求すれば他方が犠牲になるという，**トレードオフ**の関係にあります。

製品種類多様化への抑制要因

　日本では，1980 年代中盤に，消費者の好みの多様化に呼応して，多くの企業が製品種類の多様化に乗り出しました。しかし，その後1990 年頃になると，逆に，製品種類の削減に向かうところが少なくありませんでした。

　この理由は，1 つには，消費者ニーズの多様化のなかで多くの企業が製品種類の多様化を図った結果，その効果が飽和化したことです。また，競合する各メーカーが製品種類を多様化させても，結局どのメーカーも同じような製品種類をもつことになり，細分化されたそれぞれのセグメントを巡る競争が激化したということもありました。

　逆に，製品種類の多様化に対する抑制要因が顕著になってきたことも指摘できます。例えば，多様化が新製品の質を低下させ，短命

化が収益を悪化させるということもありました。また，急速な多様化に物流をはじめとする支援体制がついていかなかった，プロモーション努力や営業努力が多くの品目に分散して効果が低下した，小売業者による取扱品目の絞り込みにより潜在市場の小さな製品は不利になった，といったこともありました。

とりわけ，POS (Point of Sales) データ分析の発展は，小売業者における厳しい売れ筋の把握と死に筋の切り捨てをもたらしました。すなわち，1990 年頃には，大手の小売業者は，POS データを活用して，売場効率の改善と消費者にとっての買い物のしやすさといった観点から，取扱品目数の削減に乗り出し，そのことがメーカー側の製品種類の削減に拍車をかけたといわれています。

COLUMN

POS システム

　コンビニなどへ買い物に行くと，レジのところで，商品に付けられたバー・コードを店員が機械で読み取っている場面を目にします。この機械は，品目別の販売情報を販売時点で収集するためのもので，こうして得られる情報を POS 情報，また，POS 情報を基礎とした小売業者の情報システムを POS システムといいます。小売業者による POS システムの導入は，レジにおける生産性の向上といったハード面でのメリットを生むほか，在庫管理の徹底，売れ筋商品や死に筋商品の把握による品揃えの見直しなど，さまざまな面で意思決定を改善します。

　さらに，POS データが当該商品を生産しているメーカーと共有されると，メーカーはその商品の小売店での売れ行きを瞬時に知ることができ，それに合わせて生産を計画することができるため，メーカーと小売店の間できわめて効率的な生産・配送の仕組みが可能になります。

製品種類多様化とバリュー・フォー・マネー

　製品種類多様化の目的は，製品種類の多様化を通じて**バリュー・フォー・マネー**（支払金額と比べた製品の価値）を改善することにあります。つまり，製品種類の多様化を通して，個々の顧客ニーズにより近い製品を提供し，そのことによって，顧客に平均としてより高いバリュー・フォー・マネーをもたらすことです。

　企業が製品種類を多様化させて，各製品の顧客ニーズへの適合度を高めていけば，顧客にとってのそれらの価値は高まっていくでしょうが，同時に品目当たり売上数量は低下して，コストは上昇します。逆に，品目数を削減し，品目当たりの売上数量を確保してコストの削減を図ろうとすれば，顧客にとっての平均的な価値は低下します。製品種類の数の決定は，このコストと平均価値との間のバランスのなかで行われます。

　顧客は，いかに自身のニーズに合致した製品をみつけたからといって，そのために多少余分な金額を支払うかもしれませんが，決して「金に糸目を付けない」わけではありません。したがって，製品種類の多様化を図って製品と顧客ニーズの適合を高めても，それによってもたらされる価値の増加を上回る価格上昇があれば，メリットはありません。また，価格を抑えての製品種類の多様化に成功しても，各製品が顧客の多様化したニーズにうまく適合していなければ，バリュー・フォー・マネーを改善させることはできません。

　そのうえ，多様化が進めば，品目当たりの需要は減少するため，標的セグメントでのシェアを増加させないと，品目当たりの売上は低下します。ところが，競合する各企業が同じように製品種類を多様化させたとすると，結局は細分化されたより小さなセグメントを分け合うことになり，品目当たりの売上は低下し，コストだけが増加してしまいます。こうしたコスト増は，それが価格に転嫁されれば，顧客にとってのバリュー・フォー・マネーを低めますし，企業

が吸収するとすれば，採算の悪化を招きます。あるいは，プロモーションなどのコストを多様化した品目間で分散させれば，やはり品目当たりの売上を低下させます。

1980年代中盤の製品種類の多様化は，確かに消費者ニーズの多様化傾向に合致したものではありました。ただ，製品種類の多様化を進めていくにつれ，1990年頃になると，バリュー・フォー・マネーを改善できない事例が目立ってきたものと思われます。そして，この傾向は，バブル経済の崩壊とその後の経済環境の悪化によって，さらに助長されたのでした。

つまり，市場の細分化と標的設定にあたっては，市場を区分する基準を識別するとともに，どの程度まで市場を細かく区分するのか，そして区分されたセグメントのうちどれだけの部分を標的にするのかという，市場への対応方法が決定されなければなりません。

4. 市場対応のあり方

市場対応の3類型

　この市場対応のあり方は，図5-1のように整理することができます。

　図5-1において，横軸の**市場細分化の程度**は，市場をどの程度きめ細かく捉えているかを示しています。したがって，これは，市場を細分化した結果得られたセグメントの数によって測定されると考えられてよいでしょう。

　これに対して，縦軸の**標的範囲**は，市場全体のなかのどれだけの部分を標的とするかを示しています。したがって，標的範囲は，市場を細分化した結果得られたセグメントのなかで，どれだけの数のセグメントを標的とするかによって測定されます。設定されたセグメント数を上回る数のセグメントを標的とすることはありえません

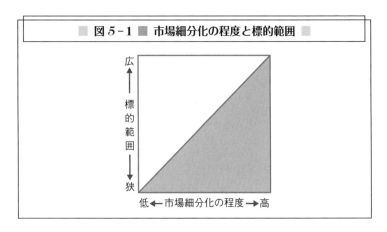

図5-1 ■ 市場細分化の程度と標的範囲

から，45度線の右下のみが意味をもちます。

マーケティングの教科書ではしばしば，このような市場対応のあり方を，無差別マーケティング，差別的マーケティング，集中マーケティングという3つの類型に分類してきました（Kotler and Keller 2006）。

無差別マーケティング

第1の無差別マーケティングとは，顧客間の差異よりもむしろ共通部分に注目し，より少ない種類の製品とマーケティング・ミックスで，できるだけ多くの顧客に対応しようとするものです。

このやり方の狙いの1つは，生産，物流，プロモーション，管理などの面での標準化によるコスト削減です。そして，これらの結果可能になった低価格を武器に，市場とシェアの拡大を図り，さらに，第4章第4節で説明した規模効果や経験効果を生かしいっそうのコストの削減，いっそうの価格の切り下げ，いっそうの市場やシェアの拡大，という図式に乗っていこうとするわけです。

しかし，反面，この無差別マーケティングは，過去の経験や投資

を無効にする新技術の登場，あるいは市場の成熟化にともなう顧客の価格意識の低下や好みの多様化に対してリスクを負うとともに，各競合企業が同様の顧客層を目指した場合には，激しい競争に直面する可能性をもちます。

　先ほど取り上げたフォード自動車のモデルTや当初のiPhoneなどが，この無差別マーケティングにあたるわけです。

差別的マーケティング

　第2の差別的マーケティングでは，全体市場がいくつかのセグメントに区分されたうえで，そのなかの複数のセグメントが標的とされ，標的セグメントそれぞれに向けて，別々の製品やマーケティング・ミックスが設計されます。つまり，各セグメントにおいて顧客の好みにより細かく対応することで，競合企業に対する差別的優位性を確立しようとするものです。

　ただ，差別的マーケティングについては，先にみたように，このやり方の採用の結果，生産，物流，プロモーション，管理などさまざまな面にわたってコストが上昇する傾向にあること，そして，企業の経営資源が分散して有効な活用が妨げられる恐れがあることが指摘されなければなりません。

　したがって，このやり方においては，多品種少量化のなかでコスト削減の方法を探るとともに，標的セグメントの選別や各セグメントの役割の明確化を通して，メリハリのきいた資源配分を行うことが求められます。

　一般に，業界トップの企業は，シェアを維持するために，このやり方をとる傾向にあります。例えば，**トヨタ自動車**は，自動車市場全体を多くのセグメントに区分したうえで，その多くにさまざまな製品で対応しているわけで（http://toyota.jp/carlineup/），差別的マーケティングの典型といえるでしょう。

集中マーケティング

　第3の集中マーケティングは，市場を細分化したうえで，1つないし少数のセグメントに標的を絞り，それぞれに製品やマーケティング・ミックスを適合させようとするものです。すなわち，大きな市場のなかの小さなシェアに甘んじるのではなく，少数のセグメントにおいて大きなシェアを得ようとするわけで，経営資源が相対的に限られているときには，それらを集中できるため，有効なやり方だとされています。

　とりわけ，各セグメントに対応するうえで必要とされる資源や経験が異なるときには，このやり方は力を発揮します。

　しかし，集中マーケティングでは，標的とするセグメントが限られているだけに，顧客の好みの変化やそこへの強力競合企業の参入が生じたときの危険は大きくなります。また，例えば無差別マーケティングをとる競合企業と比べ，いかに標的セグメントの好みに適合していても，価格差が大きすぎれば，顧客を奪われることになるでしょう。あるいは，標的セグメントに向けての生産やマーケティングなどの活動と他のセグメントのためのそれらの活動の間で，必要資源が類似していたり，経験の共有が可能であったりするときには，差別的マーケティングをとる企業の参入が脅威になります。さらに，標的となるセグメントの内部に，なおかなりの異質性が存在するときには，いっそうの集中化による，つまりセグメント内の一部のみを狙った参入も考えられます。

　トヨタ自動車と同じ自動車メーカーであっても，**スズキ自動車**は，車種からみても地域からみても，自動車市場全体のなかの一部のセグメントに集中し（http://www.suzuki.co.jp/car/lineup/），とりわけ軽乗用車セグメントやインド市場などで高いシェアを維持しています。これは，集中マーケティングのわかりやすい事例でしょう。

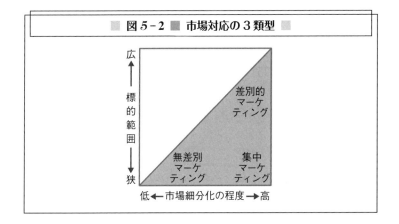

図 5-2　市場対応の 3 類型

市場対応 3 類型と市場細分化の程度・標的範囲

　無差別マーケティング，差別的マーケティング，集中マーケティングという市場対応に関する 3 つのやり方は，あくまでも 1 つのタイプ分けであって，必ずしも厳密なものではありません。要は，市場をどこまで細かく区分し（市場細分化の程度），そのうちどれだけのセグメントを標的とするか（標的範囲）です。

　この市場対応の 3 類型を，先の図 5-1 に当てはめると，それらは，図 5-2 のように，位置づけることができるでしょう。

　顧客ニーズが多様化すれば，市場をより細かく捉え，細分化の程度を高めることが有効になりますが，それは必ずしも，広い標的範囲を維持することを意味するものではありません。細分化の程度を高めても，標的範囲を絞り込めば，つまり差別的マーケティングではなく，集中マーケティングの方向へ向かえば，製品種類の数を抑えることも可能になります。

　問題はこのなかでどの点を選択するかです。3 つの類型は，こうした選択にさいしての 1 つの目安と考えることができるでしょう。

　この市場対応のあり方を前提に，具体的にどのセグメントを標的

とするかが決定されるわけです。

5. ま と め

　マーケティング戦略形成の第1段階は，市場細分化と標的設定でした。市場細分化とは，マーケティング手段に対する反応が相対的に似ている顧客をなんらかの規模でグループ化し，このグループごとにマーケティング手段を適合させていこうという考え方でした。

　市場細分化にあたっては，まず，いかなる基準によって市場を区分するかが決められなければなりません。人口統計特性，地理的特性，サイコグラフィック特性，行動特性などが，この細分化基準としては用いられてきました。

　次いで，決めなければならないのは，市場をどのくらいまで細かく区分するかという，市場細分化の程度です。市場を細かく区分すれば顧客の好みへの適合度は高まりますが，費用は増えてしまいます。この両者の兼ね合いのなかで，市場細分化の程度は決定されなければなりません。そのうえで，市場細分化の結果として切り出されたセグメントのなかで，どれだけの部分を標的とするかという，標的範囲が決定されます。

　市場細分化の程度と標的範囲を内容とする市場対応のあり方に関しては，典型的なパターンとして，無差別マーケティング，差別的マーケティング，集中マーケティングの三者が示されました。この市場対応のあり方を前提に，標的の設定は行われます。

■□■ 練習問題　　　　　　　　　　　EXERCISES ■

1. 外食ハンバーガー市場の動向を調べ，さらなる市場細分化を行うとしたら，どのような基準が有効かを考えてみましょう。

2. 本章第2節で述べたように，スターバックスのマーケティング戦略の特徴は，おいしいコーヒーとともに，消費者に「第三の場所」でのくつろぎを提供するというものでした。しかし，スターバックスには，ゆっくりとしたくつろぎを求めず，ただおいしいコーヒーを急いで飲みたい顧客もやってきます。そうした顧客は，本来の標的顧客にとって迷惑になるかもしれません。スターバックスとしては，この状況にどのように対処すべきでしょうか。

3. 集中マーケティング戦略を採用して成功している事例を探し，それがなぜうまくいっているのかを検討してみましょう。

第 6 章

価値提供と競争優位

Introduction

　マーケティングの中心課題は，標的市場とマーケティング・ミックスの適合であり，このマーケティング・ミックスのあり方を方向づけるのが，マーケティング戦略でした。

　したがって，マーケティング戦略形成においては，標的市場の選択が重要な役割を果たします。さらに，標的市場を選択したうえで，競争相手に対して有利な立場に立てるようなやり方で顧客に価値を提供しなければなりません。

　本章では，この価値の提供において競争優位に立つための枠組みが示されます。

　ただ，こうした価値は，1 つの企業の力で実現されるものではありません。部品メーカーや原材料メーカー，流通業者など，多くの企業の力が結集されて，最終顧客における価値が実現されます。また，こうした提供価値に関する信頼関係をもとに顧客と継続的な取引関係を維持することができれば，大きな競争優位になります。さらに，インターネットの普及は，人々の情報発信を活発化させ，そうした発信の消費者情報源としての役割を増大させました。そうなると，企業は，消費者との間に，購買を超えて，良好な関係を維持することが必要になります。

　本章では，価値実現のための企業間ネットワーク，継続的取引関係，購買を超えた良好な関係のための取り組みが，あわせて論じられます。

1. 競争優位の源泉としての標的選択

　価値提供において競争優位に立つための第 1 の方法は，標的市場の絞り込みによるものです。特定の市場セグメントに焦点を当て，そこに経営資源を集中させることによって，競争優位を確保しようという戦略です。つまり，標的市場の設定そのものが，競争相手に対して有利な立場をもたらすというわけです。

QB ハウスの事例

　序章第 4 節で取り上げた理美容チェーン店の **QB ハウス**では，シャンプー，ブロー，シェービングなどのサービスはなく，椅子もリクライニングしませんが，10 分 1200 円という短時間低価格のヘアカット・サービスを提供して，成長を実現しました。他方で 1 万円近い料金の理美容店も珍しくないなか，QB ハウスの成長は，理美容店に関しても，世の中にはさまざまなニーズをもった顧客が存在していることを示しています。

　世の中にはもちろん，理美容店でのシャンプー，ブロー，シェービングなどに価値をみいだしている顧客も多いでしょう。しかし，顧客のなかには，こうしたサービスにあまり価値を感じず，むしろ時間の無駄だと思いながらサービスに付き合っている顧客もいるはずです。かれらにとっては，これらのサービスの削減は，さしたる価値の低下をともなわずに，コストと時間を削減します。すなわち，標的を絞り込むことで，サービスの削減によるバリュー・フォー・マネーの向上が可能になったわけです。価格や時間を重視する顧客に対してはなおさらです。

　QB ハウスの場合は，サービスよりもむしろ価格や時間を重視する顧客に標的を絞り込み，かれらに対して短時間・低価格のヘアカ

ット・サービスという価値を提供し，さらにその価値を確実かつ効率的に実現するために，エアウォッシャーや独自の管理システムといった差別的な価値提供方法を考案していきました。

トレードオフの活用

　提供価値や提供方法に，一方を追求すれば他方が犠牲になるという，トレードオフの関係が含まれる場合には，資源や能力に独自性がなくとも，提供価値や提供方法の独自性，すなわち独自ポジションによる競争優位が期待できます。

　例えば，多くのパソコン・メーカーが販売会社や小売店を経由した間接流通を行っているとき，**デル・コンピュータ**のように，間接流通を放棄して，直接販売のみに集中すれば，間接流通における販売会社や小売店への気兼ねがない分だけ，競争上優位な立場に立てたわけです[1]。

　アメリカのある銀行が，標的市場を一般サラリーマンのような個人顧客に絞ることにより，金利の引き下げと扱い商品の絞り込みを行い，代わりに長い営業時間と親しみやすいサービスを提供して，大手銀行に差別化しているのも同様の例です。さしたる金融資産をもっているわけではない多くの個人顧客は，金利はあまり気にしていませんし，商品のバラエティも必要としていません。むしろ平日の昼間にはなかなか銀行に行けないかれらにとって，営業時間の長さこそ重要でした。また，この銀行にとっても，金利の低さに加え，扱い商品の絞り込みは，コストの削減をもたらします。さまざまな顧客を標的とする大手銀行では，こうしたサービスを行うことはかなり難しいわけです（Frei and Hajim 2002）。

---

1)　これはデル・コンピュータの成長過程におけるやり方で，市場地位を確保してからの同社は小売店経由の販売も行っています。

2. コスト・リーダーシップと差別化

　標的市場の設定に加え，価値そのものや価値の提供方法において
競争相手に差をつける必要がある場面も少なくありません。

　では，いかにして競争相手に対して有利な立場に立つことができ
るのでしょうか。そこでは，2つの方向が考えられます。1つは，
ライバルが追随できないような低コストでの価値提供を目指す**コス
ト・リーダーシップ戦略**であり，いま1つは，顧客の目から見てライ
バルの製品よりも価値があり，余分にお金を支払っても買いたい
と思ってもらえるような製品を目指す**差別化戦略**です。

コスト・リーダーシップ戦略

　コスト・リーダーシップ戦略とは，経験効果や規模効果の活用，
有利な原材料の確保など，あらゆる面でコストの削減に努め，競合
他社と比べ，コスト面での競争優位を確立していこうという戦略で
す。また，低コストを実現するための製品設計や工場配置，あるい
は部品の共通化や幅広い顧客標的範囲が重要になる場合もあります。

　コスト・リーダーの地位を確保すれば，収益力の向上は言うに及
ばず，顧客からの値引き要求や供給業者からの値上げ要求にも対応
力を増します。

　しかし，コスト・リーダーシップを有したからといって，品質や
サービス水準が他社に劣ってよいということはないでしょう。品質
やサービス水準で劣ると，より低価格での販売を余儀なくされ，せ
っかくのコスト優位が利益に反映されなくなります。ただ，コス
ト・リーダーシップ戦略においては，一定以上の品質やサービス水
準は求められるものの，方向性はあくまでも，他社を凌駕するコス
ト地位であり，そうしたコスト地位を可能にする強みの構築がなに

よりも重要になります。

　コスト・リーダーシップ戦略のもとでは，市場に受け入れられる製品やサービスを，低コストで実現していくことが志向されます。例えば，**ユニクロ**の場合は，提供価値はきわめてコスト・パフォーマンスの高いカジュアル・ウェアであり，それを実現するために，品目数を絞り込んだなかで大量発注を行う商品調達の仕組みや，素材等に関わる独自技術に，取り組んできました[2]。

　また，標的の絞り込みによってコスト・リーダーシップを実現するという方向も考えられます。つまり，標的市場を絞り込むことによって，過剰部分を削減したり，より効率的な方法を採用したりして，コスト・リーダーシップによる競争優位を目指すわけです。先のQBハウスの例は，標的の絞り込みによって，コスト・リーダーシップを実現したとみることもできるわけです。

差別化戦略

　差別化戦略とは，競合他社との間に，顧客にとって意味のある違いをつくり，独自の魅力をもって競争優位を目指そうという戦略です。差別化の手段には，製品の品質や特徴，ブランド，顧客サービス，流通チャネルなど，さまざまなものが考えられます。差別化戦略では，これら差別化次元の1つあるいは複数において，他社の追随を許さない魅力が必要になります。また，標的を絞り込み，その標的にのみ魅力ある製品やサービスを提供するというやり方もありえます。

　差別化戦略で成功し，顧客に独自の価値を提供する企業であると認識されれば，その独自の価値のために多少余分にお金を支払って

---

　2)　ユニクロのこうしたやり方は投機と呼ばれ，第12章第3節で詳しく説明されます。

もよいということで，顧客の価格感度は低下し，割り増し価格が可能になります。支払意思価格（Willingness to Pay: WTP）の向上です。また，場合によっては，顧客が継続的に購買するという，ロイヤルティの形成も可能になります。

それだけに，差別化戦略も収益性の向上を可能にしますが，いかに差別化に成功し，顧客の支持を得たからといっても，顧客がそのために「金に糸目を付けない」ということは考えられません。つまり，差別化戦略においてもコスト削減努力は重要です。通常，差別化には割り増しコストが必要であり，その割り増しコストによってそれ以上の割り増し価格が実現されなければ，差別化戦略としての成功は難しいわけです。

機能的価値を超えて

独自の提供価値を考えるうえでは，第2章第2節で説明した，ニーズや価値の分類枠組みも有効です。そこでは，顧客が求める価値を機能的価値，感覚的価値，意味的価値に分類しました。例えば，機能的価値を巡る競争で行き詰まっても，感覚的価値や意味的価値で独自性を追求する可能性はあります。とりわけ，市場が成熟化したり競争が激化したりしているような状況では，機能的価値のような，客観性が高い価値ほど，単純なコスト・パフォーマンス競争に巻き込まれやすい傾向にあります。そうした状況では，感覚的価値や意味的価値のように，単純な比較が難しい価値で独自性を追求するほうが望ましいことが少なくありません。

例えば，時計に求められる価値が正確性という機能的な価値であるならば，1年間に何秒狂うかという客観的で比較が容易な特性で競争が行われ，その結果，単純なコスト・パフォーマンス競争に陥る可能性は高くなります。これに対して，現在の時計産業にみられるように，競争の焦点がデザイン（感覚的価値）やブランド（意味

的価値)³⁾ になると，単純なコスト・パフォーマンス競争は生じにくく，必ずしも単純な比較ができない付加価値競争の色合いが強くなります。

　COLUMN「日本企業の生産性と付加価値」にあるように，日本企業にとって付加価値の向上は喫緊の課題であり，そのためには，性能や品質を価値に結び付けるための用途開発などとともに，感覚的価値や意味的価値はきわめて大きな役割を果たすものと期待されます。

　さらに，第2章第8節で述べたように，消費者情報源としてSNSなどにおける一般消費者の推奨や投稿などが重要性を増しています。顧客エンゲージメント行動です。顧客エンゲージメント行動の先行指標である，心的状態としての顧客エンゲージメントは，意味的価値のなかの情緒的価値によって左右される部分が大きいと考えられます。また，意味的価値のなかの自己表現価値は，顧客エンゲージメント行動を促進するでしょう。したがって，インターネット環境のもとでの消費者行動を想定してみても，意味的価値の追求は大切だと思われます。

COLUMN
日本企業の生産性と付加価値

　図6-1は，労働による付加価値を投入労働量で割った労働（付加価値）生産性を，アメリカを基準に各国で比較したものです。これをみると，日本の状況はバブル経済が崩壊する1990年頃までは

---

3)　ブランドは意味的価値以外の価値ももたらしますが，第2章のCOLUMN「腕時計におけるカテゴリー・イノベーション」で述べたように，スイス製に代表される現在の高級時計ブランドでは，意味的価値がきわめて重要な役割を果たしています。この点については，第9章第4節でも説明します。

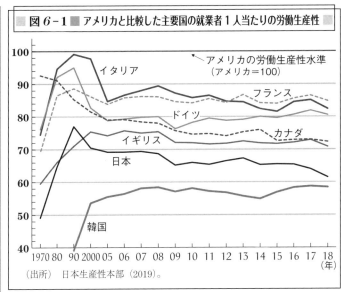

図 6-1 ■ アメリカと比較した主要国の就業者 1 人当たりの労働生産性

（出所）　日本生産性本部（2019）。

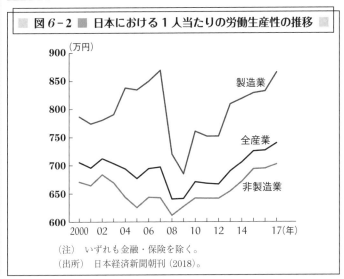

図 6-2 ■ 日本における 1 人当たりの労働生産性の推移

（注）　いずれも金融・保険を除く。
（出所）　日本経済新聞朝刊（2018）。

表 *6-1*　製造業の労働生産性水準上位 16 カ国の変遷

	1995年		2000年		2005年		2010年	
1	日 本	88,093	日 本	85,182	アイルランド	154,011	アイルランド	229,021
2	スイス	86,118	アイルランド	84,696	スイス	122,081	スイス	164,272
3	ベルギー	73,397	スイス	79,440	ノルウェー	105,216	ノルウェー	133,763
4	ルクセンブルク	71,393	アメリカ	78,896	アメリカ	103,931	アメリカ	126,670
5	オランダ	69,568	スウェーデン	75,346	フィンランド	103,497	デンマーク	125,734
6	スウェーデン	69,136	フィンランド	74,454	スウェーデン	100,407	スウェーデン	123,350
7	フィンランド	67,561	ベルギー	68,427	ベルギー	99,778	ベルギー	121,373
8	フランス	64,289	ルクセンブルク	64,955	オランダ	98,138	フィンランド	119,321
9	ドイツ	61,769	オランダ	63,648	日 本	94,186	オランダ	115,400
10	オーストリア	59,914	デンマーク	62,560	デンマーク	88,614	オーストリア	108,969
11	デンマーク	59,126	フランス	61,961	オーストリア	86,597	日 本	105,569
12	ノルウェー	56,832	イギリス	59,182	ルクセンブルク	85,327	フランス	103,143
13	アイルランド	54,935	オーストラリア	59,052	フランス	84,090	ドイツ	96,735
14	イギリス	51,341	カナダ	58,932	イギリス	83,784	カナダ	92,597
15	イタリア	48,571	ノルウェー	58,714	ドイツ	77,476	アイスランド	92,355
16	オーストラリア	43,468	イスラエル	57,501	カナダ	72,272	イギリス	90,846

	2013年		2014年		2015年		2016年		2017年	
1	アイルランド	237,601	アイルランド	257,585	アイルランド	522,563	アイルランド	458,965	アイルランド	465,552
2	スイス	195,135	スイス	193,879	スイス	188,247	スイス	189,709	スイス	192,116
3	ノルウェー	149,476	ノルウェー	150,307	デンマーク	144,545	デンマーク	145,874	デンマーク	140,919
4	デンマーク	145,011	デンマーク	148,879	アメリカ	137,480	アメリカ	134,540	アメリカ	140,622
5	アメリカ	132,790	スウェーデン	135,716	スウェーデン	136,319	スウェーデン	130,714	スウェーデン	126,776
6	スウェーデン	132,698	アメリカ	134,559	ノルウェー	132,469	ベルギー	122,232	ベルギー	125,644
7	ベルギー	124,110	ベルギー	130,323	ベルギー	127,094	ノルウェー	118,020	ノルウェー	119,594
8	オランダ	117,659	オランダ	120,996	オランダ	118,499	オランダ	114,559	オランダ	118,186
9	オーストリア	113,053	オーストリア	116,527	オーストリア	110,565	オーストリア	109,510	フィンランド	113,597
10	フィンランド	110,409	フィンランド	114,385	フィンランド	110,380	フィンランド	107,214	オーストリア	109,298
11	カナダ	108,972	フランス	109,911	イギリス	107,472	ルクセンブルク	103,059	イスラエル	102,746
12	フランス	108,741	カナダ	107,729	フランス	106,600	イギリス	102,284	フランス	99,450
13	日 本	107,921	イギリス	106,281	カナダ	104,318	フランス	101,200	ルクセンブルク	98,385
14	イギリス	101,096	ドイツ	104,458	イスラエル	100,970	イスラエル	98,899	日 本	98,157
15	オーストラリア	100,853	日 本	100,414	ドイツ	99,369	ドイツ	98,314	ドイツ	98,137
16	ドイツ	99,658	イスラエル	98,280	日 本	97,188	日 本	97,018	イギリス	97,464

（出所）　日本生産性本部（2020）。

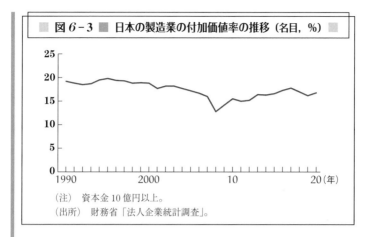

■ 図6-3 ■ 日本の製造業の付加価値率の推移（名目，%）

（注）　資本金10億円以上。
（出所）　財務省「法人企業統計調査」。

順調な改善を示してきましたが，90年代に入ると横這いないし低下傾向にあることがわかります。こうした傾向の理由の1つは，GDPの7割以上を占めるサービス業の生産性の低さです。図6-2はこの傾向を示したものです。

　しかし，日本における生産性低迷の理由はサービス業だけによるものではありません。表6-1をみると，製造業の生産性も，2000年までは世界一であったものが，その後は低下を続けています。なぜこうした状況が生じるのでしょうか。労働（付加価値）生産性は，物的生産性（個/人・時）に 製品当たり付加価値（付加価値/個）を乗じることによって求められます。日本の製造業の場合，概して物的生産性は高いが，製品当たりの付加価値は必ずしも高くないといわれてきました（藤本 2019）。実際，図6-3をみると，日本の製造業の付加価値率は，近年はやや持ち直しているとはいえ，1990年代以来，沈滞状態から抜け出せていません。つまり，日本が世界に誇る「ものづくり」が付加価値や生産性に十分に結び付いていないのです。それだけに，付加価値の改善は，日本の製造業の競争力強化のためにも不可欠なのです。

独自資源・能力と市場標的

　マーケティング戦略の形成にあたって，採用される提供方法が，
他社の模倣・追随が困難な独自の資源や能力に基づくものであるほ
ど，単に市場標的や提供価値において隙間を突くだけの場合と比べ
て，**持続的競争優位**に基づく成果も大きなものになります。つまり，
独自資源や**独自能力**は，競争優位性の基盤として作用するわけです。

　しかし，いかに独自の保有資源や能力に基づいて製品を送り出し
ても，その製品に価値を認める市場標的が限られたものであるなら
ば，あるいは市場標的にとってのその価値が小さなものであるなら
ば，大きな成果を上げることは困難です。したがって，とりわけ独
自な資源や能力を有する場合は，それらと市場標的とのマッチング
がマーケティング戦略にとって重要な課題となります。つまり，そ
うした資源や能力によって生み出される製品にいかなる価値をみい
だすかは顧客の間で同じではないはずであり，その価値が最も大き
くなる顧客を探し出し，標的とすることが，マーケティング戦略に
おいては大切になります。

3. 付加価値の連鎖としての価値提供ネットワーク

　マーケティング戦略においては，いかなる標的にいかなる価値を
いかに提供するかが決められるわけですが，そうした価値は，当該
企業一社の力によって作り出されるわけではありません。

　ある製品の価値は，最終顧客の価値実現の場面で評価されます。
例えば，テレビという製品の価値は，最終顧客である消費者の消費
場面で評価されます。その価値の大きさは，消費者がそのテレビの
ために支払ってもよいと考える，支払意思価格で測定することがで
きます。

　通常，消費者はそのテレビを小売店で購入します。その価格が仮

に10万円だとしましょう。消費者はそのテレビが自分にとって10万円以上の価値があると考えたとき，それを購入します。その結果，取引が成立し，10万円（場合によってはそれ以上）の価値物としてのテレビの所有権が消費者に移転します。

　しかし，このテレビの10万円の価値は，それを販売した小売店のみによって生み出されたわけではありません。もちろん小売店による流通サービスが10万円に貢献していることは間違いありませんが，それは，売価と仕入値の差額分に対応するものです。仕入値の部分の価値は，川上に位置する種々の企業によって生み出されたものです。

　仮にこのテレビのメーカー出荷価格が6万円だとしましょう。ただ，6万円のすべてが，そのメーカーの付加価値であるわけではありません。例えば，液晶パネルやキャビネットは他社から購入されたものかもしれません。そうした他社で生み出された価値を6万円から差し引いた残りが，テレビ・メーカーの付加価値です。それが仮に2万円だとしましょう。

　章末の補論6-1では，この2万円の付加価値を生み出すにあたって，企業内のさまざまな活動がどのように関わっているかが，**価値連鎖**という形で説明されています。

　販売価格から，購買原材料コストを差し引いたものとして計算される付加価値は，自社の活動の結果，どれだけの価値が追加されたかに対応します。

　マーケティング戦略の観点から注目すべきは，自社の活動の結果としての提供価値は，最終的には，最終顧客の価値実現の場で評価されるということです。つまり，自社の製品やサービスが，目の前の直接顧客の提供価値を増大させるにせよ，コスト削減に貢献するにせよ，自社の提供価値を高めるためには，直接顧客の活動がいかなる価値を生んでいるかの理解が不可欠になります。直接顧客によ

る提供価値はそのまた顧客によって価値を認められなければならず，
そうした関係は結局，最終顧客の価値実現場面にたどり着きます。

価値提供ネットワーク

　このテレビの例にみられるような，一企業を超えた，付加価値づ
くりの企業間ネットワークは，**価値提供ネットワーク**と呼ばれます。

　価値提供ネットワークを前提に自社の提供価値を高めるためには，
最終顧客の価値実現場面の観点から，マーケティング戦略を考える
必要があります。

　また，いかに最終顧客に大きな価値を提供する価値提供ネットワ
ークに参加していても，自社の割合が小さくては仕方ありません。
最終顧客への提供価値に占める自社の割合を高めるためには，たと
え部品メーカーや素材メーカーであっても，最終顧客における価値
実現場面を見据え，最終顧客にとっての価値という観点から価値提
供ネットワークのなかで自社の付加価値を考え，競争優位を高める
ためのマーケティング戦略が求められます。

　すなわち，なにがどのような価値をもつかを決めるのは最終顧客
の価値実現場面であるだけに，自社の活動の結果としての提供価値
を高めるためにも，あるいは提供価値に占める自社の割合を高める
ためにも，目の前の直接顧客のみならず，最終顧客の価値実現場面
まで見据える必要があります。そうした関係のなかで，高い価値の
提供を強調するのが差別化戦略であり，低コストの実現を強調する
のがコスト・リーダーシップ戦略だということです。

独自性起点の考え方

　もっとも，最終顧客の価値実現場面を理解したとしても，そこで
の価値実現につながる独自性を有していないと，**持続的競争優位**と
はなりません。しかし，変化の激しい最終顧客の価値実現場面との

対応のなかで，こうした独自性を構築・維持していくことは，必ず
しも容易ではないでしょう。そうなると，企業が有する独自性や優
位性から出発して，そうした強みが，企業間の価値提供ネットワー
クを経由して，最終顧客の価値実現場面においていかなる価値に結
び付くかの検討が有効になります。

　例えば，ある部品メーカーが独自技術をもっていたとき，その技
術によって可能になる部品がいかなる最終製品を可能にし，その最
終製品によって最終顧客の価値実現場面でいかなる価値が実現され
るかの検討です。

　また，自社の独自性により低コストを実現できる製品やサービス
をみつけ，さらにその製品の価値を競合企業のものと同様に，ある
いはそれ以上に評価するセグメントを探し出すという方法もあるで
しょう。

　とりわけ市場全体の大きな伸びが期待できず，競争が激しい環境
では，差別化による競争優位という観点から，シーズ（種：企業が
有する製品や技術など）起点のマッチングが求められる場合も少な
くありません。すなわち，競合企業による模倣や追随が困難な技術
や製品があるならば，そうしたシーズを起点に顧客ニーズとのマッ
チングを図るという方向です。

　もちろんこれは，プロダクト・アウトとか技術志向ということで
はありません。大切なことは，製品や技術と，ニーズとの間で，い
かによりよいマッチングを図っていくかであり，そのマッチングの
起点を，製品や技術に置くというだけです。そうなると，自社の独
自性こそが重要であり，その独自性が差別的な価値をもたらす顧客，
すなわち支払意思価格がより高い顧客を探し出し，マッチングを図
るわけです。あるいは，その独自性により低コストを実現できる製
品やサービスの価値を高く評価する顧客の探索です。

ARC（アーク）
（写真提供）　KEN
OKUYAMA DESIGN

ステンレス・ワイングラスの事例

　新潟県燕市の金属加工業者の動きはよい例でしょう。燕市には優れた技術をもった多くの金属加工業者が集結し，ナイフやフォークのようなすばらしい金属加工製品をつくってきました。ところが，1990年代以降になると，大量生産で安い輸入品との競争に苦しめられるようになりました。というのは，確かに燕市の金属加工技術はすばらしいのですが，家庭用の単純なナイフやフォークをつくっている限り，輸入品との違いは，少なくとも多くの消費者にとっては余分にお金を支払うほどのものではなかったからです。つまり，単純なナイフやフォークをつくっている限り，支払意思価格に差が出るほどの違いはなかったのです。

　そこで燕市の金属加工業者は，互いに協力するとともに，著名な工業デザイナーである奥山清行氏の事務所と連携し，かれらの金属加工技術がより高い支払意思価格に結び付く用途開発，標的設定へと向かっていきました。

　その例の1つが，写真にあるワイングラスです。ステンレス製のこのワイングラスは，ステンレスが2枚重ね（ダブルステンレス）になっていて，そのことによって保温効果を高めています。白ワインを飲むときに，これならば温まりにくいわけです。このワイングラスの製造にあたっては，いくつかのパーツが高度なレーザー溶接技術で接合され，それが熟練職人の手作業でつなぎ目がわからなくなるまで磨き上げられています。

　このワイングラスは1客2万円（税別）で売り出されました。通常のワイングラスと比べるとかなり高い価格ですが，それに価値を

みいだす顧客層には受け入れられていきました。すなわち，優れた加工技術を優れたデザインと機能に反映させ，一部の顧客層における支払意思価格の向上に結び付けたわけです。

4. 顧客維持と関係性マーケティング

顧客がある製品カテゴリーから購買をしようとするさいには，それぞれの購買候補について，価値と価格を比較し，その差[4]が最も大きそうなものを買おうとするでしょう。これが購買決定です。

そのため，マーケティング戦略においては，標的顧客において提供価値を差別的に高めるか，コストを差別的に引き下げるかして，価値と価格の差を差別的に高めることが目指されるわけです。

継続的取引関係

しかし，買い手は日々の生活のなかで膨大な数の購買決定を行います。そのすべてについて徹底的な情報探索を行うのは不可能です。しかも，不慣れな製品の場合は，情報を集めてもその意味を理解できないこともあります。そのため，買い手は，限られた情報のなかで，どれを買うのかを決めなければならないことは少なくありません。

そうした状況では，これまでの経験のなかで信頼のおける売り手から購買を続けるというのも，珍しいことではありません。それがブランドに対するものであるならば，**ブランド・ロイヤルティ**ということになるでしょうし，店舗に対するものであるならば，**ストア・ロイヤルティ**ということになるでしょう。

---

[4]　第 2 章第 3 節の加重平均（線形補償型）の式における製品の望ましさに対応します。

　例えば，消費者は，あるメーカーの製品には信頼が置けるということになれば，多くの製品カテゴリーにおいてそのメーカーの製品を買い続けていれば安心だと判断するかもしれません。また，場合によっては，消費者が特定の小売店の品揃えに信頼を置き，その小売店で売っているものならば間違いはないと考えて，購買を続けるということもあるでしょう。あるいは，特定小売店の店員に信頼を置いて，消費者がその店員のアドバイスに従って購買を続けるということもあります。

　買い手にとって信頼の置けるブランドや店舗や店員をみつけることができれば，購買は大いに効率化されます。

　こうした継続的な取引関係は，売り手にとっても，自らの情報を発信する必要を削減しますし，買い手を探し回って獲得する必要も低下させます。また，長年取引している顧客は価格にもあまり敏感ではない傾向にあります。そのため，既存顧客の維持は収益性を高めることが知られています。

　ある研究によれば，**顧客離反率**を５％低めることで，利益は25～85％上昇していました（Reichheld and Sasser 1990）。

　それゆえ，マーケティングにおいては，新規顧客の開拓とともに，**既存顧客維持**の重要性が強調されてきました。特定顧客の総購買金額に占める自社の割合としての**顧客シェア**，あるいは特定顧客が生涯にわたって自社にもたらす価値（企業にとっての価値）の合計としての**顧客生涯価値**といった概念が，注目されるのはそのためです。

　つまり，１回１回の取引を離散的なものとみるのではなく，取引相手との長期にわたる良好な関係の維持を目指すわけです。

関係性マーケティング

　顧客シェアの拡大や長期的な取引関係の維持にとって大切なのは，個々の取引における**顧客満足度**の向上です。それを，とりわけ顧客

との接点における差別的価値の提供によって実現し，顧客生涯価値を最大化していこうというのが，**関係性マーケティング**の考え方です。

もともとこうした考え方は，顧客の**個別識別**や**個別対応**が容易な業務用取引（企業と企業の間の取引：B to B）の分野で生まれ，やがて航空会社や宿泊施設といったサービスの分野へ広がっていきました。それが，2000年頃になると，情報技術やインターネットの発展もあり，一般消費財へも拡大するに至りました。

もちろん，関係構築のために個々の取引における顧客満足度を向上させるといっても，それにはさまざまな方法が考えられますし，それらの方法にはそれぞれ一定の費用がかかります。したがって，関係構築のための満足度向上の方法は，状況によって異なるとみなければなりません。

この関係構築のためにどれだけ費用を投じるかを考えるにあたっては，次の5つの投資レベルが識別されています（Kotler and Keller 2006）。

(1) 基本型マーケティング：販売員が単に製品を販売する。

(2) 受身型マーケティング：販売員は製品を販売し，顧客に疑問，意見，不満があれば電話するよう勧める。

(3) 責任型マーケティング：販売員は顧客に，製品が期待に沿うものかをチェックすべく電話する。また，販売員は，製品やサービスの改良点や不満点を顧客に尋ねる。

(4) 能動型マーケティング：販売員は折に触れて，顧客と連絡をとり，製品使用法の改善や新製品について提案する。

(5) パートナーシップ・マーケティング：企業は，大規模顧客の業績改善に貢献すべく，継続的に協同する。

関係構築のためにいずれの投資レベルが望ましいかは，顧客の数とマージンの高低に依存します。表6-2は，顧客の数とマージン

表*6-2*　関係性マーケティングの投資レベル

	高マージン	中マージン	低マージン
多数の顧客	責 任 型	受 身 型	基本型もしくは受身型
中程度の数の顧客	能 動 型	責 任 型	受 身 型
少数の顧客	パートナーシップ	能 動 型	責 任 型

（出所）　Kotler and Keller（2006）邦訳 197 頁を一部修正。

の高低により，いずれの投資レベルが適切になるかを要約したものです。

　ただ，満足度向上と関係の構築を成し遂げたとしても，それが継続的な取引に結び付くとは限りません。例えば，いくら満足しているホテルでも，毎回同じ所に泊まると飽きてしまうということもあるでしょう。そうした顧客をつなぎ止めておくためには，他社へのスイッチが簡単にできないような，**ロイヤルティ・プログラム**と呼ばれる仕掛けが必要になります。スイッチング障壁の構築です。例えば，航空会社のフリクエント・フライヤー・プログラムや，買い物をするたびにポイントが貯まるカードの仕組みなどが，その例です。こうしたプログラムでマイルやポイントを貯めると，プレゼント商品や現金の払い戻しがもらえたり，座席や部屋のグレードアップ，あるいは優先的な扱いなどが提供されたりするわけです。

　関係性マーケティングの考え方はさらに，情報技術の発展とも相まって，顧客別情報の蓄積により個別対応等を行い，顧客満足の向上と関係の維持を目指す，**CRM**（Customer Relationship Management）と呼ばれる経営手法への注目をもたらしました。例えば，EC（電子商取引）通販業者が，個々の顧客の購買履歴を蓄積し，その購買

履歴に基づいて，買い物を提案したり，特別優待へ招待したりするというのは，消費者からみた CRM の姿です。

　これらの施策により顧客との間に継続的な取引関係を構築することができれば，それは大きな競争優位となるわけです。

COLUMN
トラフィック・ビルダーとクロス・セル

　小売業者において，顧客吸引のために，とくに価値が高められている品目は，トラフィック・ビルダーと呼ばれます。

　小売店での買い物を想定したとき，ある店舗である時点に購買を行った顧客の買い物品目の一覧をマーケット・バスケットといいます。例えば，スーパーマーケットにおいて，卵を特売して顧客を吸引し，ついでに他の商品も買ってもらえれば，たとえ卵の価格が原価割れであっても，マーケット・バスケット全体では元がとれます。このような品目は，それら自身は原価割れで損失を生むことさえあるという意味で，ロス・リーダー（目玉商品）と呼ばれます。したがって，ロス・リーダーも，トラフィック・ビルダーの一種です。

　しかし，コンビニのような利便性を売りものにした小売業態では，価格による集客はあまり期待できません。むしろ，現在のコンビニの顧客吸引においては，弁当の重要性が高いのでしょう。つまり，弁当が来店の駆動力となっている場合が少なくありません。もちろんコンビニの弁当はそれなりの価格競争力を有しているでしょうが，売りものは価格の安さではなく，むしろ味やバラエティといった中味でしょう。したがって，コンビニの弁当は，ロス・リーダーということにはなりません。

　つまり，トラフィック・ビルダーが，価格以外の魅力を売りものにするという事態は，十分に想定できます。そのため，今日の日本のように，多様な魅力を競い合う多様な小売業態が存在する場合に

は，集客の魅力を価格に限定したロス・リーダーという用語よりも，来店を駆動する品目という意味で，トラフィック・ビルダーと呼んだほうが適切でしょう。

さらに，電子商取引のように，顧客の個別識別が行われている場合には，時系列での，極端な場合には顧客の生涯にわたるマーケット・バスケット，つまり購買履歴の把握が可能であり，顧客生涯価値という観点から，何をトラフィック・ビルダーとするかを考える必要があります。そうなるとトラフィック・ビルダーを無料（フリー）で配布するということも珍しくなくなるわけです。

また，トラフィック・ビルダーによって顧客を吸引したうえでは，品目間のクロス・セルが重要です。従来の小売店においても，例えば野菜の購買者にドレッシングの購買を促すという形で，クロス・セルは行われてきました。それが，個別識別が可能な状況では，購買機会をまたがったクロス・セルが可能になります。例えば，過去にプリンターを買った顧客にインクの購買を勧める，サウナ・スーツを買った顧客にダイエット食品の購買を勧めるといったごとくです。

こうして，顧客の個別識別が可能な電子商取引のような業態では，顧客生涯価値の最大化という観点から，トラフィック・ビルダーを設定し，さらにクロス・セルの関係をにらみながら個々の品目のマーケティングが行われているわけです。

参考文献　池尾・井上（2008）。

5. エンゲージメントのマーケティング

顧客体験管理（CXM）

情報技術やインターネットの発展は，マーケティングのあり方を

関係性マーケティングからさらに先へと推し進めました。

　インターネットは，企業と個々の消費者との間の双方向コミュニケーションを可能にしました。縦のつながりです。それとともに，インターネットは不特定ないし特定の人々の間でのネットワーク形成を可能にしました。横のつながりです。この縦横のつながりにより，消費者は好きなときに情報を取得し，好きなときに情報を発信できるようになりました。

　その結果，第2章で学んだように，さまざまな人々が生活のさまざまな場面について気軽に情報発信するようになるとともに，消費者情報源としてこのさまざまな人々による発信が大きな役割を果たすようになりました。そうなると，マーケティングの立場からは，顧客に，購買して，満足して，再購買してもらうだけでなく，推奨やコメントといった形での好意的な発信を含むエンゲージメント行動が望まれるわけで，それにはさらに，心的状態としてのエンゲージメントの強化が求められます。

　こうした事情を背景に，マーケティングの焦点はエンゲージメントへと向かっていきました。

　エンゲージメントを焦点とするマーケティングにおいても，大切なのは標的顧客における差別的価値や差別的価格の実現です。そのために必要なのは，標的市場，提供価値，提供方法を内容とするマーケティング戦略です。

　しかし，その標的顧客は，企業との継続的なつながりも可能な消費者であり，情報源を含め多くのタッチポイントをもつ消費者，自ら発信する消費者です。その消費者の，カスタマー・ジャーニーを含む，すべてのタッチポイントでの体験が，心的状態・行動双方のエンゲージメントに影響を及ぼし，そのエンゲージメントが消費者本人のみならず，他の消費者の行動にも影響を及ぼします。それだけに，さまざまなタッチポイントにおいて，標的顧客に好ましい体

験を提供することが望まれます。

　さまざまなタッチポイントにおける**顧客体験**の統合的管理である**顧客体験管理**（Customer Experience Management: **CXM** もしくは CEM）が注目されるのもそのためです。CRM が顧客満足と顧客生涯価値を強調するのに対し，CXM では，これら 2 つに加え，個々の消費者に応じた快適な体験の提供を通じての，長期的エンゲージメントの向上が目指されます。

　ただ，これらのタッチポイントにおいては，常に企業のコントロールが可能な形で情報が発信されるとは限りません。SNS での情報のやりとりはその典型です。そのため，企業としては，自社の製品やサービスについて，あるいは自社そのものについて，より好ましい情報発信を活性化する必要があります。CXM では，それだけに，統合的な観点からさまざまなタッチポイントに対する働きかけが求められるわけです。

　CXM の観点からは，もちろん小売実店舗の店頭のような，リアルの対面の場面も重要です。第 12 章でオムニチャネルとして紹介するように，ウェブサイトのようなオンラインのタッチポイントと小売実店舗のようなオフラインのタッチポイントのシームレスな連携は，よりよい顧客体験の提供のために大きな役割を果たすものと思われます。

価 値 共 創

　企業と顧客のタッチポイントの観点からも，また，第 7 章で述べる新製品開発の観点からも，重要な役割を果たすのが，価値共創の考え方です。

　消費者が製品によって価値を実現するためには，それを使いこなさなければなりません。つまり，価値の実現には，消費者自身も参加しているのです[5]。製品のメーカーと消費者が協同して価値を実

現しているという意味での，**価値共創**です。

　しかし，消費者が価値共創に参加する場面は，これだけではありません。

　オーダーメイドのように，消費者が製品の仕様を指定することもあるでしょう。そこまでいかなくとも，例えば**ナイキ**のシューズのように，デザインをカスタマイズするというのもあります。さらに，量産品であっても，製品の仕様を決定するさいに，消費者から提案を受ける，あるいは製品企画に消費者が参加するということもあります。**ユーザー・イノベーション**です。また，インターネット上の顧客間ネットワークでのやりとりを通じて，製品企画がもたらされることもあります。これを**クラウド・ソーシング**といいます。例えば，**無印良品**を展開する**良品計画**は，クラウド・ソーシングの先進的事例として知られています（小川 2013）。

　インターネットの普及は，こうした現象を促進しました。それは，インターネットが企業と消費者の間のコミュニケーションを容易にするとともに，消費者間の横のつながりのネットワークを活性化したからです。

　顧客間のネットワークは，企業が想定していなかった製品の使いこなし方を伝搬させ，製品の価値を増大させることもあります。例えば，「**日清どん兵衛**」はお湯を注いで 5 分で食べることになっていましたが，あるタレントによる「お湯を入れて 10 分待つとおいしい」という発言がネット上で拡散し，**日清食品**自身もそれを取り

---

5)　近年注目を集めている**サービス・ドミナント・ロジック**と呼ばれる考え方では，さまざまな有形製品や無形製品はそれぞれサービスをもたらし，顧客がそれらを統合することによって価値が創出される，とみなされています。顧客にとっての価値は，さまざまな有形製品や無形製品によってなにが可能になるかに依存し，しかもなにが可能になるかには顧客自身も関わっているというわけです（Lusch and Vargo 2014; 南・西岡 2014）。

上げて売上が急増するということがありました（田嶋 2021）。

　顧客間ネットワークそのものが価値あるサービスを作り出すこともあります。例えば，**食べログ**，**クックパッド**，**トリップアドバイザー**といった情報サイトでは，消費者の投稿自体がサービスを生み出しています。そうした事例は枚挙に暇がありません。ちなみにこれらのサイトでは，例えば食べログの場合，プラットフォーマー（主催者）である食べログにとって，顧客は飲食店と消費者の双方です。そのため，**マルチサイド・プラットフォーム**と呼ばれます。マルチサイド・プラットフォームの場合は，複数の種類の当事者がネットワークを通じて価値を共創しているといえるでしょう。

　企業と顧客による価値共創のパターンとしては，企業が使用場面にさらにサービスを提供するといったものも考えられます。例えば，建設機械メーカーの**コマツ**は，**KOMTRAX**というシステムにより，工事現場での建設機械の稼働状況を把握し，修理メンテナンスなどの車両管理，燃料管理，作業管理などを行っています（長内・榊原 2012；小野・藤川・阿久津・芳賀 2014）。こうした動きは，**IoT**（Internet of Things）[6]の普及にともない，自動車や家庭用電化製品など，さまざまな分野に広がっています。

　このように，消費者はさまざまな場面で価値共創に参加しています。価値共創は，企業にとって価値ある製品やサービスをもたらすとともに，消費者に対しては，そうした製品やサービスによるもの以上の，価値ある体験を提供します。例えば，製品仕様を議論している体験を楽しむといった具合です。価値共創は顧客エンゲージメント行動そのものであるとともに，その体験がさらなるエンゲージメントをもたらすといってよいでしょう。

---

[6]　モノのインターネット。家電製品や自動車など，さまざまなモノをインターネットを介して接続する仕組み。

　したがって，価値共創は，エンゲージメントを焦点とするマーケ
ティングにおいて，きわめて大きな役割を果たすとみておく必要が
あります。

6. ま と め

　マーケティング戦略においては，競争相手に対して有利な立場に
立てるようなやり方で顧客に価値が提供されなければなりません。
本章では，そのための方策として，標的顧客の絞り込み，コスト・
リーダーシップ，差別化の３つが紹介されました。

　しかし，顧客に提供される価値は，当該企業一社によって生み出
されているわけではありません。部品メーカーや流通業者など，多
くの企業から構成される価値ネットワークがあって初めて価値の実
現が可能になります。したがって，マーケティング戦略においては，
この価値ネットワークの末端にある最終顧客の価値実現場面に目を
向けるとともに，価値ネットワークによる価値実現のなかで，いか
により多くの貢献を行うかを考える必要があります。

　そのさい，１つの有力な方向は，自社の独自性から出発して，そ
の独自性が差別的な価値をもたらす顧客を探し出すという方向，あ
るいはその独自性により低コストを実現できる製品やサービスの価
値を高く評価する顧客の探索という方向です。これが独自性起点の
考え方でした。

　他方，顧客との接点における差別的な価値の提供により，顧客と
の長期的な取引関係を維持していこうというのが，関係性マーケティ
ングの考え方でした。こうした差別的な価値の提供によって満足
度を高め，関係を構築するためにはそれなりの投資が必要です。そ
のため，関係性マーケティングのための投資は，顧客の数やマージ
ンに応じて行われなければなりません。また，仮にそうした関係の

構築に成功したとしても，それを継続的な取引に結び付けるために
は，さらになんらかの手立てが必要になる場合もあります。マイル
やポイントを貯めると優待が受けられるロイヤルティ・プログラム
がこれにあたります。

　さらに，インターネットの普及にともない，人々の情報発信が活
発化し，そうした発信の消費者情報源としての役割が増大しました。
その結果，マーケティングとしても，自社の製品やサービスについ
て，あるいは自社そのものについて，より好ましい情報発信を活性
化する必要が生じます。こうして，マーケティングの焦点はエンゲ
ージメントへと向い，カスタマー・ジャーニーを含むあらゆるタッ
チポイントでの顧客体験の管理や価値共創が強調されることになり
ました。

補論 *6-1*　価値連鎖と価値提供ネットワーク

　本章第3節のテレビ・メーカーの例で，このメーカーが2万円の付加
価値を生み出すにあたっては，さまざま活動が関わっています。これら
の活動は，価値連鎖という形で整理されます。図6-4はそれをまとめ
たものです。つまり，この価値をいかに提供するかを企業活動の全体か
ら考えるのが価値連鎖です。

　企業は，価値連鎖を構成するこれら9つの活動によって価値を作り出
します。これらのうち，基本活動は，価値の創出に直接関わる活動であ
り，支援活動は基本活動を支援し，企業インフラは価値連鎖全体を支援
します。企業が競争上の優位を実現していくためには，価値連鎖を構成
する個々の活動をいかにうまく行うかとともに，これら相互の調整が重
要になります。

　販売価格から，購買原材料コストを差し引いたものとして計算される
付加価値は，自社の価値連鎖の結果，どれだけの価値が追加されるかに

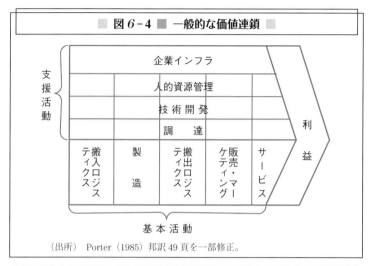

■ 図 *6-4* ■ 一般的な価値連鎖 ■

(出所) Porter（1985）邦訳 49 頁を一部修正。

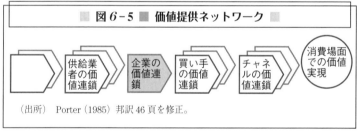

■ 図 *6-5* ■ 価値提供ネットワーク ■

(出所) Porter（1985）邦訳 46 頁を修正。

対応します。付加価値を生み出すために価値連鎖を構成する種々の活動が行われ，それらのコストを付加価値から差し引いた残りが利益となります。

　さらに，このテレビの例にみられるような，一企業を超えた，企業間ネットワークのなかでの価値連鎖が，本文で説明した価値提供ネットワークです。つまり，価値連鎖の集合体が価値提供ネットワークです。図6-5はこれを図示したものです。この図は，ある企業の価値連鎖に供給業者の価値連鎖からの価値が投入され，その企業の価値連鎖が買い手に

価値を提供し，さらにその価値にチャネルの価値連鎖が加わって，最終顧客の消費場面で価値が実現されるという関係を示しています。

なお，価値連鎖や価値提供ネットワークをいかに設計するかは，第12章などで触れられる部分もありますが，多くは本書の守備範囲を超えているため，取り上げられません。

　　　　　　　　　　　　　　　　　　　　Exercises ■

1.　コスト・リーダーシップ戦略で成功している事例を探し，それがなぜうまくいっているのかを調べてみましょう。

2.　スマートフォンの価値提供ネットワークを調べてみましょう。そのうえで，価値提供ネットワークに参加している企業の間でなぜ利益に差が出るのかを考えてみましょう。

3.　第2章の COLUMN「腕時計におけるカテゴリー・イノベーション」にあるように，ウォッチの市場では，競争の焦点が，正確性からデザイン，ブランド，機構などにシフトしていきました。また，クオーツ・ウォッチの登場により，一時は旧式の技術となった機械式ウォッチが，再び人気を集めるようになりました。一体なぜこのようなことが起こったのかを考えてみましょう。そのうえで，仮にあなたがセイコーグループで3万円以下の製品のマーケティングを担当するとしたら，どのようなマーケティング戦略をつくるかを検討してください。

第 **7** 章

新製品開発戦略

Introduction

　消費者の好みの変化や多様化，技術進歩の加速化，競争の激化といった傾向が珍しくない状況のもとで，健全なポートフォリオを維持するためには，新製品の投入が必要となります。今日，私たちの周りにみられるさまざまな新製品の多くは，こうした背景の結果です。そのため，現代のマーケティングにおいて，新製品開発はきわめて重要な意義をもちます。

　新製品の開発と導入には，まさにマーケティング戦略が求められます。つまり，新製品の開発と導入は，マーケティング戦略形成の典型的な場面と考えてよいでしょう。

　本章では，この新製品の開発過程が，マーケティング戦略構築との関連のなかで，検討されます。

1. 新製品のアイデアと提供価値

マーケティングの標準的な教科書によれば，新製品の開発過程は一般に，図7-1のように要約されます（例えば，Kotler and Keller 2016）。

新製品アイデアの創出とふるい分け

図7-1にみられるように，新製品の開発過程は新製品のアイデアの創出とそれらのふるい分けから始まります。

新製品アイデアとは，製品の客観的・物理的特徴を示したものです。新製品のアイデアは，通常さまざまな源泉から生じます。代表

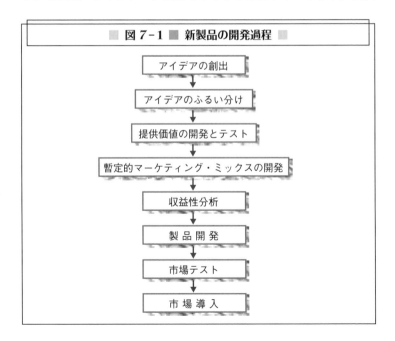

図7-1　新製品の開発過程

アイデアの創出 → アイデアのふるい分け → 提供価値の開発とテスト → 暫定的マーケティング・ミックスの開発 → 収益性分析 → 製品開発 → 市場テスト → 市場導入

的なものは，顧客調査や営業担当者や流通チャネルなどからもたらされる顧客のニーズ，研究開発の成果，競合企業の動向などです。こうして得られた新製品のアイデアは，その実現性，市場性，収益性，当該企業の目的や経営資源との適合といった観点から評価され，ふるい分けられます。

オープン・イノベーション

　新製品の源泉として近年注目を集めているのが，**オープン・イノベーション**です。

　オープン・イノベーションで想定されている主たる源泉の1つは，ベンチャーを含む外部の企業や大学などの研究機関です。ビジネス環境のめまぐるしい変化のなかで，研究開発には時間がかかり，必要な知識がタイムリーに生み出されるとは限らないため，また，選択と集中には必要なものを捨て去ってしまうリスクがともなうため，ビジネスに必要な知識には，社内，社外を問わず，アクセスすべきであり，企業内外の知識を用いて，製品化すべきという考え方が広まってきました。

　さらに，オープン・イノベーションのもとでは，単に新製品のシーズ（種）を社外に求めるだけでなく，社内の新製品シーズを他社へ提供したり，ベンチャー企業を設立したりするという可能性も想定されています（Chesbrough 2003; 米倉・清水 2015）。

　オープン・イノベーションのなかには，第6章で説明した顧客との価値共創も含まれます。価値共創のもとでは，新製品の源泉として，消費者が活用されました。ユーザー・イノベーションです。そこでは，クラウド・ソーシングという形で，消費者ネットワークの活用も図られています[1]。価値共創は，エンゲージメントの観点か

---

1)　ユーザー・イノベーションを取り込む方法としては，クラウド・ソーシングの

らのみならず，新製品開発という観点からも大きな役割を果たすことが期待されています。

提供価値の開発とテスト

新製品アイデアが，顧客にとっての主観的な意味に変換されて，提供価値となります。つまり，当該アイデアにより顧客に対してどのような価値をあたえるかです。したがって，提供価値は，標的として，いかなる顧客のいかなる用途や使用場面が想定されているかに強く依存します。

例えば，ミツカンから発売された「におわなっとう」という製品の場合[2]は，研究者の直感と研究開発の成果として，「臭わない納豆」というアイデアが生まれ，それが，納豆の非顧客を標的に，「臭わなくて食べやすい納豆」という提供価値に変換されました。

ところが，この提供価値を市場でテストしてみると，非顧客に対しては必ずしも有効ではなく，しかも仮に有効な部分があったとしても，それによる需要はあまり大きなものではないことが明らかになりました。むしろ，テストの結果からは，納豆市場の主要セグメントであるヘビー顧客に対して，「納豆を食べた後の口臭を抑える」という提供価値が有望であることが示されました。

つまり，この事例では，提供価値の開発後に，テストの結果から，標的の再設定が行われたわけです。

COLUMN

ミツカンの「におわなっとう」

食酢やポン酢「味ぽん」で知られる，大手加工食品メーカーのミ

ほかに，先進的ユーザーに注目する**リード・ユーザー法**があります（小川 2013）。
2)　「におわなっとう」の新製品開発について詳しくは，池尾（2015）を参照。

ツカングループ（現ミツカンホールディングス）は，中堅納豆メーカーの朝日食品を買収して，納豆業界に参入しました。納豆業界への参入にともない，同社は，「金のつぶ」という新ブランドを導入するとともに，ミツカンに蓄積された納豆菌技術を生かし，「におわなっとう」という機能的差別化製品を開発しました。

　「におわなっとう」はミツカンならではの技術で，臭わない納豆を実現し，さらに特許も取得した，画期的新製品でした。マーケティング戦略の観点からいえば，模倣されない提供方法がすでに用意されていたわけです。したがって，「におわなっとう」のマーケティング戦略では，「臭わなくて食べやすい納豆」という提供価値を，いったいだれに訴求すれば最も効果的かという，標的の選択が大きな課題になりました。

　本文で述べたように，その標的として，当初は納豆を食べない非顧客が設定されていました。しかし，その後の提供価値に関するテストの結果を踏まえ，納豆を食べた後の口臭を気にするヘビー顧客に標的が変更され，それに応じて強調すべき提供価値も修正されました。これにより，「におわなっとう」は初年度売上 40 億円と，かなりの成功を収めましたが，メーカー希望小売価格を通常製品と同等の 3 パック 158 円に据え置いたこともあって，実売価格を従来製品以上に高めるには至りませんでした。

　実売価格は顧客の支払意思価格に依存し，支払意思価格はいかなる顧客を標的にするかによって変わってきます。もしこのとき，「におわなっとう」の標的を異なった形で設定していたら，メーカー希望小売価格や実売価格を通常製品以上に高めることは可能だったのでしょうか。あなたはどう思いますか。

参考文献　池尾（2015）。

2. 売上予測と収益性分析

　新製品開発の第4段階は暫定的マーケティング・ミックスの開発です。新製品の収益性を分析するためには，その新製品に関する売上高と費用が予測されなければならず，そのためには，その新製品のためのマーケティング・ミックスが暫定的であっても決められなければなりません。

提供方法の決定

　マーケティング・ミックスの前提となるマーケティング戦略に関しては，第3段階で開発された提供価値をもとに，競合製品に対する競争優位をいかなる方法で実現するか，つまりその価値の提供方法が検討されます。低コストで実現するのか，付加的な特徴をもたせるのかといった具合です。「におわなっとう」の場合は，研究開発の成果として，他社に真似できない技術と特許があったため，提供方法に関しては，味の調整が主たる課題になりました。

マーケティング・ミックスの影響

　そのうえで，標的に向けて提供価値や提供方法をいかに効果的に伝達するかを含めた，マーケティング・ミックスが作成されます。そのマーケティング・ミックスを前提に，売上予測が行われ，さらにコスト・データを踏まえて，収益性が分析されます。

　例えば，耐久財で市場拡大が焦点である新製品の売上予測においては，次節で述べるような方法で，新規の購買者数が予測されます。ただ，現実の消費者は，当該製品の存在を知らなかったり，小売店でみつけることができなかったりといった理由で，その製品を買わないこともあります。そのため，この購買者数は，当該製品の**知名**

度と配荷率によって割り引かれ，そのうえで売上予測が導かれます。

すなわち，新製品の売上は，その製品がどのようなものでどのような価格であるかだけではなく，それにともなう広告や流通チャネルといったマーケティング手段によっても異なってきます。したがって，新製品の売上予測は一定のマーケティング・ミックスを前提としなければならず，そのマーケティング・ミックスには一定の費用がかかります。これに，技術的可能性の研究から引き出された研究開発費用や生産費用が照らし合わされ，収益性の分析が行われます。

新製品売上予測の前提：製品タイプとマーケティング目標

新製品の売上予測では，なんらかの形で，標的市場における当該製品の購入数量が推定されなければなりません。この購入数量の推定に関しては，マーケティングではさまざまな技法が用意されていますが，それらは，当該新製品が耐久財か非耐久財かにより，また，その新製品のマーケティング目標が市場拡大にあるのかシェアの確保にあるのかにより，違ってきます。

このうち，耐久財と非耐久財の区別は，顧客が一般消費者であるときには，通常は明白でしょう。売上予測においては，当該新製品が耐久財であるときには顧客による個々の購買が，また，非耐久財であるときには，個々の購買が初回購買とそれ以後の反復購買に分類され，それら双方が焦点になります。

他方，新製品のマーケティング目標において市場拡大とは，それが当該製品カテゴリーの市場全体の拡大を目指している場合です。このとき，売上予測の関心は，耐久財については，どれだけの顧客が例えばスマートフォンならスマートフォンという製品を新たに使うようになるかに向けられます。また，納豆のような非耐久財の場合は，どれだけの顧客が納豆を消費するかとともに，個々の顧客そ

れぞれどれだけ消費するかが重要になります。

　これに対して，シェアの確保においては，納豆なら納豆という市場のなかでの「におわなっとう」のシェアが焦点になり，したがって，競合品との間の差別化の重要性が相対的に高まります。

　「におわなっとう」の開発過程における標的と提供価値の変更は，実はマーケティング目標のウェイトを市場拡大からシェア確保にシフトさせたものだとも，みることができるでしょう。

　もっとも，マーケティング目標が市場拡大にあるかシェア確保にあるかは，市場をどう捉えるかによって変わってきます。「におわなっとう」の場合，もし市場を納豆と捉えるのであれば，目標はシェア確保になりますが，市場を臭わない機能性納豆と捉えるならば，目標は市場拡大になります。要は，その新製品を顧客が新たな製品カテゴリーを形成するものとみなしうるか否かです。

3. 普及理論と普及モデル

　市場拡大がマーケティング目標であるときの売上予測の関心は，その新しい製品カテゴリーの市場の伸びです。新製品の市場の伸びを予測するにあたっては，マーケティング論では**普及理論**とそれに基づく予測モデル（**普及モデル**という）が有効だとされてきました。

普及理論

　普及理論によれば，ある新製品が導入されたとき，潜在顧客はその新製品の採用時期により，図7-2のように分類されます（Rogers 1983）。ここで，**採用**とは，当該製品を定期的に購買するようになることを指します。図において，新製品（イノベーション）の採用時期は**革新者**が最も早く，**初期少数採用者**，**前期多数採用者**となるにつれて，採用時期は遅くなります。図に示された各範疇の比率は

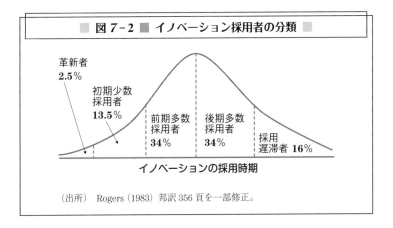

■ 図7-2 ■ イノベーション採用者の分類 ■

革新者
2.5%

初期少数
採用者
13.5%

前期多数
採用者
34%

後期多数
採用者
34%

採用
遅滞者 **16%**

イノベーションの採用時期

（出所）　Rogers（1983）邦訳356頁を一部修正。

必ずしも明確な根拠をもつものではなく，1つの目安です。なお，ある新製品について，これらの範疇それぞれに分類される人々の価値観としては，革新者は冒険心，初期少数採用者は尊敬，前期多数採用者は慎重さ，**後期多数採用者**は懐疑心，**採用遅滞者**は伝統が指摘されています。

　普及理論の特徴は，新製品の潜在顧客をその相対的採用時期により図のように分類するとともに，この範疇の間での口コミなどによる影響関係に注目する点です。つまり，市場のマスの部分を構成する前期多数採用者や後期多数採用者の採用には，革新者や初期少数採用者からの影響が，あるいはかれら相互の間の影響が，作用するというわけです。したがって，新製品の普及を促進するためには，まず革新者や初期少数採用者を標的としたマーケティングを展開すべきであり，そのことが前期多数採用者や後期多数採用者での普及をも容易にすることになります。

　普及理論のこうした考え方は，典型的には，耐久財の普及過程を説明し，また，その売上を予想するのに効果的であると考えられてきました。しかし，普及理論の対象はあくまでもイノベーションな

ので，消費者がイノベーションと考えるものであるならば，普及理論は適用可能でしょう。

「におわなっとう」の場合，納豆自体はもちろん新製品ではありませんが，仮に消費者が臭わない機能性納豆をイノベーションと考えるのであれば，普及理論を適用することは可能です。したがって，その場合の標的は，納豆のヘビー顧客のなかでも，革新者や初期少数採用者となるわけで，プロモーションにおいても，かれらの見極めが重要になります。

実際，「におわなっとう」の発売にさいしては，革新者や初期少数採用者と見込まれる人々に多くの**サンプル配布**を行って，消費者間の口コミを通じての製品普及を図り，かなりの効果を得ました。

COLUMN

イノベーション

現代の企業においては，イノベーションが大切だといわれます。では，イノベーションとはどのようなものなのでしょうか。

イノベーションに関する有名な定義の１つは，普及理論で知られるエベレット・ロジャースによるものです。ロジャースによれば，イノベーションとは，「個人や組織などが新しいと知覚する，アイデア，行動様式，モノ」（Rogers 1983）と定義されます。こう考えると，私たちの周りにあるさまざまなものがイノベーションであるように思われます。

これに対して，イノベーションをよりインパクトの大きいものに限定して考えるのが，これまた有名な，ヨーゼフ・シュムペーターという経済学者の定義です。

シュムペーターによれば，イノベーションとは，「それまでの体系の均衡点を動かすもので，しかも新しい均衡点は古い均衡点からの微分的な（一歩ずつの）歩みによっては到達しえないようなもので

す。郵便馬車をいくらつないでも，それによって鉄道を得ることはできないわけです」(Schumpeter 1934) ということです。

　シュムペーターのいうイノベーションとは，均衡達成のために従来とは異なるシステムを必要とするような変化です。17 世紀に発見された蒸気機関の原理が実用化されるのは，ジェームズ・ワットによって凝縮機が発明される 18 世紀まで待たなければならないというのは，新たなシステムによって新たな均衡が達成された，古典的な例です（今井 1986）。

　イノベーションを，このように，システムの観点から捉えるならば，マーケティング主導のイノベーションであっても，他の多くの機能分野がそれに関わってきます。例えば，オフィス向け通信販売で 1990 年代後半以降急成長したアスクルの場合，成長の起爆剤は未充足市場としての小規模事業所をターゲットに充実した品揃えとスピーディな配達を実現したという，まさにマーケティング上の卓見でしたが，その後の成長を可能にしたのは優れた物流・情報システムでした。

　また，他の機能分野で始まったイノベーションであっても，マーケティングにおける変革を要請することも少なくありません。1989 年に発売されたソニーの小型ビデオカメラは，生産における変革の結果可能になったものですが，その売上拡大には，「旅での使用」というマーケティングによる用途提案が大きく貢献したというのが，その典型例です。

　日々の新製品開発では，ロジャース流イノベーションももちろん大切です。しかし，情報技術の発展や経済のグローバル化，そして競争の激化など，企業環境の目まぐるしい変化のなかでは，シュムペーター流イノベーションの可能性を常に念頭に置くことも必要でしょう。

普及モデル

　普及理論の上記のような考え方をもとに，普及モデルでは，新製品の売上予測のためのさまざまなやり方が考案されてきました。そのなかでおそらく最も有名なのは，考案者の名をとって，**バス・モデル**と呼ばれるものでしょう（Bass 1969）。このモデルによれば，スマートフォンならスマートフォンのある新製品の t 期（例えば2022年）の新規購買者数 Y_t は，

$$Y_t = a(N - Y_{t-1}) + b(Y_{t-1}/N)(N - Y_{t-1})$$

で予測されます。ただし，N は標的になる潜在購買者数，Y_{t-1} は，t 期を今期（例えば2022年）とすれば，前期（例えば2021年）までの累積購買者数，a は**革新係数**，b は各購買者が各非購買者にあたえる影響を表す**模倣係数**です。

　上式において，$(N - Y_{t-1})$ は潜在購買者のなかでまだ買っていない人数で，それに革新係数 a を乗じた $a(N - Y_{t-1})$ は，今期に他人の影響ではなく，自分の判断で購買する人数となります。つまり，革新者による革新効果[3] です。

　これに対して，$b(Y_{t-1}/N)(N - Y_{t-1})$ の部分は，他人の影響を受けて購買する人数です。つまり，イミテーター効果です。(Y_{t-1}/N) は，潜在購買者のなかですでに購買している人の比率で，他人からの影響の大きさを表していますから，この部分が大きくなるとイミテーター効果も大きくなるわけです。

　納豆のように，個々の消費者が同じ製品を繰り返し購買すると想定される場合には，消費者の購買を試用，採用，反復に分類する必要があるため，総販売数量の推定は若干複雑になりますが，基本的な考え方は同じです。

3）　ここで想定されている革新者は，図7-2で想定されているものよりも多少広い範囲のものを含むとみておくべきでしょう。

市場拡大がマーケティングの焦点となる新製品の売上予測は，その新製品が画期的なものであればあるほど過去のデータの入手が困難です。そのため，革新係数や模倣係数の推定にあたっては，類似した過去の新製品の普及パターンから類推したり，経験豊かなマーケティング担当者の見通しを活用したりすることが必要になります。

4. 製品開発，市場テスト，市場導入

収益性の分析で見通しがつくと，試作品の製作が行われます。

実際の「においなっとう」の場合は，製品アイデアの決定以来，試作品製作のための技術的可能性の研究が行われてきました。つまり，図7-1でいうと，製品開発が先行して始まり，それがある程度進んだ段階で，提供価値のテストと修正，暫定的マーケティング・ミックスの開発と収益性の分析が平行して行われていたわけです。

市場テスト

暫定的なマーケティング・ミックスに基づく収益性の分析と試作品の開発が終わると，とりわけ食料品や日用品といった非耐久財では，**市場テスト**が行われることも珍しくありません。

市場テストとは，開発された製品とそれに関して想定されているマーケティング・ミックスを実際の消費者を相手にテストしようとするもので，具体的には，**模擬店舗法**や**テスト・マーケティング**といった形をとります。例えば，模擬店舗法では，模擬店舗に被験者を集め，別室でテレビなどの広告を見せた後，買い物を依頼します。そのうえで調査対象新製品の購買・非購買の理由を質問したり，後日，電話などにより使用状況，満足度，再購買意向を尋ねたり，あるいは再度模擬店舗に招き，再購買動向を調べるといったことが行

われます。

　これに対して，テスト・マーケティングにおいては，ある程度市場を代表すると思われる都市で，対象新製品がマーケティング・ミックスとともに実際に市場導入され，売上動向，消費者や販売店の反応などが，本格的な発売の前にテストされます。

　市場テストの方法としては，このほかにもさまざまなものがあります。一般に，こうしたテストのために時間と費用をかければ，市場導入にともなう危険は削減されますが，反面よけいな費用がかかるとともに，新製品の情報が競合企業に流れたり，発売時期が遅くなってせっかくの機会を逃したりする可能性が高まります。

　市場テストにより，新製品と市場との適合がチェックないし微調整されると，量産体制が整えられるとともに，最終的なマーケティング・ミックスが決定されます。

市 場 導 入

　こうしていよいよ，新製品は最終的なマーケティング・ミックスのもと市場導入を迎えることになります。

　新製品の市場導入は，全国一斉発売ということもありますが，いくつかの理由から，地域限定発売で出発し，その後に発売地域を広げていく場合もあります。

　「においなっとう」の場合は，ミツカンにとって初の本格的な機能的差別化製品であるため，リスクを回避し，また後の市場開発のための勢いを得るために，最初は地域限定で発売することになりました。つまり，地域限定発売は，テスト・マーケティングであるとともに，他市場へ展開し，より多くの小売店での取り扱いを確保するうえでの実績づくりと位置づけられました。最初の発売地域としては，ミツカンの地盤であり，また買収前の朝日食品も比較的強かった中部圏が選ばれました。

中部圏における「におわなっとう」の発売はきわめて順調で，その結果，他地域での販売に関する小売店からの引き合いも多く，当初の目論見通り，地域限定で発売して実績を積み，そのうえで他地域での取り扱いの確保を図るというやり方がうまく作用していきました。

5. まとめ

健全なポートフォリオを維持するためには，新製品の投入は不可欠で，その新製品の開発と導入には，まさにマーケティング戦略が求められます。

本章では新製品の開発過程が，マーケティング戦略構築との関連のなかで，検討されました。具体的には，アイデア創出→アイデアのふるい分け→提供価値の開発とテスト→暫定的マーケティング・ミックスの開発→収益性分析→製品開発→市場テスト→市場導入，といった過程でした。

このなかの収益性分析の前提となる売上予測に関しては，普及理論やそれに基づく予測モデルが，マーケティングの分野では多用されてきました。さらに，普及理論の考え方は，顧客間の影響関係を取り入れているだけに，新製品の標的顧客を識別するうえでも，重要な示唆をもたらすものでした。

補論 *7-1* 日本型新製品開発の特徴と課題

日本型新製品開発の特徴

日本企業でしばしばみられる，いわゆる日本型と呼ばれる新製品開発のやり方には，図7-1に示された教科書的な新製品開発過程と比べると，

いくつかの顕著な特徴があります。

その第1は，新製品の市場導入までの期間を短縮するために，各ステップの時間的重複を図っていることです。

つまり，とりわけ競争が激しく，市場ニーズの変化や技術進歩が急速な業界では，新製品開発におけるあまりに慎重なアプローチは逆に発売を遅らせ，競合品への出遅れ，市場ニーズへの遅れ，技術的陳腐化といった事態をもたらしかねません。そのため，こうした業界では，新製品の開発過程をスピードアップする必要が叫ばれてきました。図7-1のような新製品開発過程を逐次進むのではなく，重複を含みながら進むというやり方は，このスピードアップのための方策だといえるでしょう。

第2の特徴は，市場導入後に継続的に改良製品を投入することによって，市場ニーズとのよりよい適合を図ってきた点です。

多くの日本メーカーにおいては，新製品の開発過程は必ずしも市場導入で終わりにはなりません。市場導入後も市場ニーズとの微調整，あるいは競合メーカーとの対抗のために，製品そのものや他のマーケティング手段に関して絶え間ない改善努力が続けられます。

新製品の導入にあたって市場ニーズをより正確に把握することは不可欠ですが，いかに周到な準備を行ったとしても，それには限界があります。したがって，事前に市場ニーズの把握に努めるにしても，さらに市場導入後も製品と市場ニーズの適合度合いを追跡し，絶えざる改善努力を行うことが必要になります。実際，市場導入当初は市場ニーズを的確に捉えていなかったにもかかわらず，その後の改善努力によって適合を図り，大きな成功を収めた新製品の例は，これまでにも数多くみることができます。

しかも，いかに画期的な新製品を開発したとしても，その市場が魅力的であればあるほど，競合企業による対抗製品の導入は不可避です。それゆえ，競争上の優位性を維持していくためには，常に競合企業の一歩先を行く製品開発が求められます。

この継続的な改善を行っていくうえで大切なのは，新製品開発のスピードアップであり，そのための工夫として，多くの日本企業では，新製

品開発過程において各ステップの時間的重複が図られてきました。つまり，新製品開発過程の各ステップの時間的重複とそれによる新製品開発のスピードアップは，市場ニーズへのよりよい適合と競争上の優位性の維持のためにも必要とされてきたわけです。

　かつて，欧米の企業には新製品の開発過程を順次たどっていくという意味でリレー型のアプローチをとるところが多いのに対し，日本の企業では，重複を含み前後しながら開発過程を進んでいくという意味で，**ラグビー型**のアプローチが多くみられるといわれてきました。このラグビー型アプローチによる新製品開発のスピードアップが，日本企業のマーケティング面での重要な強みとなってきました（竹内・野中 1986）。

新製品開発スピード競争の飽和化

　ただ，新製品開発のスピードアップが有効な競争手段であればあるほど，それができない企業は立ちゆかなくなります。そのため，スピードアップができない企業は，ライバルに追いつくべく，それを身につけようと努力するでしょうし，また，どうしても身につかない企業は，その市場に留まることが難しくなります。

　そのため，たとえある時期ある企業が新製品開発のスピードアップによって，優位な地位を築くことができたとしても，競争の過程で，ライバルのあるものはキャッチアップして，同じようにスピードアップを達成し，またあるものはそれらができないだけに撤退を余儀なくされます。実際，こうした強みをもつライバルに圧倒された企業のなかには，このいずれかの道を選んだものが少なくありません。

　したがって，やがて，生き残ったものの多くは，新製品開発のスピードアップができる企業ということになります。そうなると，新製品開発のスピードアップは，競争対抗の必要条件ではあるにしても，その有効性は低下せざるをえません。

　しかも，新製品開発のスピードアップによって次から次へと新製品を投入し，そのことによって逐次的に環境適応を図っていくというやり方は，業種にもよりますが，製造業などの場合は膨大な費用をともなうことが多いのです。そのため，競合企業が同様の対応を図ってきた場合に

は，利益が圧迫される可能性も少なくありません。

　このような状況のもとで，いかに効率よく新製品投入による市場適合と競争対抗を図っていくかは，日本の多く企業にとって，重要なマーケティング課題だといえるでしょう。

■■■ ■練習問題　　　　　　　　　　　　　　　　　**EXERCISES ■**

1. 特定の新製品を取り上げ，その新製品のマーケティング戦略と 4P を整理してください。

2. COLUMN「ミツカンの『においなっとう』」について，納豆を食べた後の口臭を気にするヘビー顧客とは異なった形で標的を設定していたら，メーカー希望小売価格や実売価格を通常製品以上に高めることは可能だったのでしょうか。もし可能だとするならば，どのような形で標的を設定すれば可能になったのでしょうか。あなたの考えを述べてください。

3. あなたがこれまでに購買した新製品のなかからいくつかを取り上げ，それぞれについて，あなたが図7-2のイノベーション採用者の範疇のいずれに属していたかを，そのときの行動をもとに考えてみましょう。なお，同じ人間であっても，製品によって，どの範疇に属するかは変わってくるのが普通です。

4. 特定の製品カテゴリー（例えばスマートフォン）の特定メーカーについて，昨年1年間に発売された新製品を調べ，それぞれの新製品の背後にあるメーカーの意図を考えてみましょう。

第 **8** 章

<u>Introduction</u>

　マーケティング戦略のあり方はマーケティングを取り巻
く環境のあり方，とりわけ市場環境や競争環境のあり方に
依存します。したがって，もし市場環境や競争環境をある
種のパターンに分類することができるのであれば，そのパ
ターン別にマーケティング戦略とマーケティング・ミック
スのあり方を分類できることになります。

　こうした環境のパターンに基づくマーケティング戦略と
マーケティング・ミックスのパターン化として最もよく知
られているのが，製品ライフサイクル（Product Life Cycle:
PLC）の考え方です。

　本章では，製品ライフサイクルとはいかなるものであり，
その各段階がどのような特徴をもって，いかなるマーケテ
ィング施策を必要とするかを検討します。最後に，製品ラ
イフサイクルの問題点と意義に言及します。

製品ライフサイクルと
マーケティング戦略

1. 製品ライフサイクルとは

　製品ライフサイクルとは，ある製品が市場に導入されてから，最終的に消えていくまでの過程を，人間の一生になぞらえて捉えたものです。図8-1はこれを例示したものです。

　図に示されているように，製品ライフサイクルは通常，導入期，成長期，成熟期，衰退期の4つの段階に区分されます。製品ライフサイクルの考え方の最も重要な点は，その各段階によって，売上や利益の水準が変わってくるだけでなく，市場環境や競争環境などの特性が異なるため，それぞれに適切なマーケティング施策が変わってくるということです。

　製品ライフサイクルの考え方は，製品カテゴリー全体（例えばビール），特定の製品タイプ（例えばプレミアムビール），個々のモデル（例えばサントリー・モルツ）のいずれにも適用可能です。ただ，図8-1に示したような形状のカーブが当てはまるのは，製品タイプが多いようです。とはいえ，大切なことは，製品ライフサイクルの各段階が識別可能であることに加え，それぞれの段階の間で，マーケティングの観点から有意味な環境の違いが存在することです。

　それでは，製品ライフサイクルの段階別の検討に進みましょう。

2. 導 入 期

導入期の存在理由

　なぜ導入期が存在するのでしょうか。それには，多くの理由があります。

　その新製品が画期的なものであればあるほど，消費者の理解は低く，購買をためらう可能性は高くなるでしょう。同様に，小売店も

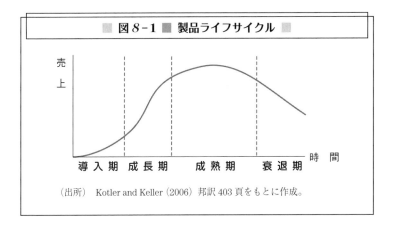

■ 図8-1 ■ 製品ライフサイクル ■

（出所）　Kotler and Keller（2006）邦訳 403 頁をもとに作成。

よくわからない製品の取り扱いをためらう可能性があります。また，場合によっては，製品自体に解決されていない技術的問題などがあるかもしれません。これらの要因は，新製品の売上の伸びを抑え込む方向で作用します。

　新製品は，生産における習熟度の低さのためコストが高いということもあるでしょうし，取扱小売店を増やしたり，消費者による理解を高めたりするための費用もかかるでしょう。

　そのため，多くの新製品の場合，市場導入後，売上が緩慢にしか伸びないとともに，利益の確保も難しい傾向にあります。だから導入期が存在するわけです。

　また，ファックスが普及したときには，周りの人がファックスをもっていないと，自分だけもっていても仕方がないので，買うのがためらわれるということがありました。こうした現象を**ネットワーク外部性**といいます。

導入期のマーケティング
　こうした導入期におけるマーケティングでは，シェア争いという

215

よりは，当該製品に対する市場の拡大が目指されます。つまり，まだ使っていない人々にいかに使ってもらえるようにするかが焦点となります。前章で述べたように，そのマーケティングの標的は，普及過程における革新者や初期少数採用者となります。

　具体的なマーケティング戦略においては，当該製品の本来の機能の訴求に焦点が置かれます。

　また，その新製品が画期的なものであればあるほど，取扱小売店を絞り込み（狭い流通チャネル），小売店頭で丁寧な情報提供を行っていくことが必要になります。つまり，プッシュ型のプロモーションです。小売店頭での丁寧な情報提供の具体的なやり方は，製品によって異なりますが，小売店員による説明が有効になることも少なくありません。

　導入期の価格政策については，大きく分けて2つのタイプがあります。**上澄み吸収価格政策**と**浸透価格政策**です。

　上澄み吸収価格政策とは，当初は高価格でスタートし，高価格でも新製品を買ってくれる層へ販売し，その後徐々に価格を低下させ，それぞれの価格で買ってくれる層を押さえていくというやり方です。この価格政策の狙いは，製品開発のための投資の早期回収です。

　これに対して，浸透価格政策とは，新製品の発売にあたって思い切った低価格を設定して，需要の急速な拡大を狙い，それによって可能になった規模効果や経験効果による費用の低下をいっそうの価格切り下げに向け，新規参入を目指す競合企業に対し有利な費用地位を得ようとするものです。

参入時期の決定

　製品ライフサイクルの導入期の特徴と関連して，もう1つ検討する必要があるのは，新製品が開発されたとしても，導入期から参入すべきかどうかです。

　より早い段階から参入すれば，赤字を覚悟しなければならないだけではなく，その製品の市場が本当に花開くかどうかも不確実なため，リスクは大きくなります。しかし，より早い段階で参入すれば，先発としてのイメージを形成し，小売店での売り場を確保し，経験効果を活用してより低い費用を実現することが可能になるかもしれません。先発企業のやり方が業界標準になりやすいということもあるでしょう。このほか，革新者や初期少数採用者である導入期の顧客たちが，今後，市場に現れるであろう前期や後期の多数採用者に好ましい影響を及ぼすということもあります。これらが，**先発のメリット**です。

　これに対して，当該製品の市場がどの程度の規模になるか，また技術的な問題がどのように解決されるかなどを見定めてから参入すれば，ビジネスとしてのリスクは低下します。また，その製品に関して，どのような顧客がどのような価値を求めているかについても，先発メーカーの試行錯誤を参考に見極めてから参入するということも可能かもしれません。さらに，消費者や流通業者からの理解を得るための努力も少なくてすみ，そうした費用もあまりかからないでしょう。しかし，参入が遅れれば，先発メリットのちょうど逆で，消費者に対するイメージや小売店での売り場確保の後れ，経験効果に基づく費用面でのデメリットが予想されます。

　したがって，技術的に可能だからといって，直ちに先発メーカーとして参入すべきだとは簡単にはいえません。先発するのであるならば，先発することによるリスクやメリットがどれだけあるのかの評価とともに，リスクをできるだけ小さくするための工夫があるのか，先発のメリットを大きくするための戦略があるのかといった検討が必要でしょう。逆に，先発しなくとも，当該製品の分野では高い知名度があったり，流通面で優位性（後発でも小売店での取り扱いを確保できる影響力）があったりするならば，無理してリスクを冒

し先発する必要はないかもしれません。

3. 成　長　期

成長期の特徴

　成長期になると，売上は急成長します。その理由は1つには，消費者の間で当該新製品への理解が進み，前期多数採用者が購買するようになるからです。市場の拡大にともない経験効果や規模効果により製造費用が低下し，売上に対するプロモーション費用の割合も低下するため，利益も拡大します。

　この動きに対応して，競合企業も参入します。競合企業が参入すると，供給能力が増えるとともに，業界全体としてのプロモーション努力や取扱小売店を増やす努力も拡大し，そのことがさらに売上を拡大することになります。

成長期の競争

　競合企業の参入により競争が生まれますが，この段階での競争は，第1章でみたように，後の段階でみられるようなシェアの奪い合いというよりも，市場全体が伸びているだけに，市場拡大競争という性格が強くなります。そのため，場合によっては，マーケティングの善し悪しよりも，供給力がものをいうこともあります。

　ただ，市場全体の伸びが低下し，競合企業間でシェアの奪い合いが始まる成熟期になると，競争企業間で対抗意識が強くなるとともに，消費者の購買習慣や小売店頭での棚スペースの配分が定まって，シェアの挽回がなかなか難しくなるため，成長期のうちにシェアを確保することは大切です。成長期で高いシェアを獲得し，それを成熟期まで維持することができれば，成熟期でさらに大きな利益を期待することができます。

成長期のマーケティング

　消費者の間で当該製品の本来の機能に関する理解が進み，それが当たり前になってくるため，マーケティングに関しては，副次的な機能やデザインなどが強調される傾向にあります。また，市場の中心が初期少数採用者から前期多数採用者に移るにともない，相対的に関心の低い層へ市場標的が拡大するため，価格の切り下げが必要になります。先に述べた成長期における製造費用やプロモーション費用の低下は，これを可能にするわけです。また，市場標的の拡大にともない，取扱小売店が拡大されたり，よりプル型のプロモーションが強調されたりすることになります。

4. 成　熟　期

成熟期の特徴

　成熟期に入ると，市場全体の伸びは低下し，その結果，競合企業間でシェアを奪い合うという形での競争が激化します。そのため，成熟期においては，第1章で述べたように，成長期と比べ，より競争を意識した形でマーケティングが行われることになります。

　新規需要は，後期多数採用者の一部と採用遅滞者となり，買い替え需要や買い増し需要が大きな役割を果たすようになります。また，一般に成熟期はかなり長期にわたると考えられています。

　成熟期に入ると競争は激化しますが，やがて一部の企業の退出が始まり，高いシェアを維持できた企業は，安定した利益を得ることができるようになります。

成熟期のマーケティング

　成熟期において各企業がどのようなマーケティングを行うべきかを示したのが，第1章第5節で取り上げた，リーダー，チャレン

ジャー，ニッチャー，フォロワーの競争対抗戦略類型です。

　成熟期になると，競合企業に対する差別化の重要性が高まるとともに，とくにリーダー企業にとっては，市場拡大も重要です。

　第4章第1節で示した成長マトリクスは，成熟期におけるマーケティングの方向を検討するさいの整理枠を提供します。そのなかで，例えばより多くの機会での使用の促進や機会当たりの使用量の拡大による市場浸透，あるいは新たな市場・セグメントへの進出や新用途の開発による市場開発などは，しばしば有力な方向となります。また，製品開発により買い替えや買い増しを促進するというのもよくみられる方向です。

5. 衰退期

衰退期と撤退時期

　代替製品の登場や消費者の好みの変化などにより，製品にはやがて**衰退期**が訪れます。衰退期を迎えると，売上と利益は全般的に低下し，その結果，撤退する企業が現れます。

　衰退期においては，いつ衰退期に入ったかの識別とともに，どのタイミングで撤退するかの時期の見定めが非常に重要になります。撤退が遅れると，利益が低下しやがては損失を被るのみならず，将来有望な製品への資源配分が遅れ，ポートフォリオの健全さが失われます。しかし，安易な撤退は従来からの取引先に迷惑をかけ，他の製品におけるその取引先との取引に悪い影響を及ぼしかねません。したがって，撤退にあたっては，当該事業を売却するなり，これまでの競合企業に取引を引き継ぐなりといった配慮が必要になります。

残存者利益の獲得

　ただ，場合によっては，衰退期の業界に踏みとどまることによっ

て，いわゆる**収穫**という形で，**残存者利益**の享受が可能になること
もあります。

　例えば，デジタル・カメラ全盛の時代になっても，**富士フイルム**
などのメーカーは旧来の**写真フィルム**の生産を続けていますが，こ
れらは，メーカーとしての供給責任を果たすという側面もあるにせ
よ，衰退期での残存者利益を狙ったものとみることができるでしょ
う。

　また，**全自動洗濯機**が主流であるにもかかわらず，**2槽式洗濯機**
が残存していたり，スマートフォンでさえ電卓機能をもっているの
に電卓専用機が生き残っていたりするのも，同様の現象とみてよい
でしょう。

　しかし，衰退期の残存者利益は多くの企業を潤すだけの規模では
ありません。そのため，残存者利益を手にするためには，競合企業
を撤退に導く手立てが必要になることもあります。例えば，競合企
業から当該製品部門を買い取るとか，撤退見込みの競合企業から取
引先を引き継ぐといった手立てです。

6. 製品ライフサイクルの問題点と意義

　製品ライフサイクルの考え方は，直観的にも理解しやすいもので
すが，いくつかの問題点も指摘されています。

売上曲線の形状

　その1つは，実際に売上の推移を曲線に描いてみると，なかなか
図8-1のようにはならず，きわめて多様な形状を示し，現在どの
段階にいるのかの識別が難しい，というものです。導入期が延々と
続いたり，一瞬ブームが訪れ，その後に売上が急降下したりすると
いった事例は珍しいものではありません。また，成熟期がきわめて

長期にわたるというのはむしろ普通です。

　さらに，いったん成熟期に入った後に，成長期に戻るという現象すらみられます。例えば，**機械式ウォッチ**は，1980 年代に，**クオーツ・ウォッチ**の台頭により，衰退期に入ったとみられていましたが，その後 1990 年代になると復活し，明らかに成長期を迎えるようになりました（第 2 章の COLUMN ならびに第 6 章の練習問題 3 を参照）。日本における**ウィスキー**は，1980 年代前半頃までは酒類の中核を占めてきましたが，その後はアルコール離れや低アルコール飲料への流れのなかで衰退期に入っていきました。それが，2009 年頃から炭酸で割ってレモンを搾る**ハイボール**が提案され，再び息を吹き返しました（COLUMN 参照）。

COLUMN

ウィスキーとハイボール

　2009 年頃から日本では，ウィスキーのハイボールという飲み方が人気になり，それにともなって，ウィスキーの売上も増大していきました。

　しかし，ウィスキーはもとより，ウィスキーを炭酸で割るハイボールという飲み方も，決して新しいものではありません。

　日本のウィスキーは，戦前の 1923 年に**サントリー**が山崎蒸留所を建設したことに始まり，29 年に国産第 1 号ウィスキーの発売，さらに 37 年に「角瓶」の発売と続き，その後長いライフサイクルを描いて今日に至っています。このライフサイクルはおそらく，1970 年代初めに成長期に入り，80 年代の前半に売上のピークを迎えています。しかし，1980 年代の後半からは急速に需要が低下し，トップ・メーカーであるサントリーの場合，2008 年の売上は数量ベースでのピーク時の 5 分の 1 にまで落ち込みました。サントリーからハイボールが提案された 2008 年には，ウィスキーのライフサ

イクルは衰退期に入っていたと考えられていました。

　ハイボールは，居酒屋などでビールやチューハイに代わるものとして提案されるとともに，ロングセラーのウィスキーであるサントリー「角瓶」を用いた缶飲料「角ハイボール」という形でも売り出されました。2009 年発売のこの「角ハイボール」はヒット製品になりました。その後は，他のウィスキーでも同様の飲料が発売されるとともに，他のメーカーも類似の動きをとるようになりました。

　ハイボールによるウィスキーの復活は，低アルコール飲料が主流のなかで，ウィスキーを炭酸で割り（ウィスキー 1 対炭酸 4）さらにレモンを加えるなどした提案が若者に受け入れられたとともに，かつてウィスキーに慣れ親しんでいたシニア層も引き寄せたことが指摘されています。また，外食，家庭内の双方の場面で飲まれていることも特徴的でした。

　なお，このハイボールと比べると，昭和時代に飲まれていたハイボールは，アルコール度数がやや濃いめで，ウィスキー 1 対炭酸 3 程度といわれています。

　この現象をライフサイクルの観点からはどのように理解したらよいのでしょうか。差し当たり考えられるのは，以下の 4 つの可能性でしょう。

(1)　ウィスキーがライフサイクルの衰退期にあることには変わりはなく，2009 年からの動きは一時的な変動にすぎない。

(2)　いったんライフサイクルの衰退期に入っていたウィスキーという製品が，新たな飲み方の提案により，復活して，成長期に戻った。

(3)　ウィスキー自体は，さまざまな飲み物を可能にする素材の 1 つにすぎず，過去に飲まれていたストレート，オン・ザ・ロック，水割りなどと「薄めの果汁入りハイボール」は別の製品であり，別のライフサイクルを描いている。

　(4)　(2)と(3)の組み合わせ。つまり，「薄め果汁入りハイボール」
　　が新たなアルコール飲料として登場したが，それを気に入った
　　消費者がウィスキーの味を再発見し，すでに衰退期に入った既
　　存のウィスキーのライフサイクルを活性化させつつある。
　あなたはどれだと思いますか。

　参考文献　週刊東洋経済（2011）；日経情報ストラテジー（2010）；
　http://www.suntory.co.jp/whisky/beginner/history/; http://www.suntory.
　co.jp/whisky/kakubin/。

規定要因なのか結果なのか

　この曲線の形状に関する指摘とも関連するいま1つの問題点は，
売上曲線自体はマーケティング戦略の規定要因ではなく，マーケテ
ィングの結果ではないかというものです。つまり，成長期に入って
売上が急拡大するのは，多くの企業がマーケティング努力を増やす
からであり，また，衰退期で売上が減少するのは，各企業が衰退期
に入ったという理由により，退出したりマーケティング努力を減ら
したりするからで，図8-1のような曲線は，そうしたマーケティ
ングの結果ではないかということです。

製品ライフサイクルの意義

　確かに，実際の売上の推移はさまざまな形状を描きますし，その
形状は各企業のマーケティングのあり方によって変わってきます。
しかし，ある製品が誕生してから消えていくまでの間に，その製品
の特性が製品ライフサイクルの段階に応じて変わってくることは間
違いないものと思われます。
　要は，製品の特性がこのように推移する傾向にあるということで
す。この傾向を前提に考えれば，たとえ売上曲線が図8-1の通り
にならなくても，製品の特性がどのように変わっていくかを理解し，

表8−1 ■ 製品ライフサイクル各段階の特性とマーケティング目的

特 性	導 入 期	成 長 期	成 熟 期	衰 退 期
売 上	低水準	急速に上昇	ピーク	減 少
顧客1人当たり費用	高	平均的	低	低
利 益	マイナス	上 昇	高	減 少
顧 客	革新者	初期採用者	多数採用者	採用遅滞者
競合業者	少ない	増 加	横這いから減少	減 少
マーケティング目的	製品の知名と試用の促進	市場シェアの最大化	市場シェアの防御と利益の最大化	支出の削減とブランドからの収穫

（出所） Kotler and Keller (2016), p.379 を一部修正。

それに応じてマーケティングのあり方を変えていくことが可能になります。

　例えば，すでに新規購買者のほとんどは後期多数採用者で，売上も，年々の上下はあってももはや大きな伸びはないということになれば，成熟期に入った可能性が高く，その認識のもとで，衰退期に備えることもできれば，成熟期を延ばすための方策を検討することもできるわけです。

　表8−1は，製品ライフサイクルの各段階のこうした特性とマーケティング目的をまとめたものです。

7. まとめ

　製品ライフサイクルとは，ある製品が市場に導入されてから，最終的に消えていくまでの過程を，人間の一生になぞらえて捉えたもので，通常，導入期，成長期，成熟期，衰退期に分類されます。

　マーケティング戦略形成にとって大切なことは，製品ライフサイ

クルの段階によって，市場環境や競争環境が異なり，それに応じて，適切なマーケティング戦略やマーケティング・ミックスのあり方が変わってくることです。したがって，製品ライフサイクルのどの段階にいるのかがわかれば，どのようなマーケティング戦略をとるべきかもある程度はわかるわけです。

　もちろん，実際の売上の推移はさまざまな形状を描きますし，その形状は各企業のマーケティングのあり方によって変わってきます。しかし，ある製品が誕生してから消えていくまでの間に，その製品の特性が製品ライフサイクルの段階に応じて変わってくることは間違いないわけで，そうである以上，製品ライフサイクルの段階に応じてマーケティング戦略を考えるというやり方は，一定の有効性をもつものと思われます。

■■■■■ 練習問題　　　　　　　　　　　　　　　Exercises ■

1. 製品ライフサイクルの段階が移ったことにより，業界内各社のマーケティングに変化がみられた事例を挙げてください。
2. 製品ライフサイクルの衰退期にあるにもかかわらず，うまく残存者利益を獲得している事例を探し，なぜそれが可能になったのかを考えてみましょう。
3. COLUMN で示したウィスキーのライフサイクルについて，あなたはどの可能性を支持しますか。

第3部 マーケティング・ミックスの策定

　市場機会を探索・評価して，対応すべき市場機会が決まり，その市場機会に向けてマーケティング戦略が形成されると，標的市場が決まって市場環境をはじめとする環境要因もより特定化されます。また，そのなかでいかなる価値をいかなる方法で提供していくかも示されます。その結果，具体的なマーケティング手段の組み合わせ，すなわち具体的なマーケティング・ミックスの大枠があたえられます。

　ただ，マーケティング戦略によってマーケティング・ミックスの大枠があたえられたとしても，実際にマーケティング・ミックスを策定するにあたっては，さらにさまざまな決定が行われなければなりません。

　一例として，価格を考えてみると，その決定のためにはまず，顧客が価格に対してどのような感度をもっているかを知る必要があります。

　第7章のCOLUMNで取り上げた「におわなっとう」の場合，機能性納豆という市場機会があたえられただけでは，それに対する顧客の価格感度といっても，かなり漠然とした話です。それが，マーケティング戦略として，「ヘビー顧客」という標的市場，独自技術による「臭わない納豆」という提供方法と提供価値があたえられると，顧客の価格感度に関する見通しもかなり具体的になってきます。

　マーケティング戦略が決まれば，同様に，標的市場に関わる競争圧力，そのマーケティング戦略に要する費用，そのマーケティング戦略で目指す目標も明確になり，これらをもとに，より具体

的な価格の決定が可能になります。

　製品政策，プロモーション政策，流通チャネル政策においても，同様の形で，マーケティング戦略からあたえられる大枠のもとで，具体的な内容が決定され，マーケティング・ミックスが構成されます。

　第3部の各章ではこれらが検討されます。

第 *9* 章

製品政策

Introduction

　マーケティング戦略によって標的市場に加え，提供価値と提供方法があたえられると，製品の基本的な内容は決まってきますが，実際の製品政策を展開するにあたっては，それを具体的にどのような製品で実現するか，どのようなサービスを付随させるかが決められなければなりません。また，多くの場合，企業は複数の製品から成る製品ラインを形成しますが，この製品ラインのあり方も，製品政策の重要な側面です。さらに，製品に付けられるブランドも，製品の大切な一部として，検討されなければなりません。

　本章では，マーケティング戦略を具体的な製品政策として展開するためには，どのような検討が必要かを考えるとともに，製品の一形態であるサービス（無形製品）のマーケティングについても取り上げます。

1. 製品の種類

製品政策の議論に入る前に，製品の種類に関する基本的な用語の整理をしておきましょう。

耐久財，非耐久財，サービス

マーケティング・ミックス構成要素としての製品は，まず，**耐久財，非耐久財，サービス**に分類されます。耐久財とは，テレビや自動車などのように，繰り返しての使用に耐える有形財です。したがって，通常は購買頻度が低くなります。これに対して，非耐久財とは，飲料，洗剤などのように，毎回の消費によって消耗し，なくなってしまう有形財で，こちらは購買頻度が高くなる傾向にあります。非耐久財のマーケティングではとりわけ，**初回購買**に向けたマーケティングと**反復購買**に向けたマーケティングを区別して考える必要があります。

サービスとは，散髪，教育，外食などで，無形で，提供と同時に消費されるため，在庫できないといった特性をもちます。また，サービスの提供は人手に頼る部分が多くなり，質のばらつきをなくすことが課題になります。

消費財と生産財

製品は用途により，**消費財**と**生産財**に分けることもできます。消費財とは最終消費者向けの製品であり，生産財とはなんらかの生産活動に用いられる製品です。生産財のマーケティングでは，購買決定者の見極めが簡単ではなかったり，購買決定者が高度な知識や判断力をもっていたりすることがあります。そのため，生産財のマーケティングでは消費財マーケティングにはない配慮も必要ですが，

マーケティングの基本は，消費財でも生産財でも同じです。なお，本書では，身近であるという理由から，主に消費財マーケティングを想定して，議論を進めています。

消費財に関しては，消費者の購買習慣から，**最寄り品**，**買回り品**，**専門品**の3つのカテゴリーへの分類がしばしば用いられてきました。ただ，この3つのカテゴリーへの分類は有名ですが，最寄り品，買回り品，専門品の定義について，必ずしも統一的な理解があるわけではありません。あえて議論の収束点を求めれば，最寄り品とは，購買にあたって買回りによる情報探索が行われず，ブランド間の選好順位へのこだわりが少ない商品，買回り品とは，購買にあたって買回りによる情報探索が行われる商品，専門品とは，購買にあたって買回りによる情報探索が行われず，ブランド間の選好順位へのこだわりが大きい商品ということになると思います（Bucklin 1963）。

なお，生産財は，顧客企業の製品の一部となる**材料・部品**，長期にわたって生産や管理などに用いられる**資本財**，日常業務を支える製品やサービスである **MRO**（Maintenance: 保守, Repair: 修理, Operation: 操業）の3つに分類されます。MRO には，機械の交換部品や補修用品，文房具などの消耗品や備品，清掃サービスなどが含まれます。

探索財，経験財，信用財

さらに，各製品は，消費財であれ生産財であれ，その内容をどのようにして評価できるのかによって，**探索財**，**経験財**，**信用財**に分類されることがあります（Nelson 1970; Darby and Karni 1973）。厳密には，探索財とは探索属性が重要な役割を果たす製品であり，経験財や信用財も同様に，重要な役割を果たす属性に従って定義されます。

探索属性とは，消費者が購買前に製品を検分してその内容を評価

する属性です。例えば，スマートフォンは，パンフレットを見たり，現物を見たりして重要な属性を評価し，それぞれの製品の魅力を見極めます。つまり，探索属性が大きな役割を果たす探索財ということになります。

次に，経験属性とは，製品を購入・消費したうえで評価する属性です。例えば，カップラーメンを評価するうえで重要な役割を果たす味という属性は，実際に製品を購入・消費して評価するのがよいわけで，したがってカップラーメンは経験財ということになります。

信用属性とは，消費者が製品を消費した後でさえ評価できない属性です。例えば，骨を強くする食品といわれても，その効能は特殊な検査でも受けない限りなかなか確認できません。ハードディスクの耐久性というのも，耐久性がないことがわかったときにはもう手遅れで，信用属性と考えてよいでしょう。この信用属性が大きな役割を果たす製品が信用財です。

2. 製品とはなにか

広い意味での製品

製品政策の出発点はどのような価値を顧客に提供するかであり，それは，マーケティング戦略による提供価値からあたえられます。

マーケティングの分野で最も影響力のあった研究者の1人として知られているハーバード・ビジネス・スクールのセオドア・レビット教授は，かつて「ドリルを買っている人々はドリルそのものを必要としているのではなく，穴を必要としている」という有名な例を用いて，消費者が有形な製品を購買する場合でも，実際に必要としているのは，製品が提供する**中心的便益**（提供価値）であることを説明しました。この中心的便益は**中核製品**とも呼ばれます（Levitt 1969）。

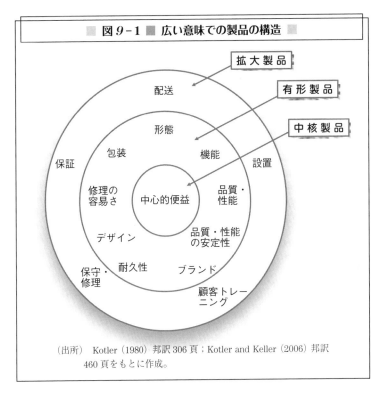

図9-1　広い意味での製品の構造

拡大製品

有形製品

中核製品

配送

形態

包装　　　　機能

保証　　　　　　　　　　　　　設置

修理の　　中心的便益　　品質・
容易さ　　　　　　　　性能

デザイン　　　　　　品質・性能
の安定性

保守・　耐久性　　ブランド
修理

顧客トレー
ニング

（出所）　Kotler（1980）邦訳306頁；Kotler and Keller（2006）邦訳
460頁をもとに作成。

　この中核製品が形態，機能，品質・性能，品質・性能の安定性，
ブランド，耐久性，デザイン，修理の容易さ，包装といった特性を
まとって，**有形製品**となります。さらに，有形製品に，配送，設置，
顧客トレーニング，保守・修理，保証といった**付随サービス**が加わ
って，**拡大製品**が構成されます（Kotler 1980; Kotler and Keller 2006）。
また，価格も，取引条件の1つですから，この拡大製品の一部と考
えることもできないことはありません。

　これらの関係は，図9-1のように，整理することができます。
中核製品，有形製品，拡大製品から成る全体が，**広い意味での製品**

です。マーケティング・ミックスで検討すべき製品とは，単なる物理的製品（有形製品）ではなく，中核製品を中心に形成される，広い意味での製品となるわけです。したがって，マーケティング・ミックスの設定においては，図の各要素が決定されなければなりません。逆にいえば，これだけの差別化要素があるとみることもできます。

有 形 製 品

有形製品には，多くの差別化の次元が存在します。

製品の形態も重要な差別化要素です。例えば，P&Gがアリエールという洗剤をジェルボール状にしたというのは形態における差別化ということになります（写真参照）。

また，新たな機能を付加したり，性能や品質を高めることによって差別化を図ったりするというのは，よくみられるところです。パソコンやスマートフォンは，基礎となる技術の進歩もあって，性能や機能を高めた製品が次々と投入されています。

さらに，工場でつくられる工業製品であっても，品質に多少のばらつきがあるのは珍しくないことです。したがって，そうしたばらつきを抑えた安定性は，場合によっては重要な差別化要素になります。

自動車や冷蔵庫のような製品では，製品の**耐久性**も重要な差別化要素です。ただ，自社の製品が耐久性に優れていたとしても，それを顧客に訴求することは簡単ではありません。それは，耐久性という属性が，先の信用属性にあたるからです。そのため，耐久性のような属性を差別化の対象として訴求するためには，例えばそれを反映した形で保証期間をより長くするなどの工夫が必要になります。

デザインも製品の魅力の重要な要素です。とりわけ機能や品質・性能での差別化が難しい状況では，デザインの重要性は高まります。

したがって，コモディティ化
（第 1 章第 7 節を参照）の進行
が叫ばれる今日のような状況
では，デザインは，アパレル
製品はいうに及ばず，他の多
くの工業製品でも，重要な差
別化要素とみるべきでしょう。

ただ，他方で，デザインは，

P&G アリエール パワージェルボール

製品の機能，品質・性能，費
用などにも影響を及ぼします。デザインをよくしたばっかりに，機
能が犠牲になったり，価格が高くなったりした場合，果たして顧客
がそれを受け入れるかについて見極めが重要になります。

　修理の容易さとは，故障や部品の交換にさいして，例えば自分で
簡単にできるならば，それは製品自体の魅力につながるでしょう。
また，サービス・スタッフに依頼するにしても，修理が容易ならば
費用も安くすむため，やはり差別化の要素となります。

　包装には通常 3 つのレベルがあるといわれています。歯磨きはチ
ューブに入っています。このチューブが一次包装です。一次包装は
多くの場合，製品そのものの一部と考えてよいでしょう。一次包装
では，製品に関する情報伝達とともに，使いやすさや消費の促進と
いうのも大切な考慮事項になります。そのチューブは通常紙の箱に
入っています。これが二次包装で，セルフサービスの小売店での販
売では，大きな役割を果たします。二次包装はしたがって，プロモ
ーション手段としての役割も担っています。もちろん，一次包装と
二次包装が一体化している場合もあります。さらに，二次包装は，
輸送用の箱（輸送用包装）にダース単位で入っています。

　これらの包装はその製品のブランド・イメージや情報伝達に貢献
するとともに，さまざまな形で差別化に貢献します。例えば，醤油

の鮮度を保つ密封ボトルは重要な差別化要因となりました。ハンド
ソープの容器では使いやすさとともに，デザインも重視されるでし
ょう。iPhone の外箱は製品の魅力の一部と考えられています。ま
た，日本コカ・コーラのミネラル・ウォーター「い・ろ・は・す」
にみられるように，環境への影響も包装における重要な考慮要因と
なっています。こういった例は枚挙に暇がないでしょう。

　なお，ブランドによる差別化は，現代マーケティングのとくに重
要な要素なので，本章第4節で改めて説明したいと思います。

拡 大 製 品

　拡大製品の構成要素としての配送は，顧客への製品の配送におけ
るスピード，正確さ，丁寧さなどから構成されます。メーカーであ
っても，消費者に直接配送したり，流通業者に配送したりする必要
があるわけで，そのさい，丁寧さはいうに及ばず，敏速かつ正確な
配送が競争上重要な役割を果たすことは少なくありません。

　消費者にとって，敏速かつ正確な配送が価値あるサービスである
ことは当然でしょう。しかし，今日，敏速かつ正確な配送がとりわ
け注目されているのは，流通業者や工場など，企業顧客向けの配送
です。というのは，企業顧客にとって，敏速かつ正確な配送が約束
されていれば，必要に迫られたぎりぎりまで発注を延期し，在庫を
減らすことが可能になり，結果としてリスクや費用を下げることが
可能になるからです。この点について詳しくは，第12章第3節で
「延期と投機」という形で説明します。

　大型製品の販売にあたっては，設置のサービスも重要な差別化要
素です。消費財であっても，大型冷蔵庫のような製品では設置サー
ビスは多くの場合欠かせませんし，業務用の複雑なシステムではな
おさらです。

　業務用の製品は言うに及ばず，消費財であっても，製品が複雑で

あるほど，その扱い方に関する**顧客トレーニング**も，拡大製品の重要な一部です。これには，複雑な工場設備の操作方法の研修から，パソコン教室，顧客自宅での操作方法の説明まで，さまざまなものが含まれます。

　保守・修理とは，購入された製品が正常に動作するよう保つためのサービスです。例えば，オフィスで使うコピー機の場合は，保守担当のスタッフが定期的に点検に来て，必要に応じて部品を交換してくれます。それでもコピー機が故障することはあります。コピー機が故障すると仕事に支障が生じます。そんなとき，数時間で直しに来てくれれば便利です。つまり，敏速な修理は1つの差別化になります。同様に，家でテレビが壊れれば，メーカーなり小売店に連絡すると，修理スタッフが直しに来てくれます。顧客にとっては，修理スタッフがすぐに来てくれて，きちんと直してくれれば，やはり満足度は上がります。さらに，離れた場所から遠隔で診断保守を行うということも行われています。こうした動きは，第6章第5節で価値共創の関連でも取り上げたように，広がりをみせています。

　保証には，英語でいうところの，ワランティとギャランティがあります。

　ワランティとは，一定期間に生じた故障に交換や修理によって無償で対応するものです。ワランティは購買にともなう顧客の不安を緩和する役割を果たすとともに，先に述べたように，耐久性のような信用属性を訴求する役割も担います。

　これに対して，ギャランティとは，企業が顧客に提供する約束事で，例えば「満足いただけなければ全額返金します」とか，建設会社がアパートを建てた後の家賃収入を一定期間保証するとかで，これも購買にともなう顧客の不安を解消するものだといえるでしょう。

3. 製品ライン政策

製品カテゴリーと製品ライン

第2章第3節でも説明しましたが，同一の機能をもつ製品のグループを**製品カテゴリー**といいます。例えば，消費者向けの冷蔵庫，乗用車，スマートフォン，ヨーグルト，シャンプーなどは，いずれも製品カテゴリーです。

ある企業がある製品カテゴリーで販売している品目は，通常，単一ではありません。1つの製品カテゴリーに対して複数の品目を販売しているのが普通です。なお，**品目**とは，製品を識別する最小単位です。家電製品などの場合，品目は固有の型番をもっているのが普通です。

ある企業がある製品カテゴリーでもっている品目のグループは**製品ライン**と呼ばれます。ある企業がある製品カテゴリーにおいて単一の製品ラインをもつこともあれば，複数の製品ラインをもつこともあります。例えば，洗濯機と掃除機には1つずつの製品ラインをもち，冷蔵庫では家庭用と業務用の2つの製品ラインをもつといった具合です。

製品政策においては，この製品ラインに関する決定がなされなければなりません。

製品ライン政策の3つの次元

製品ライン政策には，通常，幅，長さ，深さの3つの次元があるといわれています。

幅とは，製品ラインの数のことです。この決定には，製品ライン間の必要資源の共通性や健全なポートフォリオ（第4章第4節を参照）の維持という観点が重要になります。

　長さとは，当該製品カテゴリーにおいて扱う価格帯の範囲を意味します。これに対して，深さは個々の価格帯において提供されるタイプの数（品目数）です。製品ラインの長さや深さは，いずれも市場細分化のあり方に関わります。

　なお，場合によっては，個々の製品ラインに属する製品の数を製品ラインの長さと呼び，それぞれの製品に含まれるタイプの数を深さと呼ぶこともあります。本書では，長さを価格帯の範囲，深さを各価格帯で提供されるタイプの数としておきましょう。

　製品ラインを構成するにあたっては，個々の品目の追加，廃棄，変更によって，全体をリニューアルしたり，高価格帯に進出（トレーディング・アップ）したり，低価格帯に進出（トレーディング・ダウン）したりといった，**ライン・ストレッチング**の施策が行われます。

　一般に，高価格帯から低価格帯へ進出するトレーディング・ダウンは，高級品イメージの活用が可能なため，比較的容易であると考えられてきました。例えば，**メルセデス・ベンツ**は高価格帯でのすばらしいイメージを携えてより低い価格帯へ進出し，それなりに受け入れられた例だといえるでしょう。

　ただ，トレーディング・ダウンは，やりすぎると，高価格帯製品のイメージを傷つける恐れもあれば，高価格帯製品と低価格帯製品の**共食い**の可能性もあるだけに，その部分の配慮は大切です。

　これに対して，トレーディング・アップは，イメージという面では難しい部分もありますが，経験効果をうまく活用することによってコスト面で優位に立ち，高価格帯で成功を収めている事例も少なくありません。

　ただ，高価格帯へ進めば進むほど，高価格製品としてのイメージの重要性も大きくなるため，ある段階よりも高い価格の製品については，別ブランドが導入される場合も多くみられます。

　これらのほか，中間的な価格帯から出発して，高低両方向へストレッチングしたり，既存の製品ラインの隙間を埋める**ライン・フィリング**を行ったりという事例もみられます。

モジュール化とマス・カスタマイゼーション

　製品ラインを構成するにあたっては，第5章第3節でもみたように，品目数を増やすことによる効果と費用が勘案されなければなりません。この文脈において近年注目を浴びているのが，製品の**モジュール化**と**マス・カスタマイゼーション**の考え方です。

　モジュールとは，製品を構成する部品のうち，他の部品との接続部分が標準化されているため，交換や追加が簡単にできるもののことをいいます。例えば，デスクトップ・パソコンのハードディスクは接続部分の規格が決まっているため，簡単に交換したり，追加したりすることができます。デスクトップ・パソコンの場合は，ハードディスク以外にも，メモリーなどさまざまな構成部品がモジュールになっています。そのため，製造段階においても，モジュールになっている部品の組み合わせで，多様なバリエーションを作り出すことが可能になります。**デル・コンピュータ**が提供している多様なバリエーションはこうして生み出されています。

　デスクトップ・パソコンのように，モジュール化された部品の組み合わせで多様なバリエーションを生み出すやり方を，マス・カスタマイゼーションといいます。一般消費者の目からはわかりにくくても，製造現場でマス・カスタマイゼーションが行われている場面は少なくありません。

　マス・カスタマイゼーションが行われることになれば，製品ラインの，とくに深さは容易に深まることになります。

■ 表 9-1 ■ サービス産業の比率

(単位：%)

	2005年	2010年	2015年	2020年
GDPに占める比率	72.1	73.4	73.1	73.1
就業者数に占める比率	68.6	71.1	72.3	73.8

(出所)　内閣府「国民経済計算年次推計」；総務省「労働力調査」をもとに作成。

4. サービス・マーケティング

　マーケティングはさまざまな対象に対して行われます。サービスもその対象の1つです。ただ，現代の日本においては，サービスのGDPや就業者数に占める比率は，表9-1にあるように，高い水準を維持しているだけに，**サービス・マーケティング**はとりわけ大きな重要性をもつものと思われます。

サービスの特性

　マーケティングを考えるうえで，サービスには有形財と大きく異なる特性があります。

　その第1は，目に見えないという，**無形性**です。無形性ゆえに，顧客はサービスの価値を事前に確かめることができません。そのため，サービス・マーケティングにおいては，サービスの価値に関する顧客のリスクを低減させるための施策が必要になります。口コミ活用，ブランド活用，払い戻し補償などはその例です。

　第2は，在庫ができないという意味での**消滅性**です。あるホテルにおける今日の空室は，明日のために在庫しておくことはできません。そのため，需要が曜日によって，あるいは季節によって変動す

241

る場合には，売り手は価格などによって，できるだけ需要を平準化
させようとするわけです。

　第3は，サービスが生産される場に顧客がいなければならないとい
いう，**不可分性**（同時性）です。例えば，新幹線で大阪に行くとい
うサービスを受けるためには，駅に行って新幹線に乗り，サービス
提供者と接しなければなりません。レストランで食事をするという
サービスを受けるためには，レストランまで行かなければなりませ
ん。ちなみに，テイクアウトは，有形財の販売と考えるべきでしょ
う。

　サービスの提供には多くの場合，人間が介在します。その場合，
サービス提供者が変わればサービスの質は変わるかもしれませんし，
同じサービス提供者であっても，状況が変わればサービスの質は変
わるかもしれません。これが，サービスの第4の特性である**変動性**
です。

サービス・プロフィット・チェーン

　顧客とサービス提供者が不可分であり，しかもどのようなサービ
ス提供者がどのような状況でサービスを提供するかによりサービス
の質が変動するとなると，サービスの質には常に不確実性がともな
い，それゆえにサービス・マーケティングでは，このサービス提供
場面の管理が重視されることになります。

　図9-2は，**サービス・トライアングル**と呼ばれる，この関係を
示したものです。サービスの売り手であるマーケティング主体は顧
客に対して通常のマーケティング（**外的マーケティング**）を行うわ
けですが，実際にサービスを提供するのは従業員です。このサービ
ス提供の場を**サービス・エンカウンター**といいます。サービス提供
者と顧客の相互作用の場であるサービス・エンカウンターを管理し，
サービスの質を高めるために行われるのが，**内的マーケティング**で

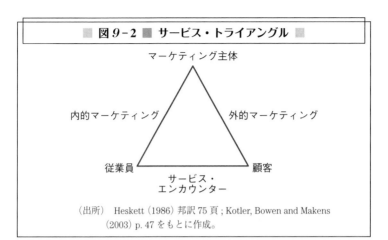

■ 図9-2 ■ サービス・トライアングル ■

マーケティング主体

内的マーケティング　　　外的マーケティング

従業員　　　　　　　　　　　顧客
サービス・
エンカウンター

（出所）　Heskett（1986）邦訳75頁；Kotler, Bowen and Makens
（2003）p. 47をもとに作成。

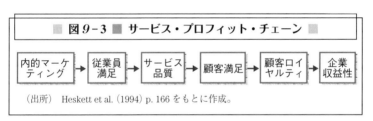

■ 図9-3 ■ サービス・プロフィット・チェーン ■

| 内的マーケ
ティング | → | 従業員
満足 | → | サービス
品質 | → | 顧客満足 | → | 顧客ロイ
ヤルティ | → | 企業
収益性 |

（出所）　Heskett et al.（1994）p. 166をもとに作成。

す。内的マーケティングには，適切な従業員の採用，従業員への方
向づけ，動機づけ，権限委譲などが含まれますが，そこでは，従業
員のニーズを踏まえながら従業員満足度を高めることを通じて，**サ
ービス品質**を高めていくことが求められます。

　この関連をさらに詳細にしたのが，図9-3で示した，**サービ
ス・プロフィット・チェーン**です。サービス・プロフィット・チェ
ーンの考え方によれば，企業の収益性は顧客ロイヤルティに強く規
定され，その原動力は顧客満足であり，顧客満足はサービス品質に
よってもたらされ，サービス品質を左右するのが，従業員の満足度
なのです。そして，従業員の満足度を高めるために必要なのが，内

的マーケティングということになります。

　なお，第2章や第6章の議論を踏まえれば，顧客満足と企業収益性の間には，顧客ロイヤルティだけでなく，顧客エンゲージメントも含まれるとみておくべきでしょう。

サービス品質の差別的価値

　サービス・マーケティングにおいても，標的市場に差別的価値をもたらすサービス品質の実現が重要であることはいうまでもありません。第2章や第6章で示した価値の分類に則していうならば，サービスにおいては，もともと機能的価値に加えて，感覚的価値が強調されてきました。例えば，レストランでは，味や香りに加えて，すばらしいインテリア・景色やBGM，心地よい家具などは，感覚的価値をもたらすはずです。

　しかし，例えばホテルやレストランが醸し出す雰囲気は五感に作用するだけでなく，それ以上の愛着や思い入れといった精神的な価値（情緒的価値）を生み出すことがあります。また，従業員の受け答え，段取り，仕草などが顧客満足に決定的な影響をあたえることは論をまちません。

　第5章第2節でも示した**スターバックス**における有名な「第三の場所」としての居心地のよさは，コーヒーやフラペチーノといった，飲み物や食べ物だけでなく，インテリアや接客によって作り出されている部分も少なくないでしょう。

　そうしたなか，注目されるのが，顧客が受け身となってサービスの提供を受けるのではなく，より主体的に参加する体験です。例えば，**星野リゾート**の都市観光ホテル「**OMO**」は，「寝るだけでは終わらせない，旅のテンションを上げる都市型観光ホテル」をコンセプトに，宿泊客を街に連れ出し，地元の魅力を体験してもらうことに取り組んでいます（日経 XTREND 2018）。

　このようなサービス提供と顧客の主体的な参加により感動的な体験を作り出すことができたならば，顧客の主体的な参加はより高い関与をともなうだけに，情緒的な価値をもたらし，心的状態としてのエンゲージメントを強化し，顧客満足や再購買のみならず，より肯定的な口コミを生む可能性をも高めるものと考えられます。

　他方で，料理の見た目やすばらしいインテリア・景色などは，いわゆる「インスタ映え」ということで自己表現価値に関わります。2017年にブームを迎えたホテルの夜間営業プール「ナイトプール」では，来場者のほとんどが撮影目的だといいます（日経 TRENDY 2017）。ダイヤモンドダイニングが運営する「KAWAII MONSTER CAFÉ HARAJUKU」は，奇抜なインテリアやカラフルな料理など，顧客が投稿したくなるようなさまざまな試みにより国内外からの集客に成功しました（NIKKEI DESIGN 2017）。こうした事例は枚挙に暇がありません。

　日本のサービス業は高い品質を有しながら，第6章の図6-2でもみたように，低生産性に喘いでいます。また，表9-1でも，就業者比率が増加しながら GDP 比率が伸び悩んでいるのが，その表れです。高いサービス品質が高い生産性に結果するには，そのサービス品質が価値に結び付かなければならず，そのためには情緒的価値や自己表現価値も大きな役割を果たすものと思われます。

5. ブランド政策

　製品に関するいま1つの重要な差別化の次元はブランドです。

　アメリカ・マーケティング協会によれば，ブランドとは，「ある売り手の製品やサービスを他の売り手のものとは別個のものとして識別する，名称，言葉，デザイン，シンボルもしくはその他の特徴」と定義されます（https://marketing-dictionary.org/b/brand/）。

だれのブランドを用いるか

メーカーのブランド政策を考えるとき，まず問題になるのは，だれのブランドを用いるかです。例えば，トヨタ，ソニー，サントリー，花王というのはすべて，メーカーとしてのそれらの会社のブランドです。つまり，**自社ブランド**ということになります。

これに対して，**三陽商会**というアパレル・メーカーは，長年にわたって**バーバリー**という，イギリスのアパレル・メーカーのブランドを使ってきました。これを**ライセンス・ブランド**といいます。ライセンス・ブランドでは，よその企業のブランドを使うわけで，そのブランドが価値のあるものであるほど，製品の市場浸透は容易になりますが，それだけにしばしば高額のブランド使用料を支払わなければなりません。また，使用料を支払って使わせてもらっているよその企業のブランドのために，自らの支出で広告などを行うというのはもったいない話です。

三陽商会は長年バーバリー・ブランドのライセンスを得て使用してきましたが，2015 年バーバリー本社の方針の変更によりバーバリー・ブランドを使えなくなり，その後のブランド政策について難しい判断を迫られることになりました。

さらに，他の企業から注文を受けて他の企業のブランドで売られる製品を製造するということもあります。例えば，A という電気メーカーが B という電機メーカーのために冷蔵庫を生産し，B メーカーがそれを B メーカーの製品として B メーカーのブランドのもとで販売することがあります。これを **OEM**（Original Equipment Manufacturing）といいます。

また，小売業者が自らブランドをもち，そのための製品をメーカーがつくるということもあります。こうした小売業者のブランドのことを**プライベート・ブランド**（PB: 小売ブランド）といいます。イオンの「トップバリュ」やセブン－イレブンの「セブンプレミア

ム」がその例です。

　メーカーからみれば，OEMやPBのための生産は売上に貢献し，操業度を高め効率を高める効果をもちますが，これらは自社ブランドにとってはライバルにもなります。それだけに，メーカーとして，OEMやPBのための生産にどう対応するかには，慎重な検討が必要になります。

　とりわけ，コンビニや量販店で売られている商品のメーカーの場合，PBとの戦いは重要です。コンビニや量販店側のマーケティングの観点からは，できれば自らのブランドであるPBの商品を売りたいところでしょう。逆にいえば，メーカーが自らのブランド（**メーカー・ブランド**はPBとの対比で**ナショナル・ブランド**と呼ばれています）をコンビニや量販店で扱ってもらうためには，多くの消費者がPBではなく，多少よけいにお金を支払ってもそのナショナル・ブランドを買いたいと思わなければなりません。コンビニや量販店で売られている商品のメーカーの場合は，ナショナル・ブランド間の競争に加え，PBとの戦いへの備えのためにも，自らのブランドの魅力を高めなければなりません。

ブランドの役割

　こうしたブランドの魅力は，**ブランドの役割**に基づくものです。

　ブランドは，当該製品についてのフィーリング，イメージ，経験，信念などから成る，**ブランド知識**と結び付いています（Kotler and Keller 2012）。このブランド知識が顧客の購買において重要な役割を果たします。

　消費者の購買行動において，ブランドが果たしうる役割は，図9-4にあるように，大きく分けて3つに要約されます。

　まず，第1は，当該製品を他の製品から識別する手段としての役割です。消費者は，通常，あるニーズを感じてからそのニーズを充

■ 図*9*-4 ■ ブランドが果たしうる３つの役割 ■

1. 識 別 手 段
2. 信 頼 の 印
3. 意　　味

足する製品の購買に至るまでに，自分の記憶のなかから，あるいは外部から，さまざまな形で情報を手に入れます。しかし，これらの情報を手に入れ，活用するにあたっては，少なくとも重要な購買候補となる製品については，それらが互いに識別されていなければなりません。その識別のための手段として，ブランドは大きな役割を果たします。

　あるいは，日頃の生活のなかでそれほど意識せずに触れる情報によって形成される**製品知識**も，ブランドによって特定の製品に結び付けられる部分が少なくありません。さらに，なんらかの理由である製品を購入し，それを消費した結果得られる満足や不満足についての情報も，ブランドが識別されることによって，より効果的に次回の購買に活用されます。

　このように，ブランドは，消費者の購買行動において，個々の製品を識別する手段を提供し，購買の前後に取得される情報をそれらの製品と結び付けます。その結果，各ブランドの製品はそれぞれ一定の特徴をもつものとして識別され，購買意思決定が行われます。ブランドのこの役割は，第２章第２節や第６章第２節で述べた，機能的価値や感覚的価値にとくに関わります。

　消費者の購買行動においてブランドが果たす第２の役割は，信頼の印としてのそれです。

　消費者は購買にあたりさまざまな情報を取得しますが，対象となる製品の種類によっては，消費者がいちいち大量の情報を取得・処理するのを面倒くさがったり，あるいはそれを行う能力を持ち合わせていなかったりすることもあります。

　このようなとき，ある製品のブランドについて，名声や評判などにより信頼できるという情報を蓄積していれば，たとえ現在，検討対象になっている製品そのものについて十分な情報がなくとも，そのブランドの信頼性が1つの指針として大きな役割を果たしえます。例えば，よく名前の知られた有名ブランドの製品だから信頼できるというのが，これです。

　ブランドの役割の第3は，それが有する意味によるものです。これは，ブランド自身がもつ独自の価値と考えてよいでしょう。第2章第2節や第6章第2節で説明した意味的価値です。例えば，このバッグはエルメスだから価値があるというのが，これにあたります。

　もちろん，ブランドが有するこの意味には，消費者に負の価値しかもたらさないものもあります。「あの製品は機能的にはよさそうだが，ブランドが野暮ったい」といった場合です。

　さらに，ある消費者が特定の製品を購買するか否かに関しては，その消費者が当該製品の存在を知っているか（知名），そして当該製品を購買候補（想起対象）として認識しているかが，大きな問題になることがあります。

　これらについては，上記の3つの役割のいずれもが，可能性としては関わります。すなわち，なんらかの特徴により競合ブランドから明確に識別されたブランドは，購買状況において，高い確率で知名され，想起される可能性をもちます。また，消費者にとって，自分が信頼を置くブランドや高い価値を認めるブランドは，別の製品カテゴリーでの購買においても知名しやすく，さらに，想起対象に

しやすいかもしれません。

　ブランドはこれら3つの役割を通じて，消費者の購買行動に影響をあたえます。したがって，企業のマーケティングという観点からみるならば，これらの役割，とりわけより重要な役割をよりよく果たし，より多くの消費者の購買意思決定を有利に導きうるブランドが，価値のあるブランドということになります。

　もちろん，ブランドには，流通業者の取り扱いを促進するという側面もあります。しかし，流通業者が特定のブランドを取り扱おうとするかは，結局は，最終消費者の購買意思決定においてそのブランドがどれだけよく役割を果たしているかに依存します。したがって，ブランドの価値は，消費者の購買においてそれがどれだけよく役割を果たしているかに基づくと考えてよいでしょう。

COLUMN
日本企業ブランドの課題

　表9-2は，インターブランド社による世界のブランド・ランキングの上位20位ならびに上位100位以内に入っている日本企業のブランドです。このランキングの基礎となる評価方法は，表9-2の出所サイトに詳しく述べられていますが，要は顧客購買意思決定への影響を中心とした，ブランドがもつ経済的価値を算出したものです。

　これをみて気にかかるのは，上位100位以内の日本ブランドのうち，トヨタ，ホンダ，日産，ソニー，キヤノン，パナソニックは，いずれもすばらしい性能や品質に基づくブランドであり，唯一，任天堂のみが，性能や品質とともに，「楽しさ」といった意味に基づくブランド価値（情緒的価値）を感じさせるブランドであるという点です。

これに対して，ランキングの上位に位置する海外のブランドには，性能や品質を超えた価値を提供するものが少なくありません。性能や品質を超えたブランド価値づくり，すなわち意味に基づくブランド価値（情緒的価値や自己表現価値）づくりも，今後の日本のマーケティングにとって大きな課題だと思われます。

表 9-2　世界のブランド・ランキングと日本のブランド（2021 年）	
順位	ブランド
1	アップル
2	アマゾン
3	マイクロソフト
4	グーグル
5	サムスン
6	コカ・コーラ
7	トヨタ
8	メルセデス・ベンツ
9	マクドナルド
10	ディズニー
11	Ｎｉｋｅ
12	ＢＭＷ
13	ルイ・ヴィトン
14	テスラ
15	フェイスブック
16	シスコ
17	インテル
18	ＩＢＭ
19	インスタグラム
20	ＳＡＰ
25	ホンダ
41	ソニー
59	日産
70	任天堂
79	キヤノン
88	パナソニック

（出所）Interbrand（2021）.

ブランド政策の目的

　これらの役割を果たすブランドは，製品に付加価値をもたらします。この付加価値に関連して，**ブランド・エクイティ**が定義されます。

　ブランド・エクイティの1つの定義は，ブランドの名前やシンボルに結び付いた，ブランドの資産と負債の集合です（Aaker 1991）。

　しかし，それとともに，マーケティングにおいては，マーケティング活動に対する消費者の反応に，ブランド知識が及ぼす付加的な

効果（Keller 2013）と定義される，**顧客ベースのブランド・エクイ
ティ**にも注目が集まってきました。ここで大切なのは，ブランドが
どのようなものであるかによって，例えば同じ製品改良を行っても，
それに対する消費者の反応が異なるということです。この反応の違
いは，消費者がもっているブランド知識の違いに基づくものです。

　例えば，長年 iPhone を使っていて満足し，「iPhone は使いやす
い」という知識をもっている消費者にとって，iPhone での製品改
良は，他のスマートフォンでの製品改良よりも魅力的に映り，それ
ゆえに，改良された iPhone のために余分にお金を支払う，といっ
たことです。

　したがって，ブランド政策においては，マーケティング活動に対
する消費者の反応という観点から，消費者のブランド知識をいかに
導くかが焦点になります。ここで重要な役割を果たすのが，企業が
望む，ブランドのあるべき姿としての**ブランド・アイデンティティ**
です（阿久津・石田 2002）。つまり，ブランド・アイデンティティ
とは，マーケティング戦略において目指される，消費者のブランド
知識のあるべき姿と考えておいてよいでしょう。そして，このブラ
ンド・アイデンティティは，ブランドの役割との対応で，識別手段，
信頼の印，意味に沿って捉えることができるでしょう。

　こうしたブランド・アイデンティティを実現し，ブランド・エク
イティを確立するためには，ブランドを構成する，名称，言葉，デ
ザイン，シンボルといったブランド要素を適切に選択するとともに，
顧客がブランドと接するさまざまなタッチポイントを管理していか
なければなりません。そのために必要なのが，明確かつ統一的なブ
ランド政策です。

6. まとめ

　マーケティング戦略があたえられたならば，製品政策では，その
マーケティング戦略を具体的な製品やサービスの形で表現するととも
に，製品ラインに関する決定やブランドに関する決定が行われな
ければなりません。

　本章では，製品の種類に関する基本的な用語を整理したあと，ま
ず，提供価値と提供方法を具体的な製品に落とし込むさい，いかな
る決定事項があるのかが広い意味での製品の構造という形で検討さ
れました。次いで，製品ライン政策の３つの次元（幅，長さ，深さ）
が整理されたうえで，製品ライン政策の論理が説明されました。

　そのうえで，製品の一形態である，サービスのマーケティングの
進め方が検討されました。

　最後に，ブランド政策が取り上げられ，だれのブランドを用いる
かに関する選択肢，ならびにブランドがもつ３つの役割（識別手段，
信頼の印，意味）が解説されるとともに，ブランド政策の目指すと
ころが示されました。

ブランドのタイプに関する選択

　例えば新製品を発売し，仮に自社ブランドを用いようとした場合，そ
こにはどのようなタイプのブランドを用いるかに関していくつかの選択
肢が存在します。

　まず，大きな選択は，**包括ブランド**を用いるか**個別ブランド**を用いる
かです。包括ブランドとは，多くの製品に共通のブランドを冠するとい
うやり方です。例えば，**サントリー**の製品には，お酒でも，ソフトドリ

ンクでも，サプリメントでもすべて，「サントリー」のブランドが付けられています。このサントリーの例にみられるように，包括ブランドには企業名を用いることが多いですが，**大日本除虫菊**のように，企業名ではなく，「金鳥」という包括ブランドを用いる例もみられます。

これに対して，個別ブランドとは，製品1つひとつに別々のブランドを冠するというやり方です。例えば，**日本コカ・コーラ**は，「ジョージア」「爽健美茶」「アクエリアス」「い・ろ・は・す」「綾鷹」など多くの製品に，「コカ・コーラ」とは切り離されたブランドを用いています。

包括ブランドを用いれば，ブランド名を訴求するための広告などの費用も少なくて済みますし，新製品の導入も容易でしょう。ただ，反面，ある製品の失敗が別の製品のイメージダウンにつながる可能性があります。また，新分野へ進出するさい，従来の包括ブランドのイメージがなじまないといった可能性も考えられます。

ブランドが果たす3つの役割のうち，信頼の印は守備範囲が広く，識別手段は守備範囲が狭いといわれています。したがって，信頼の印としての役割が重要であるほど，包括ブランドが相対的には望ましく，識別手段としての役割が重要であるほど，個別ブランドが相対的には望ましいといえるでしょう。

ただ，現実のブランド政策の策定にあたっては，包括ブランドか個別ブランドかの二者択一はなかなか難しいところです。そのため，両者の折衷として考えられたのが，**複数ブランドとサブ・ブランド**です。

複数ブランドとは，複数の包括ブランドを使用するというやり方です。例えば，**キッコーマン**は，「キッコーマン」「デルモンテ」「マンズワイン」「マンジョウ」といった複数の包括ブランドのもとでさまざまな製品を訴求しています。

また，**トヨタ自動車**の場合は，「トヨタ」と「レクサス」という2つの包括ブランドをもっています。さらに，「トヨタ」ブランドのもとには，「クラウン」「カローラ」「プリウス」などの数多くのブランドが配されています。これがサブ・ブランドです。つまり，包括ブランドとしての「トヨタ」の傘（アンブレラ・ブランド）のもとに，数多くのサブ・ブラ

ンドが位置づけられ,「トヨタ」というブランドのイメージは引き継ぎながら, それぞれの特徴を訴求しているわけです。

新製品の発売にあたっては, これらの選択肢のなかで最も適切と思われるものを選びますが, そのためには, 製品ライン全体に対してどのようなタイプのブランド政策を展開するかが決められなければなりません。

練習問題　　　　　　　　　　　　　　　　　　　　Exercises

1. 例えばスマートフォンを例にとり, 主要製品を,「広い意味での製品の構造」の観点から, 比較してください。

2. 第5章第4節で触れたトヨタ自動車とスズキ自動車を, 製品ラインの幅, 長さ, 深さについて比較してみましょう。さらに, 両社の製品ライン政策から, 製品ポートフォリオ(第4章第4節参照)や市場対応(第5章第4節参照)のあり方を比べてみましょう。

3. 日本において, 意味的価値に優れたブランドを挙げてください。さらに, そのブランドが優れた意味的価値をもつに至った経緯を, 第2章のCOLUMN「エルメス」の事例を参考に, まとめてみてください。

第10章

価格政策

Introduction

　マーケティング戦略が決まると，標的市場の人々にとって提供価値がどれだけの対価に値するかを見定め，それに応じた価格の設定が行われることになります。しかし，現実のマーケティングの場面において価格が果たす役割は，顧客が支払う対価というだけではありません。価格は，品質に関する情報をもたらしたり，価値を生み出したりすることさえあります。また，売り手にとって，価格のあり方は，他のマーケティング手段のあり方をも規定します。したがって，価格決定には，多くの要因が影響をあたえます。

　本章では，マーケティング戦略のもとでの現実的価格設定という観点から，価格に影響をあたえるさまざまな要因を検討するとともに，セグメント別価格設定，ダイナミック・プライシング，製品ラインに対する価格設定が説明されます。

1. マーケティングにおける価格の意義

　現代のマーケティングにおいては，価格競争の脅威を意識しなければならない場面は少なくありません。また，価格が有効な訴求手段となることも珍しいことではありません。

　価格は，古典的には，ミクロ経済学において，**限界収入**と**限界費用**が等しくなるように決定されると説明されてきました[1]。これに対して，マーケティングでは，どちらかというと価格以外の競争手段が強調され，また，価格設定についてもより現実的な配慮が必要であることが指摘されてきました。だが，そのことは，マーケティングにおける価格設定の重要性を否定するものでは決してありません。

　マーケティングにおいて価格は，以下のような面で重要な役割を果たします。第1に，価格は，買い手がある特定の製品を購買するさいに支払う対価であり，それゆえ，買い手は，製品の価値をこの価格と比較して，購買を決定します。第2に，価格は企業にとっての製品単位当たりの収入を規定します。種々のマーケティング費用が結局はこの収入から支払われることを考えれば，価格はマーケティング支出の水準をも規定するといえるでしょう。第3に，製品に関する買い手の判断力が著しく低いときには，価格が買い手による品質判断の基準になることがあります。「安かろう，悪かろう」「高かろう，よかろう」という，いわゆる**品質・価格関係**です。これとも関連して，第4に，製品が地位の象徴としての意味を有しているような場合には，価格の高さが逆に価値を生み出すこともあります。

　価格の設定には，したがって，さまざまな要因が影響をあたえま

---

1)　経済学の教科書を参照してください。

す。

2. 価格規定因としての費用

コストプラス法

価格の設定方法としてわかりやすく，現実にもよくみられるものの1つは，**コストプラス法**でしょう。製品1個当たりの費用が決まっていれば，それに一定の**マークアップ**[2]を乗じて価格とするわけです。小売店などの場合は，仕入れ価格に一定のマークアップを乗じればよいわけです。マークアップは経験や勘，業界の慣行などによって決められることも多いようです。

価格設定に影響をあたえる要因としてだれでも思いつくのは，その製品にともなう費用です。したがって，このコストプラス法は直観的にも納得がいくものです。

損益分岐点分析

ただ，製品にともなう費用には，生産費用，マーケティング費用などさまざまなものが考えられます。それらは大きく，**固定費**と**変動費**に分類することができます。固定費とは生産・販売数量が一定の範囲にある限りは変化しない費用であるのに対し，変動費は生産・販売数量に応じて変化する費用です。

したがって，コストプラス法におけるコストとは変動費であり，マークアップは固定費と目標利益をカバーするものと考えることができます。では，一定のマークアップを乗じた価格を採用したとき，一体どれだけの売上を実現すれば，固定費をカバーし，さらには目

---

2) 値入率。100円で仕入れて130円で売るのならば，マークアップ＝値入率は1.3となります。

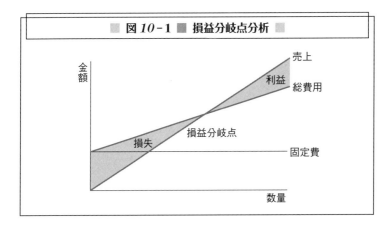

図 *10-1* ■ 損益分岐点分析 ■

標利益を達成することができるのでしょうか。これを知るための方法が、図 10-1 に示されている、**損益分岐点分析**です。

　図において、総費用は固定費と変動費の合計です。固定費は数量にかかわらず一定であるのに対し、製品単位当たりの変動費は総費用線の傾きに反映されています。また、価格は売上線の傾きに反映されています。価格が安くなれば、売上線の傾きは緩やかになり、売上金額が総費用と一致する損益分岐点売上数量は、右方向に移動します。逆に、価格が高くなれば、売上線の傾きは急になり、損益分岐点売上数量は左方向に移動します。

費 用 曲 線

　損益分岐点分析におけるように、生産・販売数量のある範囲では、製品単位当たりの変動費は通常、一定とみなすことができます。そのため、この範囲で数量が増えれば、固定費が分散されることになり、単位当たり費用は低下します。ところが、数量がこの範囲を超えると、生産過程において機械待ちが発生したり、単価の高い残業が必要になったりして、変動費が上昇し、やがてこの変動費の上昇

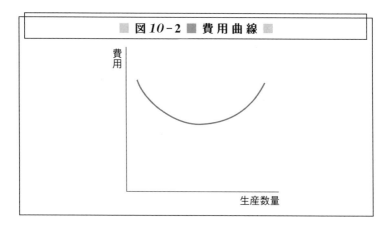

図10-2 ■ 費用曲線

費用

生産数量

が固定費の分散の効果を上回り，結果として単位当たり費用は上昇に転じます。つまり，製品単位当たり費用は多くの場合，図10-2のように，Ｕ字型を描くといわれています。

規模効果と経験効果

ただ，新たな設備投資が行われる場合は，事情が異なります。設備投資による操業の大規模化にともない単位当たり費用が低下していくとき，規模効果が働くといいます。規模効果は生産過程のみならず，企業活動の種々の局面で観察されますが，いずれにしてもこの効果が大きいときには，大規模操業を行う企業が費用面で有利になります。

大規模操業による費用面でのメリットは，これだけではありません。よくいわれるいま１つは，経験効果です。これは，当該製品に関するその企業の創業以来の累積生産量が増大するにつれて，単位当たり費用が低下していくという効果です。例えば，経験効果が15％カーブに従うといえば，累積生産量が２倍になるごとに，費用が15％ずつ下がるということです。累積生産量も，大規模操業

を行えば，より敏速に増大していきます。

　第4章第4節で説明したポートフォリオ分析は，これらの効果を前提としたものでした。また，第8章第2節で説明した浸透価格政策，すなわち新製品の発売にあたって思い切った低価格を設定し，需要の急速な拡大を狙い，それによって可能になった費用の低下をいっそうの価格切り下げに向け，新規参入を目指す競合企業に対し有利な費用地位を得ようとするやり方も，これらの効果を活用したものでした。

　このように，製品にともなう費用は売上数量によっても変化すれば，経験によっても変わってきます。損益分岐点分析は，それらによってあたえられる固定費と製品単位当たりの変動費の水準を一定としたなかでの，分析手法だと考えることができるでしょう。

　損益分岐点分析においていま1つ留意すべきは，例えば一定の価格切り下げを行い損益分岐点売上高が右方向に移動したとき，その価格でその売上高が達成できるかです。当然それは，価格に対する需要の反応に依存します。同様に，一定の価格切り上げを行ったとき，その価格でその売上高が達成できるかも，価格に対する需要の反応に依存します。つまり，ここでのマーケティング上の関心は，価格変更のもとで需要の反応が損益分岐点の達成を可能にするか否かです。

COLUMN
フォードのモデルTと経験効果

　経験効果の古典的事例は，序章第2節や第5章第1節で取り上げた，20世紀初頭におけるフォード自動車のモデルTでしょう。自動車は欧米ではすでに20世紀初頭の段階でいくつかのメーカーによって生産されていましたが，それらは職人の手作業によるところ

が大きく，価格もきわめて高額でした。このとき，アメリカのフォード自動車は流れ作業の生産方式を導入することにより費用と価格の大幅な削減を行い，アメリカでの自動車の普及を一気に加速しました。図10-3はフォード自動車のモデルTの導入以来の価格と販売台数の関係を示したものですが，これをみても，低価格→売上増→費用低下といった図式を類推することができるでしょう。

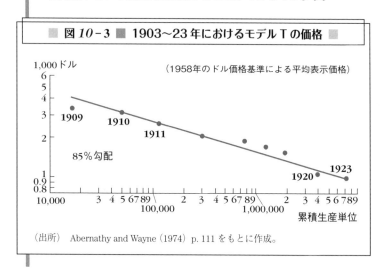

■ 図 10-3 ■ 1903〜23年におけるモデル T の価格

（出所）　Abernathy and Wayne（1974）p. 111 をもとに作成。

3. 価格規定因としての需要

　企業の価格設定は，需要側の買い手，すなわち消費者やユーザーの行動によっても，規定されます。

需要の価格弾力性

　価格に対する消費者やユーザーの反応の特性は，1つには，**需要の価格弾力性**として表されます。いま，製品の価格を縦軸に，また，

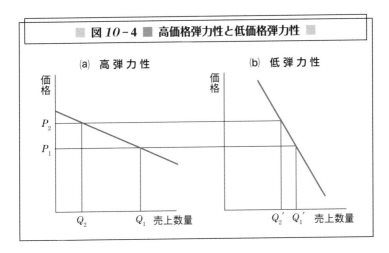

■ 図 *10-4* ■ 高価格弾力性と低価格弾力性 ■

(a) 高弾力性　　　　　　(b) 低弾力性

売上数量を横軸にとれば，両者の関係は例えば図 10-4 (a) のように描かれます。つまり，価格が P_1 のときの売上は Q_1 であり，価格を P_2 に値上げすると売上は Q_2 に減少します。価格と売上（需要）の関係を表すこうした曲線（図では便宜上直線になっていますが）は，**需要曲線**と呼ばれます。

　これに対して，図 10-4 (b) も同様の関連を示していますが，需要曲線の傾きがより立ったものになっているため，同じように値上げをしても，売上の減少分は $Q_1{'}-Q_2{'}$ と少なくなります。また，逆に値下げをした場合も，売上の増加分は，図 10-4 (a) の場合と比べ少なくなります。すなわち，需要曲線がより緩やかな傾きをもつ図 10-4 (a) の場合は，需要曲線の傾きがより急な図 10-4 (b) の場合と比べ，需要が価格に対して弾力的であるわけです。

　需要の価格弾力性は，

$$需要の価格弾力性 = \frac{売上数量の変化量／売上数量}{価格変化額／価格}$$

と計算され，通常その値は負となります。便宜上，負の符号を無視

して絶対値のみを問題とすれば，この弾力性が大きく需要が価格変化に敏感であるほど低価格が，また弾力性が小さく需要が価格変化に鈍感であるほど高価格が有利になります。

　もちろん，需要には，価格以外のさまざまなマーケティング手段のあり方，競合他社の動向，一般的経済状況など多くの要因が影響をあたえます。需要曲線は，それらのなかで，他の条件は一定と仮定して，価格と，それに対する買い手の反応の結果としての需要の関係を取り出したものです。

右上がりの部分を含む需要曲線

　価格弾力性の大きさは，1つには，買い手が品質差をどの程度識別できるか，さらにそれをどの程度評価できるかに依存します。この**製品判断力**が著しく低いとき，買い手は価格に依存して品質を評価することがあります。品質・価格関係で，そうなれば，価格が下がれば売上が減り，価格が上がれば売上が増えるということも起こりえます。

　高価格自体が**地位の象徴**として価値をもつときにも，価格が下がれば売上が減り，価格が上がれば売上が増えるということは起こりえます。例えば，自動車を購買する場合，消費者は耐久消費財としてさまざまな機能をチェックするでしょうが，それだけではなく，消費にさいして他人の目に触れる機会も多く，高額ということもあって，ファッション性や自らの地位の象徴としての意味を考慮することが考えられます。

　消費者は，地位の象徴としての意味を重視するほど，その製品の希少性，あるいはそれとも関連して価格の高さそれ自体に，価値をみいだす傾向にあります。自己表現価値です。つまり，価格が高いほど，それを買える人間が限られてくることによる希少性，あるいは高額製品のユーザーであることの誇らしさは，価値を増します。

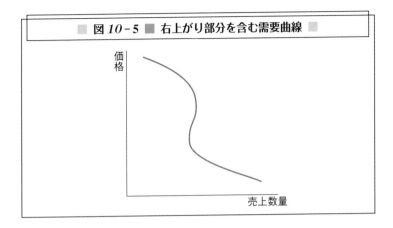

■ 図 10-5 ■ 右上がり部分を含む需要曲線

価格

売上数量

したがって，この場合には，より高い価格が容認されやすくなります。

　このように，買い手の品質評価が価格に依存したり，高価格自体が地位の象徴として価値をもったりすれば，一定の範囲では，価格が高いほど売上が増大して，図 10-5 のように，需要曲線が右上がりの部分を含み，価格弾力性が正になることもありえます。

支払意思価格

　需要曲線や需要の価格弾力性は，個々の顧客が支払ってもよいと考える支払意思価格（WTP）を反映したものであり，それらはさらに，かれらの知覚価値を反映しています。ここで知覚価値とは，顧客が当該製品の購買から得られると期待する価値と考えておきましょう。

　他方で，支払意思価格には，知覚価値とともに，**内的参照価格**が影響をあたえます。

　内的参照価格とは，買い手がその価格が妥当かどうか判断するさいに基準となる，自分の記憶のなかの価格であり，値頃感を表して

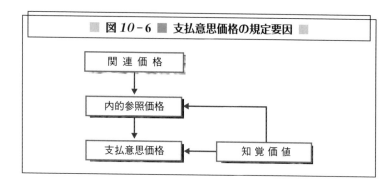

■ 図 *10-6* ■　支払意思価格の規定要因

```
┌─────────────┐
│  関 連 価 格  │
└─────────────┘
        │
        ↓
┌─────────────┐
│ 内的参照価格  │ ←──────────┐
└─────────────┘              │
        │                    │
        ↓                    │
┌─────────────┐    ┌─────────────┐
│ 支払意思価格  │ ← │  知 覚 価 値  │
└─────────────┘    └─────────────┘
```

いると考えてよいでしょう。内的参照価格も知覚価値の影響を受けます。ただ，内的参照価格には，当該製品の価値とともに，関連した他の製品の価格なども反映されています。

　支払意思価格は，知覚価値と，この値頃感としての内的参照価格によって規定されます。いかに実売価格が内的参照価格を下回っていても，知覚価値が低ければ，支払意思価格は実売価格を下回り，購買には至りません。「価格は妥当であるけれど，自分にとってその価格を支払って買う価値はない」という状況です。逆に，いかに実売価格が知覚価値を下回っていても，実売価格が内的参照価格を上回っていれば，支払意思価格は低くなるでしょう。「その価格で買う価値はあるが，他を探せばもっと安い価格で手に入るであろう」という状況です。

　支払意思価格に関わるこれらの規定関係は，図 *10-6* に示されています。

4. 競合品・代替品のなかでの価格設定

　価格設定において考慮されるべき第 3 の要因は，競合品や代替品の価格です。

　買い手は購買決定にあたって，よりよい製品，より自分の好みに
あった製品を求めるのが普通ですが，それとても価格の開きがどの
程度かによります。買い手は，自分の目的を達成するさまざまな方
法（製品）の価値と価格を比較し，最も割のよいと思われるものを
選択します。したがって，いかに気に入った製品であっても，あま
りに価格が高ければ選択しないでしょうし，多少気に入らなくとも
価格が安ければ買ってしまうということもあるでしょう。

　したがって，互いに競合する各製品の価格は，顧客にとってのそ
れぞれの価値に応じて，相対的な位置関係をもつことになります。
この位置関係のなかで，競合品や代替品の価格が高くなれば，それ
だけ高い価格設定が可能になりますし，低くなればそれに応じて価
格を低めざるをえなくなります。また，競合品や代替品と比べて，
自社製品の品質，イメージ，特徴，サービスなどに関する買い手の
評価が高いほど，設定可能価格は高くなりますし，それらが低いほ
ど，設定可能価格は低くなります。

　ここで留意すべきは，当該製品にとってなにが競合品であり，代
替品であるかです。競合関係とは，買い手が「どちらにしようか」
と迷う製品間に生じるのであり，物理的仕様が単に似ているからと
いって，常に競合するとは限りません。

　企業の価格設定には，このように，競合品や代替品の価格が規定
要因として作用します。したがって，規定要因としての競合品や代
替品の価格が変化すれば，価格の変更が必要になる可能性がありま
す。とりわけ価格は，マーケティング諸手段のなかでは比較的変更
が容易であり，また，買い手側の識別能力も高いということもあっ
て，競争手段として活用されることも少なくありません。さらに場
合によっては，「**価格戦争**」といった形で激しい相互行為が行われ
ることもあります。

　企業によるこうした価格競争への対応のあり方は，章末の補論

10-1で解説されています。

5. 価格設定の規定関係

このように，価格の設定には，さまざまな要因が影響をあたえます。それら諸要因と価格設定の関係は，図10-7のように，要約されます。すなわち，ある製品に付けるべき価格は，その製品と同様の特性をもつ競合品や同様の目的に資する代替品の価格からの競争圧力を受けながら，品質，イメージ，特徴，サービスなどに関する買い手の評価が高いほど，高くなります。これに対して，競合品や代替品と比べ，品質，イメージ，特徴，サービスなどに関する買い手の評価が劣る場合は，その分だけ低い価格の設定と低い利益マージンを余儀なくされます。さらに，この利益マージン幅とも関連して，企業の**マーケティング目標**も価格水準に影響をあたえます。

企業のマーケティング目標には，イメージの高揚，シェアの拡大，売上の増大，利益の向上といったものが考えられます。これらのうちいずれをマーケティング目標とするかは，当該製品の競争地位や企業全体のなかでの位置づけなどによって規定されます。

企業にとってとるべき価格は，このマーケティング目標がなにであるかによって変わってきます。一般に，価格は，その製品のマーケティング目標が生存や新規参入の排除にあるときにはかなり低く抑えることが求められ，それが，シェア，売上，利益，高品質イメージとなるにつれて，より高くすることが，適切になります。

しかし，買い手からの評価が低い，競合品や代替品が値下げした，とにかくシェアを高めたい，といった事情により，利益マージンを圧縮しなければならないときでも，価格の下限はなんらかの形で費用によって課せられます。つまり，これらの事情に基づく適切な価格が費用を下回ってしまったならば，その製品を売り続けることは

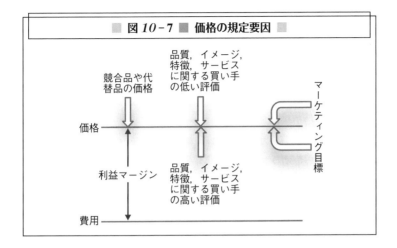

■■■ 図10-7 ■■■ 価格の規定要因 ■■■

困難になります。

　ここでいう費用は，中長期的には，固定費と変動費の合計としての，単位当たり総費用です。つまり，ポートフォリオのような観点から，しばらく損失を出してもよいといった判断がなされている場合を別にすれば，中長期的には，損を出しながらその製品を維持するというのは考えにくく，そうなると価格によって，固定費と変動費の合計としての単位当たり総費用をカバーする必要があるわけです。

　ただ，価格が単位当たり変動費を上回っていれば，売るごとに損失がかさむという事態は避けられます。つまり，固定費はどれだけ売れようとかかっている費用ですから，価格が単位当たり変動費を上回っていれば，その上回っている分だけ固定費を回収できるわけです。これに対して，価格が単位当たり変動費を下回ってしまうと，売るごとに損失がかさむという事態に陥ってしまいます。したがって，短期的には，変動費が価格の下限を規定するとみてよいでしょう（Dolan and Simon 1996）。

269

6. マーケティング戦略のなかでの価格設定

　価格設定にあたっては，これらに加え，マーケティング・ミックスの他の要素のあり方に目を向けておく必要があります。

　先に述べたように，あらゆるマーケティング手段の費用は，結局はその製品の価格でカバーされなければなりません。したがって，価格水準はあらゆるマーケティング手段のあり方に関係します。それとともに，種々のマーケティング手段のあり方は買い手の価格に対する反応に影響をあたえます。それだけに，マーケティング・ミックスの一要素としての価格は，他のマーケティング手段のあり方と不可分の関係をもちます。

　ただ，他のマーケティング手段のあり方も，標的市場，提供価値，提供方法というマーケティング戦略によって大きく規定されるため，結局は，価格を含めたマーケティング手段のあり方は，いかなる標的市場においていかなる価値をいかに提供するかという，マーケティング戦略のあり方に依存する，ということになるわけです。

　例えば，マス市場を標的に製品が開発されたなら，広範な流通やマスメディアによる広告，そしてマス市場が購入しうる相対的に低い価格の設定が求められます。これに対して，限られた顧客層を標的とする高級車のような場合は，流通チャネルもそれにマッチしたものに限定されるとともに，広告は雑誌のような限定媒体に焦点が置かれます。そして，価格もこれらに対応して，高めに設定されることになります。

　また，マーケティング戦略や他のマーケティング手段がなんらかの事情で変化した場合には，それに応じて価格も変更が求められます。

7. セグメント別価格設定

セグメント別価格設定の意義

マーケティング戦略を実行する種々のマーケティング手段のなかで，価格は顧客に対してきわめてきめ細かな対応が可能です。それだけに，価格においては，その規定要因に応じて，より細かな標的設定による対応が行われることも少なくありません。つまり，**セグメント別価格設定**，極端な場合には**個別対応**です。

すべての顧客に対して一律の価格を設定すれば，価格設定のための費用は少なくてすみますし，顧客にもわかりやすいでしょう。しかし，売り手としての企業と顧客との個々の関係においては，価格の規定要因としての需要特性も違えば，費用も違います。**競争圧力**やマーケティング目標も違うかもしれません。

そのため，価格に関して，例えば製品以上にきめ細かな形でセグメントが設定され，セグメント別の価格が設定されるというのは，決して珍しいことではありません。子どもとか学生とかいった顧客特性に基づく**顧客特性別割引**，現金での支払いに提供される**現金割引**，大量の購入に対する**数量割引**や**団体割引**，さらには地域別価格設定や季節別価格設定など，こうした例には枚挙に暇がありません。

きめ細かなセグメント別価格設定が必要になる大きな理由の1つは，顧客の間での需要特性の違いです。すなわち，ある製品に対して顧客が支払ってもよいと考える支払意思価格は，顧客の間で同じとは限りません。

いま，ある企業がある製品に 1000 円の価格を付けたとしましょう。そうすると，その製品に対する支払意思価格が 1000 円以上の顧客が購入するわけで，そのなかには，支払意思価格が 1000 円の顧客もいれば，2000 円の顧客や 3000 円の顧客もいるかもしれませ

ん。したがって，この企業は，支払意思価格が2000円や3000円の顧客については，価格を1000円としたことで，本来手にできる収入を失ったことになります。

　他方で，価格が1000円であれば，支払意思価格が900円の顧客は購入しません。仮にこの製品の単位当たり総費用が800円であったとすると，価格を900円に設定すれば，支払意思価格が900円の顧客も購入し，そこでも利益が生じます。つまり，価格を1000円にすると，支払意思価格が801円以上1000円未満の顧客についても，本来手にできる利益を失います。

　このような場合，支払意思価格によって，顧客別価格設定とまでいわなくとも，何段階かの価格設定を行えば，企業の利益は増大します。つまり，顧客にとっての支払意思価格と価格を近づけるわけです。

細分化フェンス

　しかし，同じ製品について複数の価格が存在すれば，通常は安い価格の製品に顧客は集中するでしょう。したがって，セグメント別の価格設定を行うためには，顧客が支払意思価格に応じて適切な価格を選択するように，価格と価格の間に「**細分化フェンス**」を設ける必要があります。

　例えば，航空会社が同じ路線の同じ飛行機において，ファーストクラス，ビジネスクラス，エコノミークラスをもつのは，まさにセグメント別価格設定です。そこでは，支払意思価格の高い顧客が，エコノミークラスではなく，ファーストクラスを選択するように，さまざまな細分化フェンスが設けられています。チェックインのさいの便宜，より快適なシート，よりよい食事や飲み物などがそれです。

　このような細分化フェンスによってセグメントの数を多くすれば，

売り手にとっての逸失利益は少なくなりますが，価格設定のための費用や顧客における混乱の可能性は増大します。

　航空会社の例では，ファーストクラス，ビジネスクラス，エコノミークラスという製品ラインのなかで，だれがどのクラスを購買しても構いません。すなわち，顧客は，細分化フェンスがあるにしても，自らの判断で選択を行っています。

　細分化フェンスづくりの方法としては，このほかに，利用可能性によるコントロール，購買者特性による分類，取引特性による分類の３つが挙げられます（Dolan and Simon 1996）。利用可能性によるコントロールとは，過去の購買履歴とか，購買の場所や時期などによって識別された特定の顧客に対してのみ，特定の価格を提示するというやり方です。また，購買者特性による分類とは，年齢や身分（学生，有職者等）などの分類に従って，取引特性による分類とは，事前予約の有無とか，往復購入かとか，購買数量といった基準による分類に従って顧客を細分化し，価格を設定するやり方です。先に例示した子ども割引といったセグメント別価格設定は，こうした細分化フェンスそのものであったわけです。

　セグメント別価格設定は，価格設定を取り巻く環境，とりわけ需要特性の違いに基づくものです。しかし，同じもしくは類似した製品やサービスを顧客によって異なる価格で販売するというのは，顧客の間に不公平感を生む危険性も孕んでいます。それだけに，セグメント別価格設定においては，法令遵守のみならず，公正性の確保という観点も強調されなければなりません。

8. ダイナミック・プライシング

ダイナミック・プライシングへの動機

　製品やサービスの価格を時間や時期によって変えていくというや

り方を**ダイナミック・プライシング**といいます。例えば，小売店が閉店間際に食料品の価格を下げる，ホテル料金や航空運賃を時期によって変えるというのがその例です。

　ダイナミック・プライシングには，いくつかの動機があります。

　第1は，売上・来客の拡大や試し買い促進のためです。上記の閉店間際の食料品の値下げもこれに含めてよいでしょう。閉店間際の食料品の値下げは，小売店にとっての売上確保であるとともに，社会的にも食品ロスの削減に貢献します。また，鮮度が低下する（あるいは賞味期間が短くなる）につれて価格を下げるということもあります。また，第6章のCOLUMN「トラフィック・ビルダーとクロス・セル」で述べたように，小売店が顧客吸引のために特定品目を一時的に値下げするというのもあります。さらに，例えば夏季に本格的な反復購買が期待される，めんつゆの新製品の価格を，春先にお試し価格で安くするというのもあるでしょう。

　第2は，需給の時間的アンバランスの調整です。例えば，週末に需要が集中する遊園地で，週末の価格を高くする，あるいはウィークデイの価格を安くするといった具合です。上記のホテルや飛行機の場合は，収容人員（供給量）は一定であり，しかも顧客が1人増えたことによって生じる変動費はそれほど高くありません。そうなると，空き室や空席を避けるために，価格を安くしてオフタイムやオフシーズンの需要を増やすことが合理的になるわけです。

　そこまで極端でなくとも，小売業でも，需要が増えれば，あるいは在庫が減れば価格を上げ，逆の場合は価格を下げるという動機は働くはずです。

　第3は，ライバルに対する対抗です。ライバルに追随したり，ライバルを出し抜いたりするために価格を変えるというのは，よくある話です。

ダイナミック・プライシングへの注目

　状況に応じて価格を変更するというやり方自体は目新しいことではありません。以前から行われていました。ダイナミック・プライシングが2010年代後半以降，注目を浴びてきた大きな理由は，ECの浸透やデータ分析技術の発展により，そのより効果的な実施が容易になったことです。在庫を集中させ，データやAI（人工知能）を活用し，オンラインで価格を提示するということになれば，需要拡大，利益最大化を目指して，より効果的に価格を変更することが可能になります。例えば，**アマゾン**では，同じ製品であっても，日によって価格が大きく異なるというのは，珍しいことではありません。

　価格の変更に値札の入れ替えがともない，柔軟な価格設定が難しかった小売実店舗においても，電子値札などの導入により，ダイナミック・プライシングは，広がりをみせています。

　以前から柔軟な価格設定を取り入れてきたサービス業においては，データ分析技術を精緻化させることにより，より効果的な価格設定が行われるようになりました。宿泊施設，交通機関，イベントなどでは，**レベニュー・マネジメント**とか**イールド・マネジメント**の名のもと，販売実績などから需要予測を行い，きめ細かな価格設定により，売上や利益の拡大を図ってきました。例えば，サッカーのJリーグでは，さまざまな価格の座席を設けるとともに，同じ座席であっても購入のタイミングによって価格が異なる場合があります（日経ビジネス2019）。セグメント別価格設定とダイナミック・プライシングの組み合わせであり，個別プライシングへと向かっていくのかもしれません。

ダイナミック・プライシングの問題点

　ただ，ダイナミック・プライシングに関しては，いくつかの問題点も指摘されています（Dolan and Simon 1996）。

　第 1 は，実施のための費用です。価格の変更は，場合によっては，在庫に不規則な変動をもたらしたり，従業員によけいな手間を生じさせたり，その変更を告知するためのプロモーション費用を発生させたりして，費用を増加させる可能性があります。

　第 2 は，顧客行動への悪影響です。例えば，1000 円であった価格が一度 900 円に引き下げられると，内的参照価格が低下し，元の 1000 円という価格は高すぎるとみられるようになるかもしれません。またバーゲンが度重なると，多くの顧客が「次のバーゲンを待つ」ということになりかねません。

　ダイナミック・プライシングについて懸念される第 3 は，それが顧客に不信感をもたらしかねないことです。昨日 1000 円で売っていたものが，今日買おうとしたら 1500 円になっていたというのは，あまり愉快なものではありません。顧客エンゲージメントが強調されているなか，いかに儲かるからといって，むやみに顧客の反感を買うようなことをするのは，得策ではありません。ダイナミック・プライシングにおいて顧客の不信感を回避するためには，それに適した製品やサービスの選択や価格変動幅の設定とともに，顧客が納得できるような情報発信が必要になるものと思われます（上田 2021）。

9. 製品ラインの価格設定

製品ライン内での位置づけと相対的価格関係

　価格設定において大きな役割を果たすもう 1 つの要素は，企業が有する製品ラインのなかでの当該製品の位置づけです。

　今日の企業は多くの場合，1 つの製品カテゴリーのなかに複数の品目を有し，これら複数の品目によって製品ラインを構成しています。価格設定すべき製品がこの製品ラインに含まれるときには，製

品ラインのなかでどのような立場にあるかが考慮されなければなりません。

いま，単純に高級品，中級品，普及品の３つの品目からなる製品ラインを想定しましょう。セグメント別価格設定の観点からは，可能な細分化フェンスを前提に，各顧客において支払意思価格と購買価格ができるだけ近くなるような価格関係が望まれます。このとき，上位品目と下位品目の価格差が大きければ下位品目の売上が，逆に価格差が小さければ上位品目の売上が，それぞれ相対的に大きくなる傾向にあります。

また，とりわけ買い手の製品判断力が低いときには，かれらは製品間の相対的価格関係で品質を評価しがちです。このような場合は，価格は市場細分化の具体的手段となるわけで，それだけに，価格差を大きくしすぎて需要を逃したり，小さくしすぎて混乱を招いたりする可能性もあります。さらに，製品ラインの構成にあたっては，イメージ・リーダー，高利益品，高売上品といった位置づけがなされることがあり，その場合はこれらに応じた相対的な価格関係が求められることになります。

需要の交差価格弾力性

上記のような例における３つの品目の間で，まったく代替関係が生じない形で細分化フェンスが設定されることも，ありえないことではありません。例えば，ビデオカメラの製品ラインに，プロ用，マニア用，家庭用の３種類しかなければ，互いの代替関係はほとんどないのかもしれません。

しかし，多くの場合は，ある程度の代替関係は存在します。したがって，仮に中級品を値下げして中級品の売上が増えたとしても，代わりに高級品や普及品の売上が減少するという事態は，十分に想定できます。つまり，ある品目の価格切り下げの効果は，その品目

277

の売上に留まるとは限りません。品目Ａの値下げが，代替関係にある品目Ｂの売上を減らすということもあります。

　こうした関係を扱うための考え方が，**需要の交差価格弾力性**です。需要の交差価格弾力性は，

$$需要の交差価格弾力性 = \frac{品目Ｂ売上数量の変化量／品目Ｂ売上数量}{品目Ａ価格変化額／品目Ａ価格}$$

で，計算され，品目Ａの価格が変化したとき，それによって品目Ｂの売上がどれだけ変化するかを表しています。

　当然のことながら，品目Ａと品目Ｂの間にまったく関係がなければ，交差価格弾力性の値はゼロになります。これに対して，両者の間に**代替関係**があれば，交差価格弾力性は正になります。逆に，用途が関連しているといったように，両者が**補完関係**にあれば，交差価格弾力性は負の値をとります。

製品ライン全体への影響

　あるインスタントコーヒー・メーカーの製品ラインにＡとＢの2つの品目があり，品目Ａの値下げを行ったとします。その結果，従来そのメーカーのインスタントコーヒーを購買していなかった顧客の獲得とともに，品目Ｂを購買していた顧客が，品目Ａの価格切り下げによって，品目Ａにスイッチするという事態も，考えられます。もし品目Ａの新規顧客の大半が，従来品目Ｂを購買していて，そこからシフトしてきただけならば，当該メーカーにとって，大した売上増にはつながりません。**共食い**とか，**カニバリ**（Cannibalization）と呼ばれる現象が，これです。

　上記の高級品，中級品，普及品の例の場合，高級品を値上げし，その結果，高級品を買うつもりの顧客の多くが代わりに中級品を購買することもあります。また，高級品の値上げは，中級品や普及品の購買における内的参照価格にも影響を及ぼします。

　このように，互いにある程度の代替性をもった品目が製品ライン
を構成するとき，そのなかの１つの品目の価格変更が製品ライン全
体の売上に及ぼす影響には，**代替効果**や内的参照価格への影響が関
わってきます。それだけに，製品ラインの価格設定は，細分化フェ
ンスを念頭に，これらの要因を考慮に入れて行われなければなりま
せん。

　なお，品目間の関係には，代替関係だけではなく補完関係もあり
ます。補完関係にある製品間の価格設定は，補論 10-2 で説明さ
れます。

10. ま　と　め

　製品の価格をいくらに設定するかは，マーケティングのなかでも，
重要な決定の１つです。

　価格は，顧客が支払う対価というばかりでなく，品質に関する情
報をもたらしたり，価値を生み出したりすることさえあります。ま
た，売り手にとって，価格のあり方は，他のマーケティング手段の
あり方をも規定します。

　本章では，マーケティングにおけるこうした価格の意義を説明し
たうえで，価格規定要因として，費用，需要，競争関係，マーケテ
ィング目標，マーケティング戦略や他のマーケティング・ミックス
要素を取り上げ，それらが，いかに価格決定に影響を及ぼすかを検
討しました。

　また，現実の企業は多様な需要に向かい合っているのが普通です。
需要が異なれば，同じ製品であっても，価格を変える必要が生じる
こともあります。さらに，同じ製品を同じ顧客に販売する場合であ
っても，状況が変われば価格を変えたほうがよいかもしれません。
そこで必要になるのが，セグメント別価格設定やダイナミック・プ

ライシングでした。

　そして，多様な需要に対応するために，1つの製品カテゴリーのなかで複数の品目を用意し，製品ラインを構成している場合には，個々の品目の特性を踏まえながら製品ラインとしての価格設定を行う必要があります。

　本章では，このセグメント別価格設定，ダイナミック・プライシング，製品ラインの価格設定も取り上げられました。

補論 *10 - 1*　価格競争への対応

価格攻撃への対応

　競合企業からの**価格攻撃**を受けたとき，どのように対処すべきなのでしょうか。もちろん場合によっては，価格攻撃に応じて激しい価格戦争に向かわなければならないこともあります。しかし，そうした対応が常に適切なわけではありません。

　価格攻撃にいかに対応すべきかを規定する条件は，図10-8のように，整理されます（Nagle and Holden 2002）。

　図において縦軸は，価格で反撃することの費用とメリットの関係です。すなわち，反撃の費用が，反撃によって阻止できる売上のロスよりも小さいか否かで，小さいならばその反撃の費用は適正とみなされ，大きいならば費用は過大だとみなされます。このさい，反撃の費用や反撃によって阻止される売上ロスは，当該市場における今回の反撃だけでなく，競合によるさらなる価格攻撃や他の市場への波及効果をも念頭に置いて推定されなければなりません。

　これに対して，横軸は，競合企業の自社と比べた相対的競争地位です。

　競合企業が相対的に劣位であるにもかかわらず，価格による反撃の費用が阻止可能売上ロスを上回っているならば，適切なオプションは，競合企業による価格攻撃を単に無視することでしょう。同じように，競合

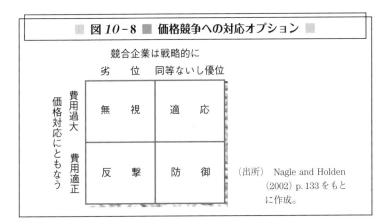

図 *10-8* ■ 価格競争への対応オプション

競合企業は戦略的に

劣　位　　同等ないし優位

費用過大｜費用適正（価格対応にともなう）

	劣位	同等ないし優位
費用過大	無　視	適　応
費用適正	反　撃	防　御

(出所)　Nagle and Holden (2002) p. 133 をもとに作成。

企業が相対的に劣位であっても、価格による反撃の費用が阻止可能売上ロスを下回っているならば、価格での反撃が容認されます。

　競合企業が自社と同等ないし自社より優位にあり、しかも反撃の費用が阻止可能売上ロスを上回っているならば、無視もできないのですが、積極的な対応もできません。この場合の対応は、競合企業を市場に受け入れ、自らは競合企業からの影響が少ない新たなニッチな場所を探すことです。これが適応です。

　最後に、競合企業が自社と同等ないし自社より優位にあるが、反撃の費用が阻止可能売上ロスを下回っている場合は、防御ということで、競合企業による価格攻撃を効果のないものにするための対応が求められます。例えば、競合企業の価格攻撃に常に厳密にフォローしていけば、競合企業がやがて価格攻撃の効力に見切りをつける可能性は高まります。

攻撃的価格設定

　また、場合によっては、第6章第2節で説明したコスト・リーダーシップ戦略を採用する場合のように、自社からの攻撃的な価格設定が正当化されることもあります。

　一般的にいって、その製品が導入期や成長期にある場合には、価格競争によって市場が拡大することも少なくありません。また、先に述べた

規模効果や経験効果などにより企業間にかなりの費用格差がある場合，あるいは財務的体力に格差がある場合も，攻撃的な価格設定は有効なものになりえます。さらに，補論10-2で述べるように，補完品があって，補完品での高い利益が見込める場合も，同様です。このほか，標的市場の絞り込みを行い，競合企業が対応している市場のなかの一部のみに自社が対応している場合には，価格競争は対応市場が広い競合企業により大きなダメージをあたえるだけに，自社からの価格攻撃は効果的なものになりえます（Nagle and Holden 2002）。

逆に，これらの条件が満たされない場合は，攻撃的な価格設定は価格戦争を招く可能性が高く，対立回避の方策が模索されることになります。

補論*10-2* 補完品の価格設定

補完関係への注目

ある企業が品目Aと品目Bをもち，品目Aの値下げが，用途面で関連し補完関係にある品目Bの売上を拡大することがあります。この場合，交差価格弾力性は負の値をとります。

例えば，蕎麦と蕎麦つゆは典型的な補完関係であり，蕎麦の価格を下げれば，蕎麦の売上が増えるとともに，蕎麦つゆの売上も増えるという事態は十分に考えられます。しかし，この事例では，自社の蕎麦とともに他社の蕎麦つゆが売れてしまうかもしれません。ただ，自社の蕎麦と蕎麦つゆがとくに相性がよければ，こうした事態は避けることができるかもしれません。

それが，自社のプリンターには自社のカートリッジしか使えないといった場合には，この補完関係はより強いものになります。そうなると，仮にプリンターの価格を低く設定して利益率が悪くなっても，カートリッジの価格を高めにして，全体として利益を確保するという考え方も生まれてきます。

同様に，一眼レフカメラの交換レンズといった，オプション品におい

ても，本体との間の補完関係に基づいて，こうした価格設定が行われる
可能性があります。

　補完関係は，製品間のみに限定されるわけではありません。自動車を
買えば，そのあとのメンテナンス・サービスを長期にわたって購入し続
けなければならず，したがって，自動車という製品とメンテナンスとい
うサービスは補完関係にあります。それだけに，製品単位の収支ではな
く，ある程度長い時間軸のなかで，顧客単位の収支を考えたほうが有効
な場面も生じてきます。第6章第4節で説明された関係性マーケティン
グや第12章第7節で取り上げるインターネット環境でのマーケティン
グは，このような補完関係に注目している面もあります。

バンドル製品の価格設定

　補完品の価格設定と深い関連を有するのが，バンドル製品の価格設定
です。

　バンドル製品とは，複数製品を組み合わせた製品です。例えば，**マイ
クロソフトの「オフィス」**は，ワード，エクセル，パワーポイントなど
のソフトウェアを組み合わせたバンドル製品です。旅行代理店は，宿泊
と交通機関を組み合わせた，多くのバンドル製品を用意していますし，
レストランでも，バンドル製品としてのさまざまなセット・メニューを
みることができます。また，携帯電話会社のなかには，本体と通信のバ
ンドル製品を導入している例もみられます。

　バンドル製品が有効になる状況として想定できる1つは，例えば，補
完関係にある製品やサービスを組み合わせることによって，費用の削減
が図られる場合です。あるいは，顧客が，面倒くささや能力不足から，
個々の製品についての選択を厭う場合も，あらかじめ**バンドル化**された
製品は歓迎されるでしょう。

　さらに，これらとともに，顧客間で支払意思価格のかなり異なる製品
がいくつかあり，それらの間でバンドル化が可能な場合も，製品のバン
ドル化は有効です。

　例えば，ある企業が品目Aと品目Bをいずれも1000円の価格で販売
していたとしましょう。市場にはⅠとⅡの2つの顧客グループがあり，

	単体価格	支払意思価格：顧客グループⅠ	支払意思価格：顧客グループⅡ
品 目 A	1,000 円	2,000 円	500 円
品 目 B	1,000 円	500 円	2,000 円

■ 表 *10-1* ■ 製品バンドル化の例 ■

各顧客グループの品目Aと品目Bに対する支払意思価格が，表10-1のようになっていたとしましょう。この企業が，もし品目Aと品目Bを別々に販売していたとすれば，単体価格と支払意思価格の関係から，品目Aは顧客グループⅠのみによって，品目Bは顧客グループⅡのみによって，それぞれ購買されます。これに対して，品目Aと品目Bをバンドル化して，2000円の価格で販売すると，どうなるでしょうか。顧客グループⅠも顧客グループⅡも，このバンドル製品に対する支払意思価格は2500円です。したがって，双方の顧客グループとも，このバンドル製品を購買することになります。

　この例におけるトリックは，**消費者余剰**の移転と呼ばれるものです。すなわち，顧客グループⅠが品目Aのみを購買すると，価格が1000円であるのに，支払意思価格は2000円ですから，1000円の消費者余剰が発生します。売り手企業からみれば，1000円だけ本来手にできる収入を逃しています。製品のバンドル化は，この消費者余剰の一部を，品目Bを通して回収しているとみることができるわけです（Guiltinan 1987）。

■■■■ 練習問題 ■■■■　　　　　　　　　　　　　　　　　　　　Exercises ■

1.　スーパーマーケットに行って，ペットボトル入りミネラル・ウォーター各製品の実売価格を調べ，それらの間の違いはなにによるものなのかを検討してみましょう。

2. 需要の価格弾力性が正になる，具体的な事例を挙げてください。
3. 自分の周りにみられるさまざまな細分化フェンスのなかで，うまく機能しているものとうまく機能していないものを1つずつ挙げ，それぞれについて理由を説明してください。

第 11 章

プロモーション政策

Introduction

　マーケティング計画の策定においては，いかなる製品を
つくり，それをいかなる価格で販売するかが重要であるこ
とはいうまでもありません。しかし，いかにすぐれた製品
が開発され，それにいかに適切な価格がつけられたとして
も，消費者がそうした製品の存在を知らなければ仕方があ
りませんし，仮に消費者がその存在を知っていても，よさ
を認識していなければ，その消費者の購買は期待できません。
さらに，今日のマーケティングにおいては，購買を超えた
エンゲージメントの醸成が不可欠です。

　プロモーション活動とは，このような文脈において，消
費者に製品ないしサービスについての情報あるいはそれに
結び付く企業についての情報を伝達し，その価値を認識し
てもらい，これらにより需要を喚起し，維持するとともに，
エンゲージメントを醸成するための活動です。したがって，
プロモーション活動の最終目的は，消費者の購買とエンゲー
ジメントだとみることができます。

　本章では，このプロモーション活動を取り上げ，その内
容をインターネットまで含めた形で説明するとともに，プ
ロモーション活動のあり方に関するプロモーション政策に
おいて，いかなる決定が，いかに行われるかが検討されます。

1. プロモーション活動の役割

第2章第2節と第3節では，ある製品カテゴリー（例えばスマートフォン）からの購買において，最終的な購買にたどり着くまでの購買意思決定過程と代替案評価過程を図2-3と図2-6のような形で整理しました。消費者はこうした過程のなかで，一連の体験をたどります。これをカスタマー・ジャーニーといいました。

消費者は通常，ニーズを認識し購買を意識する前の段階でも，以前の購買経験や日常生活における種々の情報との**遭遇**から，当該製品カテゴリーについて，事前になんらかの知識をもっているのが普通です。しかし，場合によっては，とくに耐久消費財のように購買頻度が低い場合には，事前知識だけでは十分ではなく，ニーズを認識した後の購買意思決定過程のなかで，代替案評価過程に対応した形で，必要に応じて意図的に情報を探索します。すなわち，消費者は，知名集合や想起集合を形成し，確信をもって想起集合内のさまざまな製品を正しく理解するために，購買意思決定過程をめぐるカスタマー・ジャーニーのなかで必要に応じて，情報を探索するわけです。

容易にわかるように，広告をはじめとする**プロモーション活動**は，消費者の代替案評価過程に対応して，自社の製品を知名してもらい，想起集合に含めてもらい，確信をもって正しく理解してもらうために展開されます。プロモーション活動を通じて，消費者が必ずしも明確に認識していない価値を訴求することにより，ニーズ認識を図ったり，選好構造に働きかけたりすることも，場合によっては可能です。さらに，小売店頭での情報伝達の管理も，プロモーション活動の重要な一環です。また，購買を超えたエンゲージメントの醸成にもプロモーション活動は不可欠です。

　これらの目的のために，企業は，多額の支出を投入して，プロモーション活動を行っているわけです。

2. 消費者の情報源とプロモーション手段

　消費者は，ニーズ認識や代替案評価過程の各段階に対応して，あるいは購買を意識する前の段階で，意図的かどうかはともかく，さまざまな**情報源**と接触して，情報を取得します。消費者を取り巻くこうした情報源には，マーケティング主体である売り手にとって直接コントロール可能なものもあれば，直接はコントロール不能なものも含まれます。

　一般に，消費者にとっての情報源は，それが人的なものか非人的なものか，そして企業にとって直接コントロール可能か否かによって，図 11 - 1 のように分類することができます。

　図において，企業にとって直接コントロール可能で非人的な情報源として，製品とあるのは，小売店頭などで見るパッケージを含めた製品そのものです。また，「安かろう，悪かろう」という形で，価格が消費者にとって情報源となることもありえます。第 10 章で述べた，品質・価格関係です。さらに，人的情報源の欄で，小売店がコントロール可能とコントロール不能の中間にあるのは，例えばメーカーにとって，系列小売店の店員や大型店への自社の派遣店員はコントロール可能であることが多いのですが，大型店自身の店員はなかなかそうはいかないからです。なお，図に示された情報源はあくまでも例示であり，網羅的なものではありません。

　カスタマー・ジャーニーに対する，企業のプロモーション手段を用いた働きかけは，例えばプロモーション手段としての製品パッケージがそのまま消費者情報源になるというように，より直接的な形で行われることもあります。あるいは，プロモーション手段として

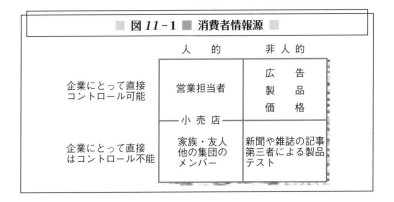

図 *11*-1 消費者情報源

	人 的	非 人 的
企業にとって直接 コントロール可能	営業担当者	広 告 製 品 価 格
	― 小 売 店 ―	
企業にとって直接 はコントロール不能	家族・友人 他の集団の メンバー	新聞や雑誌の記事 第三者による製品 テスト

の広告が家族や友人との会話を促進するというように，より間接的な形で作用することもあります。

いうまでもなく，第2章第8節で説明した，オウンド（Owned）・メディアとペイド（Paid）・メディアは直接コントロール可能に対応し，アーンド（Earned）・メディアは直接はコントロール不能に対応します。

3. プロモーション手段の6類型

カスタマー・ジャーニーへの働きかけに用いられる企業のプロモーション手段は，**広告**，**ダイレクト・メール**，**人的販売**，**パブリシティ**，**セールス・プロモーション**（SP: Sales Promotion），**イベント**の6つに分類することができます。

広　告

プロモーション手段のうち，第1の広告は，きわめて広範囲の人々に情報を露出しうる方法です。しかも，広告は，短期的効果のみならず，長期的な累積効果も有するといわれています。例えば，

289

消費者が**サントリー**「**伊右衛門**」の新製品「**伊右衛門特茶**」の広告を見て，「伊右衛門特茶」を買いに行くというのは短期的効果です。これに対して，その広告によって「伊右衛門特茶」というブランドを覚え，その記憶に基づいて広告が終了した後に，「伊右衛門特茶」を買ったり，さらに「伊右衛門」の別の製品を買ったりするというのは，長期的な効果です。長期的な効果は，効果が持続するだけに，「伊右衛門特茶」というブランドに関して，あるいは「伊右衛門」というブランドに関して，累積していくと考えられています。

　広告には，テレビ，ラジオ，新聞，雑誌，インターネット，交通（電車内の広告など）といった媒体があります。

　広告は，それ自体が消費者の非人的な情報源の1つであるとともに，とりわけ話題性のあるものの場合には，企業にとって直接的にはコントロール不能な消費者間の人的なコミュニケーションを喚起する手段ともなります。また，自動車などにみられるように，広告によってコントロール下にある販売店へ消費者の吸引を図るということもあります。さらに，広告によって消費者の購買意欲を直接喚起し，それにより，コントロール下にない小売店での取扱い意欲を高めるという効果もあります。

ダイレクト・メール

　第2のダイレクト・メールは，独立したプロモーション手段のカテゴリーとみなされる場合もありますし，広告の一形態と位置づけられることもあります。いずれにしても，ダイレクト・メールは受け手を特定したなかでのプロモーションであり，それだけにきめ細かな情報伝達を可能にします。また，ダイレクト・メールはプロモーション手段であるとともに，流通チャネルにもなり，こうした役割はインターネットの普及とともにより大きなものとなっています。

人 的 販 売

　第3の人的販売は，消費者と直接接触して，あるいは消費者と日常接触する小売店に直接・間接に働きかけることによって，**人的情報源**を通しての消費者へのコミュニケーションに携わります。

　コミュニケーション・チャネルのなかでの営業担当者や小売店の店員といった人的情報源の特色は，なによりも一対一の**双方向コミュニケーション**によって，消費者への説明にあたれることです。また，情報源としての製品そのものの消費者への露出の促進においては，**小売店頭スペース**の確保といった活動も重要であり，ここでも営業担当者は大きな役割を果たします。

　ただ，小売店頭での**人的コミュニケーション**や売り場スペースの提供を通じて，小売店が特定メーカーのプロモーション活動においてどれだけ有効に働くかは，そのメーカーの人的販売活動だけでなく，企業の流通チャネル力や流通チャネル政策にも大きく依存します。したがって，プロモーション活動のなかでの人的販売の役割を評価するにあたっては，流通チャネルについての考慮も必要です。

パブリシティ

　第4のパブリシティとは，例えば新聞・雑誌の記事やテレビ・ラジオの番組のなかで，当該企業による直接の支払いなしに行われるその企業の製品などについての情報提供を，促進していく活動です。したがって，**プレス・リリース**なども，パブリシティに含まれる部分が少なくありません。

　このような情報源は，企業側からのコントロールが若干行き届かない面もありますが，消費者からみたときに情報の送り手が企業そのものではなく第三者であるため，より客観性と信頼性が高く，色メガネなしで受けいれられやすいという特性をもちます。また，効果的なパブリシティは，消費者間の人的コミュニケーションを喚起

するという面でも有効です。

SP

第5のSPとは，最終顧客や流通業者に提供される，主に短期的な効果を有する販売促進手段で，ここには，**店頭ディスプレイ**，**試供品配布**，**クーポン**，**コンテスト**，**懸賞**，**プレミアム**，**実演**など，きわめてさまざまなものが含まれます。

これらSPは，例えば，店頭ディスプレイは消費者の注目を引くことによって，あるいは試供品配布やプレミアムなどは，消費者の**試用**を促進することによって，情報伝達に貢献し，とくに短期的効果をもたらします。

イベント

第6のイベントには，オリンピックやワールドカップのようなスポーツ・イベントをはじめ，娯楽や芸術のイベント，フェスティバル，フェアなど，さまざまなものが含まれます。これらのイベントのスポンサーになれば，イベントの性格に応じた顧客に標的を絞って，知名度を高めたり，好ましいイメージを形成できたりするほか，コンテストや懸賞などのSPの機会も提供されます。テレビ広告の影響力が低下するなかで，プロモーションにおけるイベントの重要性は高まっているといわれています（Kotler and Keller 2012）。

プロモーション・ミックス

企業はこれらのプロモーション手段により，消費者に直接情報を提供したり，直接にはコントロール不能な情報源に働きかけたり，あるいは特定情報源に消費者を吸引したりして，消費者への好ましい情報の伝達を促進しようとします。**プロモーション・ミックス**とは，そうしたプロモーション手段の組み合わせにほかなりません。

4. 消費者情報源としてのインターネット

　1990年代の中頃以来，日本においても急激に普及・発展したインターネットは，経済社会のさまざまな面で大きな影響をあたえてきました。それは，マーケティングにも当てはまります。

　マーケティングの文脈において，インターネットは消費者に，新たな購買場所を提供するとともに，従来とは比べものにならないような豊富な情報の取得を可能にします。さらに，企業には新たなマーケティング・ツールをあたえます。そのため，インターネットは，消費者の購買意思決定過程や代替案評価過程との関連のなかで，消費者情報源として，また企業のプロモーション手段として位置づけられます。

インターネットにおける消費者情報源のタイプ

　まず，消費者情報源としてのインターネットから考えていきましょう。

　一口にインターネットといっても，消費者の情報源としては，いくつかの形態が考えられます。インターネットとはあくまでもコミュニケーションのための手段であり，消費者の立場からみれば，それはさまざまなタイプの情報源となりえます。

　第1は，企業，組織，個人などが設置するウェブサイトです。消費者はパソコンやスマートフォンを使ってさまざまなウェブサイトを閲覧し，情報に遭遇したり，あるいは情報を探索したりすることができます。また，あるウェブサイト上の広告から別のウェブサイトへ導かれ，情報を取得するということもあります。

　第2に，消費者は，インターネットによってメッセージをやりとりすることができるわけで，それによって問い合わせを行ったり，

ダイレクト・メールなどを受け取ったりすることもできます。

第3には，上記の2つと若干重複しますが，消費者は，多くの人々が情報を提供し，閲覧することができる，ブログやSNSといった，ネットワーク上の**消費者生成メディア**（CGM: Consumer Generated Media）から情報を取得することもあります。この情報提供や閲覧の過程で，インターネット上にコミュニティが形成されるのも珍しいことではありません。これを**インターネット・コミュニティ**（以下ネット・コミュニティ）といいます。

インターネットによるこれらの情報源においては，マーケティング主体である企業だけでなく，個人や第三者機関も，情報の送り手となりえます。そのため，情報源としてのインターネットは，オウンド・メディアやペイド・メディアだけでなく，アーンド・メディアであることもあり，企業から直接はコントロールできないことも少なくないわけです。

双方向性と個別性

消費者情報源としてのインターネットは，従来の情報源と比べ，いくつかの顕著な特性を有しています。それらのうち，プロモーション政策との関連で，ここで注目する第1は，その双方向性と個別性です。

消費者情報源としてのインターネットは，非人的なものとみなされる場合が多いでしょう。例えば，ある企業がウェブサイトで一方的に情報を提供している場合，それは消費者にとってはまさに非人的な情報源です。

ただ，注意すべきは，そもそも人的情報源と非人的情報源は，実質的になにが異なるかです。例えば，テレビ広告と小売店員を比べると，明らかに前者は非人的情報源であり，後者は人的情報源です。では，小売店員が電話で消費者に情報を伝達したときにはどうでし

ようか。電話というコミュニケーション手段を用い，直接は会っていないとはいえ，小売店員との会話は，人的情報源に近いものとみなすべきでしょう。

これは，電話のようなコミュニケーション手段を用いようと，小売店員との会話は，互いに情報をやりとりするという意味で双方向的なものであり，また，相手によって，状況によって，情報の内容を変えることができるという意味で，個別的なものだからです。あるいは，双方向性と個別性という，特性を有するがゆえに，小売店員との電話での会話は人的情報源に近いものとみなすことができるわけです。

2020年のコロナ禍以降は，Zoomのようなオンライン会議ツールが一気に普及し，マーケティングの現場でもそれらを用いたオンライン商談（接客）は珍しいものではなくなりました。

したがって，消費者情報源としてのインターネットは，非人的情報源としても，あるいは人的情報源に近いものとしても，機能するとみるべきでしょう。つまり，コミュニケーション手段としてのインターネットは，図11-1で示した消費者情報源4類型のいずれにも，事実上かなりの程度まで対応しうるのです。

5. プロモーション手段としてのインターネット

プロモーション手段としてのインターネットの諸形態

インターネットは消費者の情報源であるとともに，企業のプロモーション手段でもあります。

この両者は，例えば企業がウェブサイトによって発信した情報を消費者が自分で閲覧するというように，直接結び付いていることもあります。インターネットは，この場合，例えばリアルの世界において消費者がテレビ広告を見るのと同じように，企業にとってプロ

モーション手段であるとともに，直接コントロール可能な消費者情報源となります。

　しかし，それとともに，企業にとって直接はコントロールできない，例えばネット・コミュニティにおける消費者間のやりとりに，企業が投稿によって影響力を行使するということもあります。また，リアルの世界における小売店員と消費者の会話に，企業のウェブサイトが影響をあたえるということもあるでしょう。つまり，インターネットは，企業にとって消費者に直接情報を発信する手段をもたらすとともに，ネットとリアル双方における多様な消費者情報源に働きかけるための，さまざまなプロモーション手段を提供しうるのです。

　本章第3節に示したプロモーション手段の6類型との対応で考えても，例えば，**ディスプレイ広告**（ウェブサイトなどの広告枠に表示される広告）は，工夫次第では，テレビやラジオの広告に似た役割を果たします。

　他方，ウェブサイトにおいては，印刷媒体広告やカタログ・パンフレットと同等，あるいはそれ以上の情報を提供することができます。場合によっては，ディスプレイ広告のような広告からより詳細な印刷媒体のような広告へ，さらには自社のウェブサイトへ誘導することもあります。

　また，インターネットが営業担当者や小売店員に近い役割を果たしうることは，上述の通りですし，第三者による情報提供に，インターネットを通じて働きかけるパブリシティ活動も，すでによくみられる通りです。インターネット上でイベント開催が可能なことはいうまでもありませんし，本，音楽，パソコンソフトといったデジタル化が可能な製品の場合は，インターネットを通じてサンプルの提供が行われることもあります。

　電子メールによって，ダイレクト・メールと類似した効果を達成

できる場合もあります。

　こうしたなかで，インターネットは，従来のプロモーション手段とはかなり異なる形での，顧客とのコミュニケーションを可能にしました。その結果，インターネットの広がりにともなう消費者行動やマーケティングの変化も相まって，プロモーション政策には大きな変化が迫られたわけです。

検索連動型広告

　インターネットを用いたプロモーション手段のなかには，従来のプロモーション手段とはかなり異なる特徴をもつものも少なくありません。その1つが，**検索連動型広告**（リスティング広告）です。

　インターネットにおける広告の大きな特徴は，広告媒体であるサイトが膨大な数にのぼるため，**到達顧客数**が極端に少ないことです。

　例えば，全国ネットのテレビ番組に広告を出稿し，視聴率が10％であったとすると，1000万人以上の人々にその広告は届いたことになります。しかし，インターネットの広告によって，同様の数の人々に広告を届けることは，**ヤフー**（http://www.yahoo.co.jp/）のような，一部のポータルサイトを除けば，容易ではありません。これは，インターネット上には膨大な数のサイトが存在し，人々の視聴がそのなかで分散してしまうからです。

　他方，インターネットを用いたサンプル配布やダイレクト・メール送付は，きわめて低いコストで膨大な数の消費者に到達可能です。しかし，それだけに，消費者が受け取るこれまた膨大な数のサンプルやダイレクト・メールのなかで，自社のサンプル配布やダイレクト・メール送付の効果を引き上げることは必ずしも容易ではありません。

　そのため，インターネットでは，**グーグル**（https://www.google.co.jp/）で典型的にみられるように，消費者が入力する**検索キーワード**

297

に対して，検索結果とともに，関連の深い広告を提示するという，
検索連動型広告（リスティング広告）というやり方が役割を大きく
してきました。

COLUMN

グーグル

インターネット上の検索エンジンで知られるグーグルは，インター
ネット関連のビジネスで，最も急成長を遂げた企業の1つといわ
れています。

ただ，グーグルの検索エンジンを使っている人は多くいるでしょ
うが，通常それは無料です。では一体，グーグルはどのようにして
売上や利益をあげているのでしょうか。

グーグルの売上のかなりの部分は広告によるものです。しかし，
その広告のやり方は，伝統的な広告代理店とは，かなり異なるもの
です。

グーグルを特徴づける広告のやり方の1つは，「アドセンス」と
呼ばれるものです。ウェブサイトをもっている企業や個人がそのサ
イトをアドセンスに登録すると，グーグルはそのサイトに適した広
告を（サイト所有者の承諾のもとで）掲載し，その広告を通じて販
売が行われれば，サイト所有者にも一定額が支払われるという仕組
みです。

グーグルによる広告のもう1つのやり方が，「アドワーズ」です。
アドワーズにはいくつかのパターンがありますが，典型的には，広
告を出稿したい広告主は，掲載したい広告とその広告に関連したキ
ーワードをグーグルに登録します。グーグル利用者がそのキーワー
ド（もしくはそれに近い単語）を検索すると，登録されたその広告
が表示されるわけです。

こうしたグーグルのやり方の大きな特徴は，きわめて焦点を絞っ

た情報伝達を可能にしている点です。アドワーズにおいては，非常に焦点を絞ったキーワードの登録が可能で，そうすれば，焦点を絞った標的に情報を届けることが可能になります。テレビや新聞などのマスメディア広告は，多くの人々に到達するため，ある程度大量の販売を前提とします。これに対して，アドワーズでは，中小企業や個人でも，広告を出稿できます。

また，アドセンスでは，既存の広告代理店が相手にしないような，アクセス数が少ないサイト，極端な場合は個人で運営しているサイトでも，広告媒体として活用されることになります。いわば，広告主におけるロングテールと広告媒体におけるロングテールのマッチングです（第3章の COLUMN を参照）。

ただ，企業としてのグーグルが目指しているのは，インターネット上の広告代理店に留まるものではないようです。そのビジョンは，一方で，世界中にどのような情報があるのかを整理し，他方で，世界中の人々がどのような情報を求めているかを整理し，両者のマッチングを図っていくことだといわれています。Ｇメール，グーグル・アース，グーグル・ブックサーチなども，そうしたビジョンのなかで位置づけられています。

参考文献　　梅田（2006），Vise and Malseed（2005）。

プロモーション手段としての SNS

インターネット上の注目すべきいま1つのプロモーション手段は，**フェイスブック，ツイッター，インスタグラム**といった SNS です。

SNS において自身の公式アカウント，広告，**インフルエンサー**[1]

---

1)　インフルエンサーとは，他の消費者に影響を及ぼす消費者ですが，SNS 上では，

などを活用することにより，企業は，いつでも，さまざまな形態で情報発信を行えるとともに，顧客から反応や意見を得たり，情報の拡散を図ったりすることが可能になりました。また，キャンペーンといった形で，自社や自社製品に関する投稿を促進し，顧客間でのやりとりを活性化させるということも行われています。SNS を用いたこうしたコミュニケーションは，きめ細かな標的設定や密度の濃いやりとりを特徴とするだけに，エンゲージメントの醸成にも有効です。

　ただ，SNS は，公式アカウントであってもそこへの顧客の反応はコントロールできないアーンド・メディアであり，炎上の危険もあって，それに応じた対応が求められます。さらに，インフルエンサーの活用にあたっては，それがプロモーション行為であることの明示が必要であり，それを怠ると，いわゆる「**ステルス・マーケティング**」ということで，深刻な結果を招くことになります。

プロモーション手段としてのインターネットの影響

　プロモーション手段としてのインターネットは，従来のプロモーション手段を代替する部分もあれば，まったく新しいタイプのプロモーション手段を提供する部分もあります。また，新聞広告で企業主宰ネット・コミュニティへの参加を呼びかけたり，テレビ広告でウェブサイトの閲覧を働きかけたりというように，従来型プロモーション手段とインターネットが補完的な役割を果たすこともありま

多くのフォロワーをもち，他者に影響力のある投稿者ということになります。インフルエンサーのなかには数十万，数百万のフォロワーをかかえるメガ・インフルエンサーもいますが，フォロワーが 10 万人以下のマイクロ・インフルエンサーや，1 万人以下のナノ・インフルエンサーも SNS では重要な役割を果たしています。なお，マイクロ・インフルエンサーやナノ・インフルエンサーのフォロワー数による定義には，異なる見解もあります。

す。

　したがって，インターネットの登場は，従来のプロモーション手段の役割を単純に増減させるというのではなく，それらを新たな文脈のなかで位置づけるものとみるべきでしょう。

　なお，インターネットを含め，多様なプロモーション手段（メディア）の相互作用を活用するやり方を，とくに**クロスメディア**と呼んでいます。

6. 統合的マーケティング・コミュニケーションとプロモーション・ミックス

統合的マーケティング・コミュニケーション

　企業が有するさまざまなプロモーション手段は，第 2 章の図 2-3 や図 2-6 にみられた消費者の購買意思決定過程と代替案評価過程をたどるカスタマー・ジャーニーに対応した形で行使されます。したがって，種々のプロモーション手段の統合的なあり方を定めるプロモーション政策は，カスタマー・ジャーニーに基づいたプロモーション目的をより効果的に達成すべく，策定されなければなりません。

　そうしたなか，インターネットは消費者に多様な情報源をもたらしました。ところが，それらのなかでは，企業の直接的なコントロールが及ばない，SNS のようなアーンド・メディアが重要な役割を果たしています。そのため，マーケティングには購買を超えて，エンゲージメントの醸成が求められているわけです。

　他方で，インターネットは，企業により小規模なセグメント向けもしくは個々人向けの，より濃密なコミュニケーションを可能にするさまざまなプロモーション手段をもたらしました。

　つまり，インターネットの登場により，消費者は多様な情報源を，

企業は多様なプロモーション手段をもつことになったのです。

　消費者はカスタマー・ジャーニーのなかのさまざまなタッチポイントにおいて，さまざまな情報と体験に遭遇します。企業はそれらに対して，多様なプロモーション手段を駆使して直接・間接の影響を行使します。インターネット登場前は，プロモーション手段のなかで広告や流通チャネルが大きな役割を占めてきました。それが，インターネットの登場により，プロモーション手段も多様化しました。そのため，さまざまなタッチポイントに向けた，多様なプロモーション手段による情報発信を統合的に管理する必要が高まってきました。それが，**統合的マーケティング・コミュニケーション**（Integrated Marketing Communication: **IMC**）への注目が高まっている理由の1つです。つまり，IMCという考え方のもと，オフラインとオンラインの双方にわたる多様なプロモーション手段を，魅力的な体験の提供とエンゲージメントの醸成を目指して，それぞれの特質を生かしながらも，一貫したメッセージを発信するよう，統合的に管理するわけです。

　したがって，IMCは第6章第5節で説明したCXMの重要な部分を担うといってよいでしょう。

プロモーション・ミックスとプロモーション目的

　章末の補論11-1では，このプロモーション政策における重要な決定事項が6つのMという形で整理され，説明されますが，その1つ（Media）が，種々のプロモーション手段の組み合わせである**プロモーション・ミックス**です。

　プロモーション・ミックスのあり方は，**プロモーション目的**に大きく依存します。

　例えば，新製品のように，知名度の向上やより多くの人々の想起集合に当該製品を含めることがプロモーションの主要目的であると

きには，広告の有効性が高まります。

　これは，1つには，広範囲の消費者に情報を露出しうるという広告の媒体特性によるものです。しかし，それだけではありません。消費者は，例えば特定のテレビ広告にいちいち注目していなくても，それが繰り返されていると，その内容をある程度までは記憶してしまうことがあります。これを「**低関与学習**」といいます（Krugman 1965）。とくにテレビやラジオといった電波広告は，消費者の低関与学習を促進することが知られており，製品の知名度は，この低関与学習によって高まっていくことが少なくありません。

　低関与学習は，想起集合の形成においても重要です。消費者は購買候補として検討の価値がある製品を選択するさいに一定のルールを用いますが，このルールとしては多くの場合，第2章第4節でみた，非補償型ルールが用いられます。例えば，価格が一定の範囲に入るかなどは，よく用いられる1つです。そして，低関与学習により記憶にどの程度残っているかも，このルールとして，しばしば用いられます。

　これに対して，製品理解や確信の向上に関しては，小売店頭での店員の説明や現物の露出が有効になります。また，選好構造への働きかけを行ううえでも，店頭での人的コミュニケーションは効果的でしょう。さらに，非耐久財の場合は，SP による試用の促進が，製品理解や確信の向上を図るうえで効果を発揮します。

　とはいえ，もちろん，広告がこうした目的にまったく向かないわけではありません。とくに，印刷広告は，高額の耐久財や趣味性の強い製品などの製品理解のためには有効です。

　また，購買関与度が低い製品については，消費者が明確な製品理解なしに購買を行い，そのうえで理解なり評価なりが行われて再購買が検討されることがあります。このような場合，消費者の当初の製品選択において，低関与学習が大きな役割を果たします。

電波広告によって，製品理解や選好構造に働きかける場合もあります。しかし，この場合には，電波広告において消費者が一定のメッセージに注目しうる時間が限られているため，わかりやすいメッセージのデザインがとりわけ必要になります。

このほか，小売店頭での売り場スペースの確保のために，メーカーが小売業者に対して影響力を行使しようとするさいにも，メーカーの広告は一定の役割を果たします。したがって，消費者への情報伝達において店頭スペースの確保が重要である場合にも，広告の必要性は高まります[2]。

インターネット上のプロモーション手段にも，電波広告のような役割を果たすものもあれば，小売店頭での店員の説明のような役割を果たすものもあります。それらは，プロモーション目的との間に従来のような関係を維持しているとみてよいでしょう。しかし，インターネット上には，従来のプロモーション手段にはなかったような特徴を有するものもあります。そのため，インターネットの浸透にともない，プロモーション目的とプロモーション手段の対応は，上述のような形から，より複雑なものになっていくと思われます。

7. プッシュ対プル

プロモーション・ミックスは，このように，計画されているプロモーション活動の目的に大きく依存します。しかし，それは同時に，製品のタイプや対象とする消費者の特性によっても左右されます。

---

[2] 第2章第7節では，購買意思決定過程や代替案評価過程とマーケティング活動の関係に注目したため，マーケティング活動のなかで相対的に有効性の高いものが強調されました。これに対して，本章では，購買意思決定過程や代替案評価過程とプロモーション・ミックスの関係に注目したため，プロモーション手段のなかで相対的に有効性の高いものが強調されています。

つまり，プロモーション目的が同じであっても，製品のタイプや対象とする消費者の特性が異なれば，プロモーション・ミックスは変わってきます。

プッシュとプルの違い

製品のタイプや対象消費者の特性によるプロモーション・ミックスの違いを考えるにあたっては，流通業者への働きかけを重視するプッシュ型ミックスと，製品力を重視するプル型ミックスの区別が有益でしょう。

まず，プッシュ型とは，消費者へのプロモーションにあたり，小売店頭での**説明販売**や**推奨販売**に重点を置くやり方で，したがってこの場合は，流通チャネルの行動をいかにコントロールしていくかが重要になります。つまり，メーカーからみたとき，小売店で自社の製品を説明販売してもらったり，推奨販売してもらったりするために，いかにマージンなどを提供していくかが重要になるわけです。電子商取引の場合であっても，プッシュ型では，オンライン小売業者への働きかけが重視されます。

これに対して，プル型においては，企業は，自身の製品力，そして広告やオンラインによる消費者への働きかけによって**指名購買**を導き，それをもとに流通チャネルによる取り扱いを確保することに重点を置きます。すなわち，メーカーからの直接的な働きかけにより消費者が当該製品を買う気になれば，流通チャネルを構成する小売業者，ひいては卸売業者もその製品を取り扱う意欲を高めるということです。

ただ，もちろん，プッシュ型プロモーション・ミックスをとる場合には広告はいっさい行われないとか，プル型プロモーション・ミックスのときにはチャネル・コントロールは等閑視されるというわけではありません。現実には，とくに消費財の場合は，ほとんどの

企業がプッシュ型活動とプル型活動の双方を行っており，プッシュ型プロモーション・ミックスとプル型プロモーション・ミックスの区別はあくまでも相対的なものだとみるべきでしょう。

　ちなみに，電子商取引のもとでのメーカーによる直接販売の場合はどうなるのでしょうか。プッシュとプルの違いはなくなるのでしょうか。そこで大切なのは，プッシュ型とプル型の違いを最終的にどこに求めるかです。その違いを，顧客への推奨販売か顧客からの指名購買かに求めるのであれば，メーカーによる同じ直接販売であっても，電子商取引サイト上の推奨やオンライン商談のようにプッシュ型のものもあれば，製品力や広告等の情報提供により購買へ導くプル型もあるとみておくべきでしょう。

製品間比較や時系列的傾向

　プッシュ型とプル型の区別は，それが相対的なものであるだけに，製品間や企業間あるいは時系列的な比較において，語られることが多いようです。

　例えば，インスタント食品や調味料のような加工食品と自動車を比べた場合，一般に前者ではよりプル型のプロモーション・ミックスやマーケティング・ミックスが採用され，後者ではよりプッシュ型のプロモーション・ミックスやマーケティング・ミックスが採用されていることは，直観的にも理解できるでしょう。また，戦後の日本のマーケティングにおいては，アメリカなどと比べると，よりプッシュ型のミックスをとる場合が多くみられました。メーカーが小売段階まで系列化を行った自動車，家電製品，化粧品，大衆薬（一般消費者向け医薬品）といった消費財は，よりプッシュ型のミックスが多くみられた典型的分野でした。

　さらに，家電流通における中小小売店の地盤沈下と量販店の台頭は，中小小売店がプッシュ型の，また，量販店がプル型の販路であ

ることを考えれば，日本におけるプッシュ型からプル型への時系列的な推移を示唆していると推察できるでしょう。

消費者製品判断力

　では，こうしたプッシュ型とプル型の違いはどこからくるのでしょうか。プッシュ型とプル型を左右する1つの大きな要因は，購買にあたっての消費者の**製品判断力**です。

　一般に，消費者は情報探索にあたって，製品判断力が高いほど，印刷媒体や製品の現物を重視する傾向にあるのに対し，判断力が低いほど，人的なコミュニケーションを重視する傾向にあります。したがって，製品判断力が低くなればよりプッシュ型のミックスが，逆に高くなればよりプル型のミックスが適切になるでしょう。とるべきプロモーション・ミックスが製品のタイプや消費者の特性によって異なるというのは，1つには，これらによって，消費者の製品判断力が変わってくるからです。

　インターネット環境のもとでも，製品判断力が高いときには，双方向性や個別性に欠けても，詳細な情報を効率的に伝達しうるプル型のプロモーション・ミックスが有効になります。したがって，この場合，相対的にはネット・プロモーション手段全体のウェイトは高まるでしょうし，そのネットのなかでは，ウェブサイトを中核に置いたような情報提供が，典型的には想定されます。

　これに対して，消費者の製品判断力が低いときには，双方向で個別のコミュニケーションを重視したプッシュ型プロモーション・ミックスが有効になり，とりわけ販売が店頭で行われている場合には，店頭での人的コミュニケーションの重要性が高まります。そのため，相対的には，ネットよりも，リアルの世界における情報提供のウェイトが大きくなる可能性が高くなります。

　ただ，新型コロナ危機以降は，Zoomのようなオンライン会議ツ

ールが急速に広がりをみせ，接客ツールとして活用されるようになっています。したがって，「消費者の製品判断力が低いときにはリアルの世界における情報提供のウェイトが大きくなる」という指摘が当てはまらなくなる日は，そう遠くないかもしれません。

　これはなぜでしょうか。よく考えて，章末の練習問題3に解答してください。

企業側要因

　プッシュ型とプル型の適切なバランスは，消費者の製品判断力といった環境要因に加えて，企業の経営資源やマーケティング戦略によっても規定されます。

　そのなかでも，とくに，いかなる流通チャネルを有しているかは，大きな影響をあたえます。例えば，同じ家電メーカーのなかでも，**パナソニック**はプッシュ型，**ソニー**はプル型といわれてきたのは，両社の製品ラインの違いに加え，それぞれが抱える系列小売店の数の差が，大きな理由になっていました。

　それだけに，プロモーション・ミックスの決定は，流通チャネルに関する決定とも深い関連を有します。

8. ま と め

　プロモーション活動とは，消費者に製品ないしサービスについての情報，あるいはそれに結び付く企業についての情報を伝達し，その価値を認識してもらい，これらにより需要を喚起し，維持するとともに，エンゲージメントを醸成するための活動です。

　本章では，第2章で説明した消費者の購買意思決定過程や代替案評価過程を念頭に置いて，プロモーション活動の役割を確認するとともに，プロモーション手段による働きかけの対象となる消費者情

報源を整理しました。次いで，企業が有する伝統的プロモーション手段（広告，ダイレクト・メール，人的販売，パブリシティ，SP，イベント）を説明し，さらに消費者情報源やプロモーション手段としてのインターネットを取り上げました。そのうえで，多様なプロモーション手段の統合的管理の必要性が IMC という形で強調されるとともに，プロモーション手段の組み合わせであるプロモーション・ミックスがどのように決まってくるかが，インターネット環境におけるものを含め，検討されました。

補論 *11 - 1* プロモーションの 6M モデル

プロモーション政策のなかでの重要な決定事項は，下記の 6 つの M によって整理することができます（Farris and Quelch 1987; Dolan 2000）。

① Market　　　　プロモーションの標的
② Mission　　　　プロモーションの目的
③ Message　　　　プロモーションによって伝えるべき情報内容
④ Media　　　　プロモーション手段の組み合わせと投入時期
⑤ Money　　　　プロモーション予算
⑥ Measurement　プロモーション効果の評価方法

まず，①Market は，当該製品の標的市場のなかで，どの部分へ情報提供を行うかです。例えば，第 7 章図 7-2 のイノベーション採用者分類の観点からは，初期少数採用者に焦点を絞るとか，前期多数採用者に焦点を絞るといった検討が行われるかもしれません。あるいは，首都圏といったように，地域的に特定の市場に焦点が絞られるということもあるでしょう。

②Mission は，プロモーション活動の対象市場で販売を促進するうえで，ニーズ認識ならびに代替案評価過程のなかで，どの部分への働きかけが最も有効であるかに依存します。つまり，この対象市場の人々に対して

プロモーション活動が必要なのは，その製品を知名している比率が低いからなのか，想起集合に含まれていないことが多いからなのか，あるいは知覚や確信の程度や選好構造に働きかける必要があるからなのか，などです。そして，②Mission があたえられれば，⑥Measurement もそれに応じた形で導かれます。

次の③Message，つまり送るべき情報内容は，上記のプロモーション目的によって大筋は決まってきます。ただ，広告などの場合は，ここでさらに，情報内容をいかに表現するかというメッセージ・デザインが議論されなければなりません。

広告などの表現は，一般にはアートの側面から語られることが少なくありません。しかし，効果的なプロモーションという観点からは，訴求すべき内容を，いかに受け手の注目を引きながら，わかりやすい受け手の言語で語るかが重要です。

④Media とは，一定の情報を送るにあたって，種々のプロモーション手段をいかに組み合わせるか，すなわちいかなるプロモーション・ミックスを構成するかで，本文で説明した通りです。

最後に⑤Money は，当該プロモーション活動の予算をいかにするかで，価格水準とも関係するマーケティング予算の全体水準とともに，プッシュとプルの割合からも規定されます。

■■■ 練習問題　　　　　　　　　　　　　　　　　　　　EXERCISES ■

1. SP の 1 つとしての試供品配布は，どのような条件のもとで，売上拡大に結び付きやすいと思いますか。具体的な例を挙げて，説明してください。

2. SNS を活用して成功したマーケティングの事例を調べ，それがなぜ成功したのかをプロモーション政策の観点から整理してください。

3. Zoom のようなオンライン会議ツールが広がりをみせ，接客ツールとして活用されるようになると，なぜ「消費者の製品判断力が低いときにはリアルの世界における情報提供のウェイトが大きくなる」という指摘

が当てはまらなくなるのでしょうか。また，Zoom のようなオンライン
会議ツールが接客ツールとして活用されるようになるのは，どのような
業界からだと思いますか。

第 *12* 章

流通チャネル政策

Introduction

　マーケティング主体としての消費財メーカーが製品を直接最終消費者に販売するというのは，2020年頃でもまだ限定的です。メーカーと消費者の間には，卸売業者や小売業者といった流通業者が介入するのが普通です。

　その理由は，第3章でみたように，メーカーが生産した製品を消費者の消費に供するためには，流通機能が果たされなければならず，この流通機能の遂行には，流通業者も参加したほうが効率的である場合が多いからです。

　しかし，あるメーカーが最終消費者に製品を販売するうえで，利用可能な流通業者の組み合わせは，単一とは限りません。それが複数存在する場合には，その製品を流通させていくうえで，最も適切な流通業者の組み合わせが選択されなければなりません。さらに，全体として効果的なマーケティング活動を展開していくためには，これら流通業者の行動をコントロールする必要があります。

　こうした流通チャネルの選択や管理を内容とするのが，流通チャネル政策です。本章では，この流通チャネル政策が検討されます。また，流通チャネルとしての電子商取引の特徴にも言及され，さらに2010年代後半から広まりをみせている，メーカーによる新たなタイプのオンライン消費者直接販売（D2C: Direct to Consumer）が取り上げられます。

1. 流通チャネル政策の特質

　流通チャネルを形成するのは，自社の営業部門であったり，販売会社であったり，あるいは外部の流通業者であっても長期の取引相手であったりします。つまり，メーカーと流通チャネルの間は，雇用関係や契約関係や人間関係などによって，半ば固定的に結ばれることも少なくありません。そのため，流通チャネルは，とくに日本においては，4P に要約されるマーケティング手段のなかで，模倣や変更が最も困難であり，それだけに優れた流通チャネルは，きわめて重要な競争優位の源泉になるといわれてきました。

　しかし，他方で，流通チャネルの末端は最終消費者にとっての購買場所であるだけに，流通チャネルのあり方は常に消費者の購買行動と適合していることが求められます。したがって，消費者の購買場所に関する好みが変化すれば，それに応じて，メーカーも流通チャネルを変更しなければなりません。ところが，メーカーと流通チャネルとの関係が固定化している場合は，その変更は必ずしも容易ではありません。消費者の購買場所の好みが，流通チャネルを通して，マーケティング戦略全体のあり方を変えたり，メーカーの市場地位に大きな影響をあたえたりするのは，そのためです。

　日本の場合，もともといわゆる囲い込みという形で，メーカーが流通業者との間で固定的な取引関係を結び，それを強みとしたマーケティングを展開することが少なくありませんでした。それが，1980 年代頃になると，多くの業界において，量販店のような，複数のメーカーの製品を取り扱う流通業者が優勢になり，そのことがメーカーの流通チャネル政策やマーケティング戦略全体のあり方に変更を迫る状況が多くみられるようになりました。さらに，2000 年代になると，電子商取引の普及にともない，流通チャネルとして

の電子商取引の重要性が増し，メーカーの流通チャネル政策はさらなる展開を求められるようになりました。

2. 流通チャネル選択の諸側面

流通サービス水準

　メーカーによって生産された製品が消費者によって消費されるためには，多くの流通機能が遂行されなければなりません。流通機能としては，所有権移転，在庫，輸送，マッチング（品揃え形成），取引条件に関する合意形成，金融などが挙げられます。これらの流通機能は，第3章で説明したように，分業によって生産者と消費者が分離したから必要になるものです。したがって，分業がある限り流通機能は必要なわけで，流通論の分野で古くからいわれてきたように，「中間業者は排除できても，かれらが果たしていた流通機能は排除できない」のです。

　流通チャネル政策においては，チャネルを構成する流通業者を選択し，メーカー自身や流通業者の間で流通機能が配分されなければなりません。なお，メーカー自身ならびにチャネルを構成する流通業者を**チャネル・メンバー**といいます。

　そのさいにまず決めなければならないのは，最終消費者との間の機能分担です。つまり，メーカーや流通業者に加え，最終消費者も流通機能を分担するわけで，メーカーや流通業者の分担が大きくなれば，消費者の分担は少なくなります。これは，**流通サービス水準**が高い状態です。逆に，メーカーと流通業者の分担が小さくなって，消費者の分担が大きくなれば，流通サービス水準は低くなります。流通サービス水準は，分業の結果生じる分離に対応して，ロット・サイズ，空間的利便性，配達時間，製品多様性，付随サービス[1]によって測定されます（Bucklin 1966; 鈴木・田村 1980; Kotler and Keller

2012）。

　容易にわかるように，流通サービス水準が高くなれば**流通費用**も高くなり，価格も高くなる傾向にあります。

流通チャネルの広さ・長さ・開閉基準

　流通チャネル選択においては，どの程度の流通サービス水準を提供するかを念頭に置きながら，まず最終顧客への**直接流通**か流通業者を通した**間接流通**かが決められなければなりません。間接流通を用いる場合，例えば消費財ならば，いくつの小売店で販売するかを決める必要があります。

　いくつの小売店で販売するかは，**流通チャネルの広さ**と呼ばれます。この流通チャネルの広さが，流通サービス水準の空間的利便性に対応します。

　取扱小売店の数を少なくするほど，流通政策は開放的から選択的になり，究極的には，特定の地域や製品について独占的販売権をあたえる**排他的流通**となります。排他的流通のもとでは，流通業者も競合品を扱わない場合が多くなります。

　一般に，購買関与度が低いほど，販売時の説明が必要ないほど，在庫費用が低いほど，広いチャネルが適切になります。

　流通チャネルの広さは，メーカーと小売店の間にいくつの卸売業者を介在させるかという，**流通チャネルの長さ**と密接な関係を有し

---

1)　ロット・サイズとは，小売段階でどれだけ小分けして販売されているかです。段ボール単位でしか売られていなければ，ロット・サイズの面で流通サービス水準は低く，ばら売りされていれば高いわけです。空間的利便性は，取扱小売店の数と考えてよいでしょう。取扱小売店の数が多くなれば，平均的な消費者にとってすぐ近くの小売店で買うことができるので，この面でのサービス水準は高くなります。配達時間と付随サービスは説明の必要はないでしょう。製品多様性は，小売店頭で提供されている当該製品のバリエーションの数です。

ます。取扱小売店の数が多く，流通チャネルが広ければ，そこにた
どり着くまでに多くの卸売業者が必要になり，流通チャネルは長く
なります。

さらに，流通チャネルの広さは，**流通チャネルの開閉基準**とも表
裏の関係にあります。流通チャネルの開閉基準とは，個々の流通業
者の総仕入量に占める当該メーカー製品の比率です。他の条件が等
しいならば，流通チャネルが狭く，取扱小売店の数が少ないほど，
流通チャネルが閉じてこの比率が高くなり，メーカーにとって流通
業者へのコントロールは容易になります。

このように，流通チャネルの広さ・長さ・開閉基準は互いに密接
な関係を有します。さらに，これらの決定は，流通サービス水準や
チャネル・メンバー間の機能配分と密接な関係を有するとともに，
どのような業態（専門店，総合量販店，コンビニなど）の小売店で販
売するかとも密接に関係します。各業態は機能分担に関してそれぞ
れ特性をもっていますから，結局これらは相互に関連することにな
ります。

複数のチャネルを同時に採用するという場合もあります。例えば，
大口業務用顧客には直販，小規模業務用顧客には代理店経由，消費
者には小売店経由といった形です。また，あるメーカーが同じ製品
を電子商取引と小売店の双方で販売するという事例もみられます。

ただ，第7節で詳しくみるように，メーカーが，同一の製品を一
方で小売店経由の間接流通で販売しながら，他方で電子商取引によ
る直接流通を行うと，小売店から苦情が出る場合もあるため，チャ
ネル選択という観点からはその点への配慮も必要です。

流通チャネル選択は，これらの点を含めて検討されなければなり
ません。

3. 延期と投機

　流通チャネルのなかで，チャネル・メンバーに最も効率的に機能を配分するための手立てとしてよく知られているのが，**延期**と**投機**の考え方です（Bucklin 1965）。ここで，延期とは，メーカーや消費者を含め，ある流通チャネルのメンバーがある流通機能の遂行とそれによるリスクを他のチャネル・メンバーに転嫁することです。逆に，投機とはそれらを引き受けることです。

　例えば，小売店が，メーカーに対してある品目の半年分の在庫を一括発注したとします。半年分の在庫の一括発注となれば，納期も長くなり，メーカーは余裕をもって材料を集め，生産にあたることができます。この場合，小売店が在庫を引き受け，投機を行ったわけです。

　これに対して，別の小売店は，1週間ずつ発注したとします。こちらの場合は，小売店の在庫は少なく，要求される納期も短くなります。したがって，こうした小売店の要求に応じるためには，メーカーはより多くの在庫をもたなければなりません。小売店からみれば，在庫の機能とリスクをメーカーに転嫁したわけで，延期になります。

　投機の場合，小売店は一括大量購入ゆえのコスト削減を手にできますが，半年先までの需要を見込んで仕入れるわけですから，リスクも大きくなります。延期の場合は，少量発注のため，生産や物流のコストは割高になりますが，1週間ごとに需要動向を見直すことができるため，リスクは小さくなります。

　後者の延期の場合は，メーカーが小売店に代わって，在庫を保有します。このとき，仮にメーカーが柔軟性のある生産体制を実現し，在庫を削減しながら，小売店からの1週間単位の発注を効率的に生

産・納入できるシステムを作り上げたとしましょう。そうなると，このチャネル全体としては，リスクを回避しながら，在庫の削減が可能になります。

　近年は情報技術の発展にともない，例えば小売店頭で得られる販売データ（POSデータ：第5章COLUMN「POSシステム」を参照）を配送センターやメーカーと共有することにより，小売店は延期でリスクを回避しながら，流通チャネル全体の在庫削減を目指している事例が多くみられます。

　メーカーからコンビニに至る流通チャネルでは，こうした延期型の取り組みがとくに盛んに行われています。

4. 流通チャネルのタイプ

　流通チャネル選択は，流通チャネル管理の基礎となる，メーカーと各チャネル・メンバーの間でどのような関係を結ぶかの決定とも密接に関わります。

　マーケティング主体としてのメーカーと各チャネル・メンバーとの関係は，図12−1に示されるように，**統合システム**，**市場システム**，**管理システム**の3つに大別されます。

　いま，メーカーの立場で考え，単純化のために，メーカー→小売店というチャネルを想定すれば，統合システムでは，メーカーが小売段階を**垂直統合**します。また，市場システムでは，メーカーが**市場取引**によって小売店に販売し，管理システムでは，小売店に対してメーカーの**流通系列化**が行われます。

垂直統合への制約

　メーカーのマーケティングの観点からみれば，最終的に消費者に製品が販売される小売段階をできる限り自由にコントロールできる

```
■ 図 12-1 ■ 流通チャネルの3つのタイプ ■

        1. 統合システム
        2. 市場システム
        3. 管理システム
```

ことが望ましいわけで，さらに，そのことにより，最終消費者に関するよりよい情報も得ることができます。そのための最も直接的なやり方は垂直統合です。この場合，メーカーは小売段階を自らの手に収めるのですから，最終消費者への販売はメーカー自身によって行われることになります。

　ところが，日本における実情を見渡したとき，2020年頃でも，小売段階までメーカーが垂直統合している事例は，後に述べる電子商取引により拡大しているとはいえ，まだ限定的です。これには，いくつかの理由があります。

　まず第1は，垂直統合に要する固定費です。小売店は消費者に販売するため，売上はその小売店に来店しうる消費者の数によって制約されます。1つの小売店が吸引できる顧客は一定の空間的範囲内に限られます。したがって，メーカーが自ら全国をカバーしうる小売店網をつくるためには，多数の小売店が必要になり，膨大な固定費がかかります。

　もっとも，電子商取引などによる通信販売の場合は，空間的利便性の制約がなくなるため，この固定費は大きく削減されることになります。

　第2は，最終消費者への販売にともなうリスクの分担ないし吸収がなされなくなるという点です。

　メーカーが生産した製品は，消費財の場合は，最終的には消費者に販売されることを目的にします。しかし，個々の消費者が特定の製品を買うかどうか，あるいはいつ買うかを，正確に予測することは不可能です。そうである以上，その製品の売上には常に不確実性がともないます。メーカーと小売店の間の関係が市場取引による売買であるならば，メーカーがいったん小売店に製品を販売すれば，所有権は小売店に移るわけで，その時点でメーカーは小売段階での販売の不確実性から解放されます。

　もちろん，小売店はメーカーから仕入れた製品の消費者への売上が思わしくなければ，次回から仕入量を減らすかもしれません。しかし，それにしても，小売店の在庫の分だけは，メーカーのリスクは分担ないし吸収されるわけで，メーカーとしてはこの在庫が小売店頭で売れないということがわかれば，生産量を減らすなり，製品の改良をするといった対応を図ればよいわけです。こうした意味で，小売店は，最終消費者への販売にともなうリスクを，メーカーと分担ないし吸収します。

　垂直統合のもとでは，このリスクのすべてをメーカーが負担しなければなりません。

　第3は，収益性です。メーカーが小売段階を統合し，そこで自社製品のみを販売した場合，複数メーカーの製品を扱っている小売店と比べ，品揃えが限定されて顧客への魅力が低下したり，あるいは取引，配送，広告などの活動にともなうコストが割高になったりすることがあります。その結果，小売活動の収益性が悪化したり，極端なときには採算が成り立たなくなったりすることもありうるわけです。

　そのため，メーカーによる直接流通が珍しくない業務用製品の流通や電子商取引においても，在庫負担や採算性といった観点から，あるいは顧客の購買習慣の観点から，間接流通が採用されることが

あるわけです。

市場取引

　垂直統合におけるこうした欠点を回避するためのメーカーにとっての1つの方法は，小売店との間を市場取引に委ねるというやり方です。この場合，小売店は通常特定のメーカーにこだわらず自由に営業活動を行います。そのことによって，顧客への魅力を高め，また，取引，配送，広告などの活動における効率性を追求するわけです。しかも，メーカーと小売店の間の取引が市場取引である限り，消費者への販売における不確実性は原則的には両者の間で分担されます（メーカーへの返品が行われるときには事態は変わってきますが）。

　ただ，小売店がメーカーから独立の存在であり，複数のメーカーと市場取引を行っている限り，かれらの活動を特定のメーカーが自由にコントロールすることはできません。つまり，このような市場システムのもとでは，メーカーが小売店をマーケティング手段の1つとして活用できるとは限らないのです。

流通系列化

　メーカーと小売店の間の第3の関係である流通系列化は，メーカーが小売店との間に売買取引を維持しながら，垂直統合のメリットをできる限り追求しようとしたものです。そこでは，小売店はメーカーから独立の存在ゆえに，自ら固定費を負担し，また，消費者への販売におけるリスクをメーカーと分担します。しかし，系列関係により，メーカーは小売店の意思決定に影響を及ぼし，販売場所の確保，説明販売や推奨販売，サービス提供などの面で小売店から優先的な扱いを得ることが可能になります。

流通チャネル・タイプの選択

　メーカーが，流通チャネルにおいて，垂直統合を行うか，市場取引を導入するか，あるいは流通系列化へ進むかは，重要な選択です。しかも，これまでの説明では，話を単純にしておくために，メーカー対小売店の関係を想定してきましたが，現実には，メーカーが卸段階を垂直統合し，小売店は系列化を行うとか，あるいは卸は系列化し小売段階は市場システムを通じて流通させるといった場合が少なくありません。つまり，メーカーとしては，このようなさまざまな組み合わせのなかから，自社にとって実行可能な最適オプションを選択するわけです。

5. 流通チャネル管理

流通チャネル管理とは

　流通チャネル選択においては，まず直接流通か間接流通かが選択されました。

　垂直統合による直接流通のもとでは，最終的に消費者に製品が販売される小売段階まで自社のコントロール下に置くことができますが，膨大な固定費，最終消費者に至るまでの在庫負担，品揃えが限定された小売店の採算性といった面で問題も多くあります。

　間接流通の場合，小売店はメーカーから独立の存在であるため，これらの問題からは解放されます。反面，間接流通では，メーカーが小売店をマーケティング手段の1つとして活用できるとは限りません。そのため，間接流通のもとでは，メーカーは，社外の存在である小売店のような流通業者の行動をできる限りコントロールすることが必要になります。これが**流通チャネル管理**です。

　具体的には，自社製品の取り扱いと優先的販売努力の確保が流通チャネル管理の目的です。

COLUMN

フランチャイズ・システム

　流通チャネル管理においてしばしば大きな役割を果たすのが，フランチャイズ・システムと呼ばれるやり方です。

　フランチャイズ・システムのもとでは，本部（フランチャイザーと呼ばれる）は加盟店（フランチャイジーと呼ばれる）に商標の使用を認め，商品供給に加え，店舗運営に関する種々のノウハウを提供します。一方，加盟店は，仕入原価のほかに，売上や粗利益に対して一定率のロイヤリティを本部に支払います。したがって，フランチャイズ・システムの採用は，本部企業にとっては，外部資本の利用，魅力的な立地の確保，加盟店主による企業家精神に富んだ店舗運営，といった理由から，より少ない資本で敏速な成長を可能にします。

　他方，加盟店にとっては，独立小規模小売店では不可能であった規模の利益の享受や近代的な店舗運営方法の導入が，経営の独立性を維持しながら可能になるというメリットがあります。

　ビジネスの世界におけるフランチャイズの歴史については，19世紀のアメリカでシンガーミシンが営業担当者をフランチャイズ契約によって組織化したときに始まるとか，18世紀のドイツでビールの製造業者がバーとフランチャイズ契約を結んだときまでさかのぼるなど，さまざまな指摘がみられますが，その本格的発展が20世紀のアメリカにおいてなされたことは確かなようです。

　今日，フランチャイズ・システムは多くの分野で採用されていますが，それらは大きく，2つのタイプに分類することができます。

　1つは製品フランチャイズと呼ばれるもので，例えば自動車メーカーが販売会社に一定地域での製品販売権をあたえるといったように，基本的には製品の販売に関するフランチャイズです。この場合，メーカーが本部であり，加盟店は個々の自動車販売会社です。

　いま１つは，ファストフードや小売業にみられるように，本部が加盟店に対して特定の商標と事業フォーマットの使用を認めるというものであり，**事業フォーマット・フランチャイズ**と呼ばれています。近年は，コンビニやファストフードなど，とくにこの後者の事業フォーマット・フランチャイズの成長が著しいようです。

パワー資源

　流通チャネル管理のためには，流通業者との間で意思疎通を図り信頼関係を醸成するとともに，報酬，制裁，正当性，一体化，情報・専門性の５つの要素から成る，**パワー資源**を活用する必要があります（石井 1983; Palmatier, Stern, and El-Ansary 2020）。

　報酬とは，メーカーが流通業者に提供する報酬で，製品力のある製品の安定した供給，ならびに**マージン**（売値と仕入値の差額）や**リベート**（メーカーから支払われる販売奨励金で，必ずしも販売量と比例するとは限らない）といった金銭的報酬が主たる内容となります。製品力のある製品とはよく売れる製品で，そうした製品が安定して供給されれば，流通業者にとってはありがたいわけです。また，製品の販売にともなって得られるマージンやリベートも，流通業者に対する重要な報酬です。

　制裁は，メーカーの要求に従わなかったことに対する制裁で，上記の報酬の削減がこれにあたります。制裁には法律に触れない配慮が必要であることはもちろんです。例えば，メーカーが，流通業者による自社製品の安売りを理由に出荷停止を行うことは，原則的に違法行為となります。また，制裁を有効なパワー資源とするためには，各流通業者の**メーカー依存度**（流通業者の仕入額に占める当該メーカー製品の比率）を高める必要があります。

　なお，先に説明した流通チャネルの開閉基準が流通チャネル政策の１つの側面，つまりメーカーが政策として目指すところであるの

に対し，メーカー依存度はそうした政策の結果とみることができます。

　正当性には，メーカーとの資本関係やメーカーとのフランチャイズ契約などが含まれます。ある流通業者が特定メーカーの子会社であれば，親会社の意向は尊重されやすいでしょう。フランチャイズ契約のもとでは，具体的に流通業者の行動がコントロールされます。また，そうした正式な契約がなくとも，流通業者がメーカーの意向を受け入れることが社会常識にかなっているといった場合も，これに該当します。

　一体化には，メーカーとの歴史的関係の深さ，風土や戦略の類似性などによる一体感の感情や一体化への欲求が含まれます。また，流通業者が特定メーカーの製品を扱うことで，そのメーカーの名声を活用したいと考える場合も，一体化資源によるパワーが発生します。

　情報・専門性とは，当該メーカーによるコントロールの見返りに得られると流通業者が考える，情報やノウハウです。こうした情報やノウハウは，それらを提供してしまうとパワーが低下するため，情報やノウハウの絶え間ない蓄積に努めるなど，情報やノウハウを提供しながらのパワー維持が課題になります。

　間接流通の場合は，これらのパワー資源を駆使して，外部の流通業者をマーケティング手段として活用していくことが必要になるわけです。

6. 流通系列化とパワー資源

　日本では，戦後，自動車や家電製品の流通に典型的にみられるように，**トヨタ自動車**や**松下電器産業**（現パナソニック）といったメーカーによる流通の系列化が，広い範囲で行われてきました。第3

章第1節でみたように,「TOYOTA」の看板を掲げた自動車販売店,「Panasonic」の看板を掲げた電器店が, その具体的な姿でした。また, メーカーが卸売業者を系列化するという事例も, 多くの業界でみられました。

パワー資源確保の具体例

以下では, そこでどのような形でパワー資源が発揮されていたかをみていくことにしましょう。

流通系列化にさいして, メーカーにとって多くの場合必要なのは, メーカー依存度を高めることです。そうすることによって, メーカーはその流通業者の行動のコントロールが可能になります。つまり, 報酬と制裁のパワー資源の確保です。

しかし, ある流通業者のメーカー依存度の増大にともない, メーカーの売上に占めるその流通業者の比率 (以下, 流通業者依存度) が大きくなると, 今度はメーカーに対する流通業者の発言力が高まっていきます。したがって, メーカーが自らのリーダーシップのもとで流通チャネルをコントロールしていくためには, 各流通業者に対して, メーカー依存度を高める一方, 流通業者依存度を低めなければなりません。そのためには結局, 両者の間に相当の売上規模の差が必要になってきます。

ですが, メーカーが流通業者のメーカー依存度を高め, 系列化を進めていくにあたっては, それによって流通業者にメリットがもたらされなければ, 流通業者は系列化に同意しないでしょう。つまり, メーカーとしては, 流通業者の品揃えが自社の製品を中心とするようになっても, かれらの経営が十分に成り立ち, あるいはそれによってかれらの利益が拡大するような配慮が必要になります。

メーカーが製品ラインを拡大し, 個々の製品の製品力向上に努めるのは, そのための配慮という側面もあります (詳しくは章末の補

論12−1を参照）。

　また，流通業者に対して製品知識やサービス技術を教育し，あるいは広く経営指導を行うのも，情報・専門性という面に加え，報酬と制裁というパワー資源にも関わっているとみるべきでしょう。

　さらに，流通業者との間のフランチャイズ契約，流通業者によるメーカー名の看板等の使用は正当性のパワー資源に資するでしょう。また，流通業者との長期間にわたる取引関係やさまざまな形で行われる経営指導や懇親のための施策は，情報・専門性や報酬・制裁という面のみならず，一体化のパワー資源に貢献するものと考えられます。

流通系列化競争の手立て

　流通業者としては，特定メーカーの系列に属することにより，品揃えを制約される反面，そのメーカーのなかで販売可能性の高い製品ラインをあたえられ，さまざまな経営指導を受けることができます。そのことによって，系列に属さない場合以上の利益が得られればよいわけです。しかし，かつての家電業界を例にとっても，流通系列化を目指すメーカーは一社だけとは限りません。そうしたメーカーが複数存在する場合には，メーカー間での流通業者の取り合いということも考えられます。

　あるいは，同じメーカーの製品を扱う流通業者が複数あるときには，それら流通業者間で競争が生じうることになり，その結果，流通業者の利益が低下する可能性もあります。したがって，メーカーは，流通業者の利益を確保し，自社の系列の魅力を高めるためにさらにさまざまな方策を行うことになります。

　流通系列化競争のこうした手立てについて詳しくは，補論12−2で述べられています。

7. 流通チャネルとしての電子商取引

　売り手にとって**電子商取引**は，きわめて斬新な特徴をもった新た
な流通チャネルであり，それだけに流通チャネル政策に対しても，
大きなインパクトを有する可能性があります。

電子商取引と間接流通チャネル

　電子商取引においてはだれもが売り手になりうるだけに，とりわ
け購買関与度が高いときには，メーカーが卸売業者や小売業者を介
さずに，最終ユーザーに直接販売することがあります。つまり，メ
ーカーの流通チャネル政策の観点からは，電子商取引は，従来とは
かなり異なる特徴をもった，新たな直接販売という流通チャネルを
利用可能にします。

　もっとも，多くのメーカーは電子商取引登場以前からすでに，卸
売業者や小売業者を経由した，間接流通のチャネルを有しています。
電子商取引による顧客への直接販売は，既存の間接流通チャネルと
は異なる費用構造を有するだけに，また，それがほかならぬメーカ
ー自身によるものであるだけに，間接流通チャネルをもつメーカー
が自らそれに乗り出せば，既存間接流通チャネルを構成する流通業
者からの反発を招く可能性が少なくありません。この反発は，既存
間接流通チャネルが強力なものであるほど，激しく，また深刻なも
のになる傾向にあります。そのため，間接流通のチャネルを主力と
しているメーカーは，この対立に悩まされ，自ら積極的に電子商取
引には乗り出しにくいわけです。

　間接流通チャネルを有するメーカーが，電子商取引を本格化し，
直接の顧客囲い込みを目指すためには，まずこの対立を回避しなけ
ればなりません。間接流通チャネルで販売していない電子商取引専

用製品を用意したり，電子商取引向けのカスタマイズ対応に乗り出したり，あるいは付属品，オプション品，他社品の品揃えを重視するのは，そのためです。つまり，メーカー自身による電子商取引が，情報収集のための実験店的な位置づけの場合はともかく，それを本格的な流通チャネルとして活用し，顧客の囲い込みを目指すためには，間接流通チャネルとの対立を回避しながら，製品力のあるユニークな製品を中心に，顧客ニーズに合った品揃えを用意することが必要になります。これがなかなか難しいわけです。

　電子商取引が注目を集めているなか，各メーカーが電子商取引になかなか本格的に取り組めなかった理由の1つはこの点にあります。しかし，新しい流通チャネルが登場し，それが消費者の購買習慣を変えてしまうものになったとき，その変化への対応に遅れれば，メーカー自身の市場地位も脅かされかねません。ここに，電子商取引をめぐって，メーカー各社の大きな悩みがあります[2]。

顧客の個別識別と個別対応

　他方で，流通チャネルとしての電子商取引は，すべての取引が顧客別に記録され，しかも，**個別対応**が相対的に容易であるという特徴をもちます。電子商取引では，個々の顧客の固有名詞が把握されたうえで，購買履歴が蓄積されます。そのため，電子商取引では，全顧客について個々別々に，人手に頼ることなく，ニーズに合いそうな商品を推奨することが可能になります。

---

[2]　これに対して，小売業者は，消費者と直接取引を行い，自ら消費者との接点をコントロールできるため，オンライン（インターネット）とオフラインの双方を活用したマーケティングをより容易に進めることが可能です。とりわけ昨今は，複数の流通チャネルを連動させ，例えばオンラインで注文して最寄りの小売店舗で受け取ったり，コンビニから百貨店の商品を注文して自宅で受け取ったりといったやり方もみられます。第3章第6節で取り上げたオムニチャネルがこれにあたります。

　もともと顧客の**個別識別**や個別対応は，業務用製品やサービスの分野では，珍しいことではありませんでした。また，一部の小売業でも，小規模ながら，そうした対応は行われてきました。例えば，ベテランの小売店員ならば，きわめて多くの顧客情報を記憶し，それを活用して推奨販売を行うということもあるでしょう。

　それが，電子商取引では，消費者向けの販売であっても，個々の顧客が識別されたうえで，購買履歴が蓄積されるため，全顧客について，人手に頼ることなしに，顧客別の推奨が可能になります。それは，第 3 章第 4 節で説明した，「その商品を買った人はこの商品も買っています」というクロス・セルに始まり，お奨め商品群の提案，場合によっては，顧客によって品揃え（カタログ）を変えるという事態も想定できるわけです。

　まさに，個別対応を実行する**ワン・トゥ・ワン・マーケティング**です。それだけに，電子商取引においては，**データベース**を活用した顧客の囲い込みが注目されています。第 6 章第 4 節で説明したCRM（Customer Relationship Management）です。

　さらに，長期間にわたって顧客別の購買履歴が蓄積されるとなると，そうした長い取引を前提に，たとえ取引のきっかけとなる商品で利益を出すことはできなくとも，将来的に利益を出していくという考えが生まれてきます。極端な場合は，第 6 章 COLUMN「トラフィック・ビルダーとクロス・セル」で述べたように，取引のきっかけは無料のサンプルで，その後の長い継続的な取引のなかで利益を出すというやり方もありうるでしょう。その場合，長い継続的な取引で一体どれだけ利益が出るかを考える必要があります。**顧客生涯価値**です。個別識別・個別対応が行われる状況では，売り手はこの顧客生涯価値をできるだけ大きくするとともに，第 4 章の図 4−3 で説明したポートフォリオ分析のような枠組みを使って，顧客特性に応じた対応を行うという考え方も出てくるわけです。

8. D2C の台頭

　流通業者経由の間接流通チャネルを有するメーカーは，オンラインでの直接販売が間接流通チャネルに不利益をもたらし，かれらの反発を呼ぶために，販売製品を分けるなど，衝突回避のための方策をめぐらしてきました。

　そうしたなか，2010 年代後半になると，新興メーカーを中心に，新たなタイプのオンライン消費者直接販売がみられるようになりました。D2C（Direct to Consumer）です。

　D2C では，メーカーは単に消費者に直接販売するだけでなく，自社サイトや SNS などを用いて，消費者との間で密接なコミュニケーションを図るといった特徴を有しています。典型的には，顧客との継続的な**タッチポイント**の維持により，顧客エンゲージメントの醸成を図るとともに，ニーズを継続的に把握し，それを顧客への提案や製品開発に生かすといった姿です。

　第 2 章第 8 節で述べたように，インターネット上でやりとりされる情報が人々の購買行動にますます大きな影響を及ぼすようになり，そのことも D2C の広がりに関わっているように思われます。

　また，**ショッピファイ**や **BASE** のように，メーカーの D2C 進出を容易にするプラットフォームの存在も見逃せません。例えば，ショッピファイは，D2C を目指すメーカーに，電子商取引サイトの構築，顧客管理，決済システムなどを，きわめて安い料金で提供するとともに，**楽天**と提携し，これらの企業が楽天に出店することも可能にしていました。ショッピファイや BASE にサポートされた D2C 企業は以前から存在していましたが，こうしたプラットフォームの存在感を一気に高めたのは，やはり新型コロナ危機でした（日経 MJ 2020 a）[3]。

　例えば，益子焼で知られる栃木県益子町では，作家と顧客の商談の場である「陶器市」の開催が 2020 年には新型コロナ危機で困難であったため，ショッピファイのプラットフォームを使ってウェブ陶器市を開催したところ，盛況を博し，しかも遠隔地からの購入者も多かったといいます（日本経済新聞 2020 e）。

　このほか，化粧品，アパレル，食品などさまざまな分野で新興企業が相次いで D2C を取り入れたマーケティングを展開していきました[4]。それだけに，既存メーカーとしても，いつまでも手をこまねいているわけにはいきません。

　実際，既存企業のなかにも，例えば**ナイキ**（日経 MJ 2020 b），**アディダス**（日経 MJ 2020 a），**日清食品**（日経 MJ 2020 c）など，D2C に力を入れている企業は枚挙に暇がありません。

D2C と間接流通チャネル

　この新たな D2C への流れのなかで，間接流通との関係はどうなっていくのでしょうか。

　ナイキやアディダスの場合は，電子商取引のみならず，多数の直営実店舗をもち，販売の中心を間接流通から D2C を含む消費者への直接販売へと切り替えていく模様です。流通チャネル政策の新しい潮流なのかもしれません。

　これに対して，日清食品の場合は，相変わらず流通の中心は小売実店舗を経由した間接流通ですが，アマゾンのような電子商取引での間接流通や自らによる D2C を併用しています。

　間接流通チャネルを有する既存メーカーとして，オフライン・オ

　3）　D2C では，いわばショールームとして，実店舗を期間限定で展開するという場合もみられます。ポップアップ・ストアです。例えば BASE は，そのための期間限定実店舗提供サービスを提供していました（日経 MJ 2020 a）。

　4）　例えば，日本経済新聞（2020 a）などを参照。

ンライン双方の間接流通チャネルと D2C をいかに矛盾なくマーケティング・ミックスのなかに組み込み，競争地位を高めていくかは，重要な戦略課題になるものと思われます。

　あなたが**日清食品**の経営者だとしたら，D2C にどのような役割を担わせますか。COLUMN「日清食品と D2C」を読み，練習問題 3 に解答してください。

COLUMN

日清食品と D2C

　日清食品株式会社は，即席麺業界のリーダー企業でした。

　同社の主力製品である**カップヌードル**の主な流通チャネルは，量販店，コンビニ，ディスカウント・ストア，ドラッグ・ストアなどでした。一般的に，カップ麺の購買においては，消費者は必ずしも同じブランドを買い続けるわけではなく，飽きや新規商品への興味を理由に，購買するブランドを頻繁に変えることが多いようでした。こうした消費者に対応するためにも，店頭ではある程度のバリエーションをもった品揃えが求められ，そうした魅力的な品揃えを実現する小売店は，メーカーにとっても重要な流通チャネルでした。このほか，**アマゾン**などのオンライン小売業者や，**楽天**などの電子商取引（EC）プラットフォーマーでもカップヌードルをはじめとする同社の製品は扱われていました。

　そうしたなか，食品業界でも D2C を採用する企業がみられ，同社としても自社 EC サイトをいかに活用すべきかが重要な検討課題となっていました。

　2016 年にリニューアルされた日清食品の EC サイトでは，日清食品グループ全体の製品が 1 食単位で購入可能であり，標的もファミリー層や中高年から若年層への拡大が目指されていました。日清食品がこうした取り組みを強めている背景には，10〜20 代の若年層

のカップ麺の喫食率を増やしたい思惑があり，10〜20代が日頃から利用しているオンラインをその販売に活かす狙いがありました。

　自社ECサイトでは，若年層向けの製品も拡充されていました。人気のアニメやゲームなど，サブカルチャーとコラボレーションしたカップヌードルをオンライン限定で販売するなどしていました。アニメなどは1人ひとりの趣向が異なり，好き嫌いもはっきりすることから，これらコラボ製品は全国一律の店頭販売にはなじみませんが，オンライン販売であれば，コアな層を狙った特徴ある製品も少量で対応可能でした。

　自社ECサイトでは，カップヌードルについて，定番製品だけでなく，販売可能なすべてのフレーバーやサイズを揃えるほか，20食入りの箱詰製品，他ブランドと組み合わせたセット製品，旧パッケージや賞味期限が近くなった製品を割安価格で提供するアウトレット製品，カップヌードル・ローリングストック・セットと呼ばれる定期配送型のセット製品なども販売されていました。

　2020年12月現在，自社ECサイトでのカップヌードルの価格は1食ずつのばら売りでは量販店やコンビニでの実売価格よりやや高めでしたが，20食入りの箱詰製品を1食単位の価格に換算すると，量販店での実売価格に近い価格となっていました。また，アマゾンなどのオンライン小売業者や，楽天などのECプラットフォーマーと比べると，20食入りの箱詰ではやや安めでした。

　ECサイトでは，データ入手のプラットフォーム構築も企図されており，会員の行動データの分析をもとに，ソーシャルメディアでの拡散が期待できるキャンペーンの設計や新製品販売促進手法の企画などへの活用が図られていました。コンビニなどでは，売れ筋の限られた製品しか売られないため，自社ECサイトには，自社のすべての製品と消費者との重要な接点になる役割が期待されていました。

　日清食品としては，店頭では扱われにくい多くの製品を自社EC

サイトで扱ってきた経験や，ソーシャルメディアを活用して消費者とダイレクトにコミュニケーションをとるノウハウを蓄積してきたことから，カップヌードルについて，これらを活かした形でのD2Cへの取り組みは魅力的な選択肢になりうると思われました。

　しかし，日清商品にとっては，流通の中心は相変わらず，量販店やコンビニといった実店舗の間接流通であり，またオンライン小売業者やECプラットフォーマーといったオンライン間接流通チャネルにも少なからず依存していました。

　日清食品はこれらさまざまな流通チャネルのなかで，D2Cにどのような役割を担わせるべきでしょうか。日清食品のマーケティング戦略を念頭に置いて，考えてみてください。

参考文献　田嶋（2021）。

9. ま と め

　企業によって生産された製品を最終消費者に販売するさい，第3章でみたように，直接販売は電子商取引の普及により拡大しているとはいえ，2020年頃でもまだ限定的で，多くの場合，両者の間に流通業者が介入しています。そのため，マーケティングの観点からは，流通業者のいかなる組み合わせを選択し，かれらの行動をいかにコントロールするかが大きな課題になります。これが流通チャネル政策です。

　本章では，この流通チャネル政策が，とりわけこれまでの日本のマーケティングでは，重要な役割を果たしてきたことが指摘されたあと，流通チャネル選択と流通チャネル管理，さらには電子商取引によるインパクトが解説されてきました。

　チャネル選択では，重要な決定事項として流通サービス水準なら

びに流通チャネルの広さ・長さ・開閉基準が取り上げられるととも
に，チャネル・メンバー間の機能分担を考えるうえで大切な考え方
である，延期と投機が紹介されました。さらに，メーカーとチャネ
ル・メンバーとの関係について，統合システム，市場システム，管
理システムの3つのタイプが識別され，市場システムや管理システ
ムのもとでチャネル・メンバーの行動をコントロールするための手
立てとして，パワー資源に基づくチャネル管理が説明されました。

　最後に，流通チャネルとしての電子商取引が取り上げられました。
流通チャネルとしての電子商取引の登場は，直接流通チャネルと間
接流通チャネルの併用という困難な課題をメーカーに突きつけます。
しかも，電子商取引のもとでは，だれもが売り手になりうるだけに
きわめて多様な競争が想定されるとともに，最終顧客の個別識別・
個別対応という，新たなマーケティングの可能性が生まれてきまし
た。

　さらに，2010年代後半になると，新興メーカーを中心に，D2C
と呼ばれる新たなタイプのオンライン消費者直接販売がみられるよ
うになりました。D2Cは新しい消費者行動のあり方に対応したも
のとはいえ，既存の間接流通チャネルを有するメーカーにとっては，
新たな戦略課題をもたらすことが指摘されました。

補論 *12-1*　流通系列化の基礎条件

　流通業者はその規模に応じて，商品仕入れのための一定の資本を有し
ています。流通業者はこの資本を用いて商品を仕入れて，在庫し，さら
に商品が売れて在庫が減少すると，売上のうち仕入資本を補充するため
の部分を用いて再び仕入れを行います。

　仮にある流通業者が特定メーカーの製品ラインのすべての製品をそれ

ぞれ通常の量だけ在庫すべく仕入れたとき，それによってこの仕入資本
が使い切られていないならば，その流通業者は他のメーカーの製品を仕
入れることになるでしょう。このことは，メーカー依存度の低下をもた
らします。もしそうしないならば，この流通業者は特定メーカーへの義
理立てのために利益を低下させることになります。したがって，メーカ
ーが流通系列化を行うためには，あるいはその基礎として依存度を高め
ていくためには，製品ラインの拡大が必要になります（石原 1982）。

　しかし，これだけではありません。製品ラインを拡大しても，それに
よって流通業者の売上が拡大し，十分な利益が確保されないのであれば，
仕方がありません。つまり，製品ラインを構成する個々の品目の販売可
能性を高めるとともに，それによって流通業者が十分な利益を得られる
ようにすることも必要です。メーカーが製品開発に腐心し，広告をはじ
めとする種々のプロモーション活動を行うのは，流通業者のために販売
可能性を高めるという意図もあります。報酬と制裁のパワー資源は，こ
れらによって，より確実なものになるわけです。

補論 *12-2*　流通系列化競争の手立て

　メーカーは，流通業者の利益を確保し，自社の系列の魅力を高めるた
めにさらにさまざまな方策を行います。

　このような方策のなかで最も直接的なのは，流通業者への割増しリベ
ートやかれらの積立金に高率（年率 20 ％程度）の配当を支払う「**積立
金制度**」などでした。

　このほか，流通業者間の競争を削減するためにも，いろいろな方策が
とられました。一定地域における取扱小売店の数を制限する選択的流通
や，その極端な形態として独占的販売権をあたえる排他的流通（テリト
リー制）は，流通業者のメーカー依存度を高める手段として，あるいは
取扱小売店の質を維持する手段としても重要ですが，これらが小売業者
間の競争を低下させる効果をもつことも事実でした。

　また，各小売店の仕入先卸売業者を指定する「一店一帳合制」は，小売店に対するコントロールを容易にするとともに，卸売業者間の競争を抑制しました。

　これらの方策のなかでも，流通業者の利益を維持し，流通系列を保つうえでとくに重要な役割を果たしたのは，**再販売価格の維持**でした。すなわち，例えば同じメーカー系列の小売店間で同じメーカーの製品に関する価格競争が始まれば，メーカーの売上は一時的に伸びるにせよ，小売店の利益は圧迫されます。その結果，小売店にとってそのメーカーの系列に留まる誘引は低下します。あるいは，小売店は価格競争による利益の低下を補うために，メーカーに対してリベートなどなんらかの形で，補償を要請するかもしれません。メーカーがこの要請を拒否すれば，系列に入っていることの魅力は低下するでしょう。そうかといってリベートなどの要請に応じれば，自らの利益の低下を余儀なくされます。また，このような価格競争はメーカーのブランド・イメージを害し，消費者に対する信用を低下させる可能性もあります。そのため，メーカーは再販売価格の維持を望み，そのことが再び流通業者に対するコントロールを必要としたわけです。

■■■ 練習問題　　　　　　　　　　　　　　Exercises ■

1. 流通チャネルが長い事例と短い事例をそれぞれ探し，なぜそうした違いが生じるのかを説明してください。
2. 延期と投機の実例を，それぞれ1つずつ挙げてください。
3. COLUMN「日清食品とD2C」において，あなたが日清食品の経営者だとしたら，D2Cにどのような役割を担わせますか。理由とともに述べてください。

さらなる学習のための文献ガイド

マーケティング全般

T. レビット／土岐坤訳『マーケティングの革新』ダイヤモンド社，1983年。

> マーケティングの考え方を知るうえで最適の書です。1962年の原著発刊ながら，その輝きはいまだに色褪せません。

池尾恭一・青木幸弘・南知惠子・井上哲浩『マーケティング』有斐閣，2010年。

> 消費者行動に力点を置いた，マーケティングの中級テキストです。

P. コトラー，K. L. ケラー／恩藏直人監修『コトラー＆ケラーのマーケティング・マネジメント』ピアソン・エデュケーション，2008年。

> アメリカにおけるマーケティングの代表的なテキストです。通読するだけでなく，辞典としても活用できます。

西川英彦・澁谷覚編著『1からのデジタル・マーケティング』碩学舎，2019年。

> 多くの事例を用いたデジタル・マーケティングのテキストです。

池尾恭一『マーケティング・ケーススタディ』碩学舎，2015年。

池尾恭一編著『ポストコロナのマーケティング・ケーススタディ』碩学舎，2021年。

> いずれも，本書で習得したマーケティングの知識を活用して取り組むのに最適な，教育用ケースを収録したテキストです。ぜひ，チャレンジしてください。

第1章

楠木建『ストーリーとしての競争戦略』東洋経済新報社，2010年。

> 競争戦略の成否をその背後にあるストーリーという観点から説明した啓蒙書です。

M. E. ポーター／土岐坤・中辻萬治・服部照夫訳『新訂 競争の戦略』ダイヤモンド社，1995 年。

> 独自ポジションの重要性を強調した，競争戦略論の古典です。原著は 1980 年発刊です。

C. M. クリステンセン／玉田俊平太監修『イノベーションのジレンマ（増補改訂版）』翔泳社，2001 年。

> 顧客ニーズを置き去りにした技術開発競争が，破壊的イノベーションというむしろ劣位の技術に敗れていく論理を描いた名著です。

第 2 章

青木幸弘『消費者行動の知識』日本経済新聞出版社，2010 年。

> 消費者行動の入門書です。

青木幸弘・新倉貴士・佐々木壮太郎・松下光司『消費者行動論』有斐閣，2012 年。

> 消費者行動の中級テキストです。

杉本徹雄編著『新・消費者理解のための心理学』福村出版，2012 年。

> 心理学の観点から消費者行動を解説したテキストです。

第 3 章

住谷宏編著『流通論の基礎（第 3 版）』中央経済社，2019 年。

> 消費財流通の広い領域をカバーした入門テキストです。

矢作敏行『現代流通』有斐閣，1996 年。

> 流通に関する中級テキストです。流通の全体像を解説するとともに，メーカーの流通チャネル政策にも言及しています。

田村正紀『流通原理』千倉書房，2001 年。

> 仕組みとしての流通の動態的発展を理論的に解説したテキストです。

第4章

石井淳蔵・奥村昭博・加護野忠男・野中郁次郎『経営戦略論（新版)』有
  斐閣，1996年。

> 経営戦略論のロングセラー・テキストです。マーケティング戦略形成
> に関しても多くの示唆をあたえてくれます。

D. F. エーベル／石井淳蔵訳『[新訳] 事業の定義』碩学舎，2012年。

> 本章で取り上げた事業の定義を，豊富な事例とともに解説した，もは
> や古典です。原著は1980年発刊です。

第5章

D. ヤンケロビッチ／関美和訳「市場セグメンテーションの本質」
  『DIAMONDハーバード・ビジネス・レビュー』2008年11月号，42-
  55頁。

> 人口統計特性を超えた市場細分化の効能と進め方を，豊富な事例によ
> り解説した論文です。原論文は1964年発行で，古典といってよいで
> しょう。

D. ヤンケロビッチ，D. ミーア／村井裕訳「セグメンテーションの再
  発見」『DIAMONDハーバード・ビジネス・レビュー』2006年6月号，
  64-77頁。

> 新製品開発のために役立つ市場細分化とはどのようなものかを論じる
> とともに，購買意思決定の重要度に応じた細分化のあり方を示した論
> 文です。

第6章

楠木建『ストーリーとしての競争戦略』東洋経済新報社，2010年。

M. E. ポーター／土岐坤・中辻萬治・服部照夫訳『新訂 競争の戦略』ダイ
  ヤモンド社，1995年。

M. E. ポーター／土岐坤・中辻萬治・小野寺武夫訳『競争優位の戦略』ダ
  イヤモンド社，1985年。

競争優位に焦点を当て，いかにそれを形成し持続するかを示した名著です。

W. C. キム，R. モボルニュ／入山章栄監訳『ブルー・オーシャン戦略（新版）』ダイヤモンド社，2015 年。

既存市場で不毛な競争を繰り返すのではなく，新たな市場を作り出すことの重要性を強調し，そのための方策を示したベストセラーです。

南知惠子『顧客リレーションシップ戦略』有斐閣，2006 年。

情報システムに焦点を当てながら，顧客との関係構築を取り上げ，そのマーケティング戦略との関わりを理論的に追究した研究書です。

第7章

G. L. アーバン，J. R. ハウザー，N. ドラキア／林廣茂・中島望・小川孔輔・山中正彦訳『プロダクトマネジメント』プレジデント社，1989 年。

新製品開発の進め方を各種の技法とともに包括的に解説したテキストです。また，製品ライフサイクルのマネジメントにも言及されています。

延岡健太郎『製品開発の知識』日本経済新聞社，2002 年。

新製品開発を進めるうえで必要な考え方を，主として組織の観点から解説した入門書です。

第8章

T. レビット／有賀裕子・DIAMOND ハーバード・ビジネス・レビュー編集部訳『T. レビット マーケティング論』ダイヤモンド社，2007 年。

マーケティング分野で最も影響力のあった研究者の 1 人として知られる，セオドア・レビット教授の論文集です。同書の第 4 章で製品ライフサイクルの利用法が解説されています。

G. L. アーバン，J. R. ハウザー，N. ドラキア／林廣茂・中島望・小川孔輔・山中正彦訳『プロダクトマネジメント』プレジデント社，1989 年。

Y. ムーン／大場由美子訳「『脱』ライフサイクルの市場戦略」『DIAMOND

ハーバード・ビジネス・レビュー』2005 年 8 月号，78-89 頁。

　　製品ライフサイクルのカーブから抜け出すための方策を論じた論文です。

第9章

T. レビット／土岐坤訳「差別化こそマーケティングの成功条件」『DIAMOND ハーバード・ビジネス・レビュー』1980 年 5-6 月号，19-28 頁。

　　広い意味での製品の構造から差別化の可能性を論じた論文です。上記第 8 章の文献ガイドで紹介した『T. レビット マーケティング論』にも，新訳で第 13 章に再録されています。

山本昭二『サービス・マーケティング入門』日本経済新聞出版社，2007 年。

　　サービスを対象としたマーケティングの入門書です。

K. L. ケラー／恩蔵直人監訳『エッセンシャル 戦略的ブランド・マネジメント（第 4 版)』東急エージェンシー，2015 年。

　　顧客ベースのブランド・エクイティを基礎に置いた，ブランド政策の包括的なテキストです。

第10章

H. サイモン，R. J. ドーラン／吉川尚宏監訳『価格戦略論』ダイヤモンド社，2002 年。

　　価格政策に関する代表的なテキストです。

上田隆穂『利益を最大化する 価格決定戦略』明日香出版社，2021 年。

　　価格に関する最新の動向まで扱った入門書です。

第11章

J. R. ロシター，L. パーシー／青木幸弘・岸志津江・亀井昭宏監訳『ブラ

ンド・コミュニケーションの理論と実際』東急エージェンシー出版部，
2000 年。

　　　広告コミュニケーションとプロモーションの包括的なテキストです。
岸志津江・田中洋・嶋村和忠『現代広告論（第 3 版)』有斐閣，2017 年。

　　　広告に関する最新の動向まで幅広くカバーした入門テキストです。

第 12 章

矢作敏行『現代流通』有斐閣，1996 年。
小林哲・南知惠子編『流通・営業戦略』有斐閣，2004 年。

　　　流通チャネル政策をやや広い観点から扱った入門テキストです。

参考文献一覧

Aaker, David A. (1991), *Managing Brand Equity: Capitalizing on the Value of a Brand Name*, New York: Free Press.

—— (1996), *Building Strong Brands*, New York: Free Press.

—— (2011), *Brand Relevance: Making Competitors Irrelevant*, San Francisco, CA: Jossey-Bass. 邦訳：阿久津聡監訳・電通ブランド・クリエーション・センター訳『カテゴリー・イノベーション：ブランド・レレバンスで戦わずして勝つ』日本経済新聞出版社，2011。

—— (2014), *Aaker on Branding: 20 Principles That Drive Success*, Illustrated edition, New York: Morgan James Publishing. 邦訳：阿久津聡訳『ブランド論：無形の差別化をつくる20の基本原則』ダイヤモンド社，2014。

Aaker, Jennifer L. (1997), "Dimensions of Brand Personality," *Journal of Marketing Research*, Vol. 34, August, pp. 347–356.

Abell, Derek F. (1980), *Defining the Business: The Starting Point of Strategic Planning*, Englewood Cliffs, NJ: Prentice-Hall. 邦訳：石井淳蔵訳『[新訳] 事業の定義：戦略計画策定の出発点』碩学舎，2012。

—— and John S. Hammond (1979), *Strategic Market Planning: Problems and Analytical Approaches*, Englewood Cliffs, NJ: Prentice-Hall. 邦訳：片岡一郎・古川公成・滝沢茂・嶋口充輝・和田充夫訳『戦略市場計画』ダイヤモンド社，1982。

Abernathy, William J. and Kenneth Wayne (1974), "Limits of the Learning Curve," *Harvard Business Review*, Vol. 52, September-October, pp. 109–119.

Anderson, Chris (2006), *The Long Tail: Why the Future of Business Is Selling Less of More*, New York: Hyperion. 邦訳：篠森ゆりこ訳『ロングテール：「売れない商品」を宝の山に変える新戦略』早川書房，2006。

—— (2009), *FREE: The Future of a Radical Price*, Hyperion, New York: Hyperion. 邦訳：小林弘人監修，高橋則明訳『フリー：「無料」からお金を生みだす新戦略』NHK出版，2009。

Ansoff, H. Igor (1965), *Corporate Strategy: An Analytic Approach to Business Policy for Growth and Expansion*, New York: McGraw-Hill. 邦訳：広田寿亮訳『企業戦略論』産業能率短期大学出版部，1969。

Assacl, Henry (2004), *Consumer Behavior: A Strategic Approach*, Boston: Houghton Mifflin Company.

Barney, Jay B. (2002), *Gaining and Sustaining Competitive Advantage*, 2nd ed., Englewood Cliffs, NJ: Prentice-Hall. 邦訳：岡田正大訳『企業戦略論：競争

優位の構築と持続』ダイヤモンド社，2003。

Bartlett, Christopher A. and Meg Wozny (2005), *GE's Two-Decade Transformation: Jack Welch's Leadership*, Ver. 3, Harvard Business School Publishing. 邦訳：野村マネジメント・スクール訳『GE の過去 20 年の体質転換：ジャック・ウェルチのリーダーシップ』日本ケースセンター，2008。

Bass, Frank M. (1969), "A New Product Growth Model for Consumer Durables," *Management Science*, Vol. 15, January, pp. 215–227.

Belk, Russell W. (1975), "Situational Variables and Consumer Behavior," *Journal of Consumer Research*, Vol. 2, December, pp. 157–163.

Bennis, Warren (2002), "Will the Legacy Live On?" *Harvard Business Review*, February 2002, pp. 95–99. 邦訳：スコフィールド素子訳「ウェルチ経営は歴史に何を残すのか」『DIAMOND ハーバード・ビジネス・レビュー』2002 年 5 月号，77–85 頁。

Blackwell, Roger D., Paul W. Miniard and James F. Engel (2006), *Consumer Behavior*, 10th ed., Mason, OH: Thomson South-Western.

Botsman, Rachel and Roo Rogers (2010), *What's Mine Is Yours: The Rise of Collaborative Consumption*, Illusrated ed., New York: Harper Collins Publishers. 邦訳：小林弘人監修・解説，関美和訳『シェア：〈共有〉からビジネスを生みだす新戦略』NHK 出版，2010。

Bucklin, Louis P. (1963), "Retail Strategy and the Classification of Consumer Goods," *Journal of Marketing*, Vol. 27, January, pp. 50–58. 邦訳：和田充夫訳「小売り戦略と消費者商品分類」『季刊 消費と流通』13 号，102–109 頁，1980。

———— (1965), "Postponement, Speculation and the Structure of Distribution Channels," *Journal of Marketing Research*, Vol. 2, February, pp. 26–31.

———— (1966), *A Theory of Distribution Channel Structure*, IBER Special Publications. 邦訳：田村正紀訳『流通経路構造論』千倉書房，1977。

Chandler, Alfred D., Jr. (1964), *Giant Enterprise: Ford, General Motors, and the Automobile Industry; Sources and Readings*, Harcourt, Brace and World. 邦訳：内田忠夫・風間禎三郎訳『競争の戦略：GM とフォード栄光への足跡』ダイヤモンド社，1970。

———— (1977), *The Visible Hand*, Cambridge, MA: The Belknap Press of Harvard University Press. 邦訳：鳥羽欽一郎・小林袈裟治訳『経営者の時代：アメリカ産業における近代企業の成立』東洋経済新報社，1979。

Chesbrough, Henry W. (2003), *Open Innovation: The New Imperative for Creating and Profiting from Technology*, Boston: Harvard Business School Press. 邦訳：大前恵一朗訳『Open Innovation：ハーバード流イノベーション戦略のすべて』産業能率大学出版部，2004。

Christensen, Clayton M. (1997), *The Innovator's Dilemma: When New Technol-*

ogies Cause Great Firms to Fail, Boston: Harvard Business School Press. 邦訳：玉田俊平太監修, 伊豆原弓訳『イノベーションのジレンマ：技術革新が巨大企業を滅ぼすとき』翔泳社, 2001。

Christopher, Martin, Adrian Payne, and David Ballantyne (2002), *Relationship Marketing: Creating Stakeholder Value*, Oxford, UK: Butterworth-Heinemann.

Darby, Michael and Edi Karni (1973), "Free Competition and the Optimal Amount of Fraud," *Journal of Law and Economics*, Vol. 16, April, pp. 67-88.

Dolan, Robert J. (2000), *Note on Marketing Strategy*, Harvard Business School.

——— and Hermann Simon (1996), *Power Pricing: How Managing Price Transform the Bottom Line*, New York: Free Press. 邦訳：吉川尚宏監訳『価格戦略論』ダイヤモンド社, 2002。

Drucker, Peter (1974), *Management: Tasks, Responsibilities, Practices*, Butterworth-Heinemann. 邦訳：上田惇生訳『マネジメント：基本と原則』ダイヤモンド社, 2001。

Engel, James F., Roger D. Blackwell, and Paul W. Miniard (1990), *Consumer Behavior*, 6th ed., New York: Dryden Press.

Farris, Paul W. and John A. Quelch (1987), *Advertising and Promotion Management: A Manager's Guide to Theory and Practice*, Malabar, FL: Robert E. Krieger.

Frei, Frances X. and Corey B. Hajim (2002), *Commerce Bank*, Harvard Business School. 邦訳：慶應義塾大学ビジネス・スクール『コマース・バンク』日本ケースセンター, 2012。

Guiltinan, Joseph P. (1987), "The Price Bunding of Services: A Normative Framework," *Journal of Marketing*, Vol. 51, April, pp. 74-85.

Hawkins, Del I., Roger J. Best, and Kenneth A. Coney (1992), *Consumer Behavior: Implications for Marketing Strategy*, 5th ed., Homewood, IL: Irwin.

Henderson, Bruce D. (1979), *On Corporate Strategy*, Abt Associates. 邦訳：土岐坤訳『経営戦略の核心』ダイヤモンド社, 1981。

Heskett, James L. (1986), *Managing in the Service Economy*, Harvard Business School Press. 邦訳：山本昭二訳『サービス経済下のマネジメント』千倉書房, 1992。

———, Thomas O. Jones, Gary W. Loveman, W. Earl Sasser, Jr., and Leonard A. Schlesinger (1994), "Putting the Service-Profit Chain to Work," *Harvard Business Review*, Vol. 72, March-April, pp. 164-174.

Hollander, Stanley C. (1960), "The Wheel of Retailing," *Journal of Marketing*, Vol. 25, pp. 37-42. 邦訳：嶋口充輝訳「小売の輪仮説について」『季刊 消費と流通』6号, 新春, 99-104頁, 1979。

Howard, John A. and Jagdish N. Sheth (1969), *The Theory of Buyer Behavior*,

Hoboken, NJ: John Wiley & Sons.

Interbrand (2021), "Best Global Brands," https://interbrand.com/best-global-brands/.

Keller, Kelvin L. (2013), *Strategic Brand Management: Building, Measuring, and Managing Brand Equity*, 4th ed., Harlow, UK: Peason Education.

Kotler, Philip (1980), *Marketing Management: Analysis, Planning and Control*, 4th ed., Englewood Cliffs, NJ: Prentice-Hall. 邦訳：村田昭治監修，小坂恕・疋田聰・三村優美子訳『マーケティング・マネジメント：競争的戦略時代の発想と展開』プレジデント社，1983。

——, John Bowen and James Makens (2003), *Marketing for Hospitality and Tourism*, 3rd ed., Upper Saddle River, NJ: Peason Education.

—— and Kelvin L. Keller (2006), *Marketing Management*, 12th ed., Upper Saddle River, NJ: Peason Education. 邦訳：恩蔵直人監修，月谷真紀訳『コトラー＆ケラのマーケティング・マネジメント』ピアソン・エデュケーション，2008。

—— and —— (2012), *Marketing Management*, 14th ed., Harlow, UK: Peason Education.

—— and —— (2016), *Marketing Management*, 15th Global ed., Harlow, UK: Peason Education.

Krugman, Herbert E. (1965), "The Impact of Television Advertising: Learning without Involvement," *Public Opinion Quarterly*, Vol. 29, Fall, pp. 349–356.

Lemon, Katherine N. and Peter C. Verhoef (2016), "Understanding Customer Experience Throughout the Customer Journey," *Journal of Marketing*, Vol. 80, November, pp. 69–96.

Levitt, Theodore (1962), *Innovation in Marketing: New Perspectives for Profit and Growth*, New York: McGraw-Hill. 邦訳：土岐坤訳『マーケティングの革新：未来戦略の新視点』ダイヤモンド社，1983。

—— (1969), *The Marketing Mode: Pathways to Corporate Growth*, New York: McGraw-Hill. 邦訳：土岐坤訳『マーケティング発想法』ダイヤモンド社，1971。

Lusch, Robert F. and Stephen L. Vargo (2014), *Servise-Dominant Logic: Premises, Perspectives, Possibilities*, New ed., Cambridge, UK: Cambridge University Press.

Maslow, Abraham (1970), *Motivation and Personality*, 2nd ed., New York: Harper & Row. 邦訳：小口忠彦訳『人間性の心理学：モチベーションとパーソナリティ』改訂新版，産業能率大学出版部，1987。

McNair, Malcolm P. (1958), "Significant Trends and Developments in the Post-War Period," in Albert B. Smith, ed., *Competitive Distribution in a Free High-Level Economy and its Implications for the University*, Pittsburgh:

University of Pittsburgh Press, pp. 1–25.

Nagle, Thomas T. and Reed K. Holden (2002), *The Strategy and Tactics of Pricing*, Upper Saddle River, NJ: Prentice-Hall.

Nelson, Phillip (1970), "Information and Consumer Behavior," *Journal of Political Economy*, Vol. 78, March-April, pp. 311–329.

Nielsen, 0. (1966), "Developments in Retailing," in M. Kjaer-Hansen, ed., *Readings in Danish Theory of Marketing*, Amsterdam: North Holland Publishing Company, pp. 101–115.

Palmatier, Robert W., Eugene Sivadas, Louis W. Stern, and Adel I. El-Ansary (2020), *Marketing Channel Strategy: An Omni-Channel Approach*, 9th ed., New York: Routledge.

Petty, Richard E. and John T. Cacioppo (1986), *Communication and Persuasion: Central and Peripheral Routes to Attitude Change*, New York: Springer-Verlag.

Plummer, Joseph. T. (1974), "The Concept and Application of Life Style Segmentation," *Journal of Marketing*, Vol. 38, January, pp. 33–37.

Porter, Michael E. (1980), *Competitive Strategy*, New York: Free Press. 邦訳：土岐坤・中辻萬治・服部照夫訳『新訂 競争の戦略』ダイヤモンド社，1995。

—— (1985), *Competitive Advantage*, New York: Free Press. 邦訳：土岐坤・中辻萬治・小野寺武夫訳『競争優位の戦略』ダイヤモンド社，1985。

Reichheld, Frederick F. and W. Earl Sasser, Jr. (1990), "Zero Defections: Quality Comes to Services," *Harvard Business Review*, Vol. 68 (5), September–October, pp. 105–111.

Riesman, D. (1950), *The Lonely Crowd*, New Haven, CT: Yale University Press. 邦訳：加藤秀俊訳『孤独な群衆』みすず書房，1964。

Rogers, E. M. (1983), *Diffusion of Innovations*, New York: Free Press, 邦訳：青池慎一・宇野善康訳『イノベーション普及学』産能大学出版部，1990。

Schumpeter, Joseph A. (1934), *The Theory of Economic Development*, Cambridge, MA: Harvard University Press. 邦訳：塩野谷祐一・中山伊知郎・東畑精一訳『経済発展の理論：企業者利潤・資本・信用・利子および景気の回転に関する一研究』岩波書店，1981。

Stone, Brad (2013), *The Everything Store*, London: Bantam Press. 邦訳：井口耕二訳『ジェフ・ベゾス 果てなき野望：アマゾンを創った無敵の奇才経営者』日経BP社，2014。

Tzuo, Tien and Gabe Weisert (2018), *Subscribed*, Penguin Random House. 邦訳：桑野順一郎監訳，御立英史訳『サブスクリプション：「顧客の成功」が収益を生む新時代のビジネスモデル』ダイヤモンド社，2018。

Vise, David A. and Mark Malseed (2005), *The Google Story: Inside the Hottest Business, Media and Technology Success of Our Time*, Delta. 邦訳：田村理

香訳『Google 誕生：ガレージで生まれたモンスター』イースト・プレス，2006。

Welch, John F. Jr., (1980–1999), "To Our Share Owners," *GE Annual Report* 1980–1999. 邦訳：「『株主への手紙』：CEO 就任から現在まで」『DAIAMOND ハーバード・ビジネス・レビュー』2001 年 1 月号，44–96 頁。

Wilkie, William L. (1994), *Consumer Behavior*, 3rd ed., Hoboken, NJ: John Wiley & Sons.

青木幸弘 (2010)，『消費者行動の知識』日本経済新聞出版社。

秋山学 (2012)，「消費者行動における動機付けと感情」杉本徹雄編著『新・消費者理解のための心理学』福村出版，99–114 頁。

阿久津聡・石田茂 (2002)，『ブランド戦略シナリオ：コンテクスト・ブランディング』ダイヤモンド社。

阿部周造 (1978)，『消費者行動：計量モデル』千倉書房。

池尾恭一 (1999)，『日本型マーケティングの革新』有斐閣。

――――編 (2003)，『ネット・コミュニティのマーケティング戦略：デジタル消費社会への戦略対応』有斐閣。

―――― (2015)，『マーケティング・ケーススタディ』碩学舎。

――――編著 (2021)，『ポストコロナのマーケティング・ケーススタディ』碩学舎。

――――・青木幸弘・南知恵子・井上哲浩 (2010)，『マーケティング』有斐閣。

――――・井上哲浩 (2008)，『戦略的データマイニング：アスクルの事例で学ぶ』日経 BP 社。

石井淳蔵 (1983)，『流通におけるパワーと対立』千倉書房。

――――・奥村昭博・加護野忠男・野中郁次郎 (1996)，『経営戦略論』新版，有斐閣。

石原武政 (1982)，『マーケティング競争の構造』千倉書房。

――――・池尾恭一・佐藤善信 (2000)，『商業学（新版）』有斐閣。

今井賢一 (1986)，「イノベーションと企業の戦略・組織」今井賢一編『イノベーションと組織』東洋経済新報社。

上田隆穂 (2021)，『利益を最大化する価格決定戦略：長期的に利益を上げ続けるための価格マネジメント戦略』明日香出版社。

梅田望夫 (2006)，『ウェブ進化論：本当の大変化はこれから始まる』筑摩書房。

遠藤功 (2008)，「プレミアム戦略：情緒的価値　どう高める」『日経産業新聞』2008 年 10 月 7 日。

小川進 (2013)，『ユーザーイノベーション：消費者から始まるものづくりの未来』東洋経済新報社。

長田英知 (2019)，『いまこそ知りたいシェアリングエコノミー』ディスカヴァー・トゥエンティワン。

長内厚・榊原清則編著 (2012)，『アフターマーケット戦略：コモディティ化を

　防ぐコマツのソリューション・ビジネス』白桃書房。

小野譲司・藤川佳則・阿久津聡・芳賀麻誉美 (2014),「共創志向性：事後創発
　される価値の原動力」『マーケティング・ジャーナル』第 33 巻第 3 号，5-31 頁。

川島蓉子 (2013),『エスプリ思考：エルメス本社副社長，齋藤峰明が語る』新
　潮社。

経済産業省 (2015),『2014 年度電子商取引に関する市場調査』経済産業省。

経済産業省 (2021),『2020 年度電子商取引に関する市場調査』経済産業省。

嶋口充輝 (1986),『統合マーケティング：豊饒時代の市場志向経営』日本経済新
　聞社。

住宅産業研究所 (2010),『2010 住宅メーカーの競争力分析』住宅産業研究所。

鈴木安昭・田村正紀 (1980),『商業論』有斐閣。

総務省 (2022),『労働力調査』，https://www.s tat.go.jp/data/roudou/index.
　html。

竹内弘高・野中郁次郎 (1986),「新たな新製品開発競争」『DIAMOND ハーバー
　ド・ビジネス・レビュー』第 11 号，Apr.-May，65-85 頁。

竹宮惠子 (2000),『エルメスの道』中央公論新社。

田嶋規雄 (2021),「日清食品株式会社：ソーシャルメディア活用型コミュニケ
　ーション政策と D2C」池尾恭一編著『ポストコロナのマーケティング・ケー
　ススタディ』碩学舎。

田村正紀 (2001),『流通原理』千倉書房。

戸矢理衣奈 (2004),『エルメス』新潮社。

内閣府 (2022),『国民経済計算年次推計』，https://www.esri.cao.go.jp/jp/sna/
　kakuhou/kakuhou_top.html。

成毛眞 (2018),『amazon：世界最先端の戦略がわかる』ダイヤモンド社。

日本生産性本部 (2019),『労働生産性の国際比較 2019』。

―――（2020),『労働生産性の国際比較 2020』。

延岡健太郎 (2011),『価値づくり経営の論理：日本製造業の生きる道』日本経
　済新聞出版社。

藤本隆宏 (2019),「デジタル化とものづくり革新」日本商業学会第 69 回全国研
　究大会での講演資料。

南知惠子・西岡健一 (2014),『サービス・イノベーション：価値共創と新技術
　導入』有斐閣。

モバイル・コンテンツ・フォーラム (2021),https://www.mcf.or.jp/mcfxswp/
　wp-content/uploads/2013/10/mobilecontent_market_scale2020.pdf。

森下二次也 (1959 a),「Managerial Marketing の現代的性格について」『経営研
　究』40 号，1-29 頁。

―――（1959 b),「続・Managerial Marketing の現代的性格について」『経営研
　究』41 号，1-28 頁。

森本博行 (2001),「チェンジ・リーダー：ウェルチ経営の本質」『DIAMOND ハ

ーバード・ビジネス・レビュー』2001 年 1 月号，97-108 頁。

米倉誠一郎・清水洋編 (2015)，『オープン・イノベーションのマネジメント：
　高い経営成果を生む仕組みづくり』有斐閣。

和田充夫 (2002)，『ブランド価値共創』同文舘出版。

DIAMOND Chain Store (2020)，『DIAMOND Chain Store』2020 年 5 月 15 日
　号，60-61 頁。

日本経済新聞 (2012)，『日本経済新聞朝刊』2012 年 1 月 20 日。

日本経済新聞 (2018)，『日本経済新聞朝刊』2018 年 9 月 15 日。

日本経済新聞 (2020 a)，『日本経済新聞朝刊』2020 年 7 月 6 日。

日本経済新聞 (2020 b)，『日本経済新聞朝刊』2020 年 8 月 7 日。

日本経済新聞 (2020 c)，『日本経済新聞朝刊』2020 年 8 月 20 日。

日本経済新聞 (2020 d)，『日本経済新聞朝刊』2020 年 9 月 1 日。

日本経済新聞 (2020 e)，『日本経済新聞地方経済面北関東』2020 年 9 月 4 日。

日本経済新聞 (2020 f)，『日本経済新聞朝刊』2020 年 9 月 10 日。

日本経済新聞 (2021)，『日本経済新聞朝刊』2021 年 2 月 10 日。

日経ビジネス (2012)，『日経ビジネス』2012 年 7 月 23 日，78-81 頁。

日経ビジネス (2013)，『日経ビジネス』2013 年 3 月 4 日，44-49 頁。

日経ビジネス (2019)，『日経ビジネス』2019 年 3 月 18 日，26-43 頁。

日経ビジネス (2020)，『日経ビジネス』2020 年 6 月 1 日号，12-13 頁。

NIKKEI DESIGN (2017)，『NIKKEI DESIGN』2017 年 1 月号。

日経情報ストラテジー (2010)，『日経情報ストラテジー』2010 年 10 月号，30-
　33 頁。

日経 MJ (2020 a)，『日経 MJ』2020 年 6 月 26 日。

日経 MJ (2020 b)，『日経 MJ』2020 年 7 月 20 日。

日経 MJ (2020 c)，『日経 MJ』2020 年 7 月 31 日。

日経 MJ (2020 d)，『日経 MJ』2020 年 8 月 31 日。

日経 MJ (2020 e)，『日経 MJ』2020 年 10 月 11 日。

日経 MJ (2021f)，『日経 MJ』2021 年 4 月 5 日。

日経 MJ (2021 g)，『日経 MJ』2021 年 4 月 23 日。

日経 TRENDY (2017)，『日経 TRENDY』2017 年 11 月号。

日経 XTREND (2018)，『日経 XTREND』2018 年 5 月号。

週刊東洋経済 (2011)，『週刊東洋経済』2011 年 7 月 9 日号，50-51 頁。

https://www.mcf.or.jp/wordpress/wpcontent/uploads/2013/10/mobilecon-
　tent_market_scale2020.pdf (2022 年 5 月取得)

http://kakaku.com (2022 年 8 月取得)

http://toyota.jp/carlineup/ (2022 年 8 月取得)

http://www.suzuki.co.jp/car/lineup/ (2022 年 8 月取得)

http://www.suntory.co.jp/whisky/beginner/history/（2022 年 8 月取得）

http://www.suntory.co.jp/whisky/kakubin/（2022 年 8 月取得）

http://www.amazon.co.jp/（2022 年 8 月取得）

https://marketing-dictionary.org/b/brand/（2022 年 8 月取得）

https://www.esri.cao.go.jp/jp/sna/kakuhou/kakuhou_top.html（2022 年 8 月 取得）

https://www.stat.go.jp/data/roudou/index.html（2022 年 8 月取得）

https://interbrand.com/best-global-brands/（2022 年 8 月取得）

http://www.yahoo.co.jp/（2022 年 8 月取得）

https://www.google.co.jp/（2022 年 8 月取得）

索 引

事項索引

356

人名・会社名・ブランド名索引

〔著者紹介〕

池尾 恭一（いけお きょういち）

慶應義塾大学名誉教授。商学博士（慶應義塾大学）。

1950 年，神奈川県生まれ。1973 年，慶應義塾大学商学部卒業。慶應義塾大学大学院商学研究科修士課程・博士課程などを経て，1994 年，慶應義塾大学大学院経営管理研究科教授。2005〜09 年，同研究科委員長兼ビジネス・スクール校長。2014〜21 年，明治学院大学経済学部教授。1998〜99 年，日本消費者行動研究学会会長。1999〜2017 年，『マーケティングジャーナル』誌編集委員長。2011〜15 年，日本商業学会会長。2014 より現職。

主な著書としては，

『消費者行動とマーケティング戦略』，千倉書房，1991 年

『日本型マーケティングの革新』，有斐閣，1999 年

『商業学 新版』（共著），有斐閣，2000 年

『マーケティング・レビュー』（編），同文舘出版，2001 年

『日経で学ぶ経営学の考え方』（共著），日本経済新聞社，2003 年

『ネット・コミュニティのマーケティング戦略』（編），有斐閣，2003 年

『ビジネススクール・テキスト マーケティング戦略』（共著），有斐閣，2004 年

『戦略的データマイニング』（共著），日経 BP 社，2008 年

『マーケティング』（共著），有斐閣，2010 年

『日本型マーケティングの新展開』（共編），有斐閣，2010 年

『モダン・マーケティング・リテラシー』，生産性出版，2011 年

『マーケティング・ケーススタディ』，碩学舎，2015 年

『ポストコロナのマーケティング・ケーススタディ』（編著），碩学舎，2021 年

入門・マーケティング戦略（新版）
Lecture on Marketing Strategy, New Edition

2016 年 9 月 30 日　初版第 1 刷発行
2022 年 11 月 30 日　新版第 1 刷発行

著　者　池尾　恭一
発行者　江草　貞治

発行所　株式会社有斐閣　　101-0051　東京都千代田区神田神保町 2-17
http://www.yuhikaku.co.jp/

文字情報・レイアウト処理　有限会社ティオ

印　刷　大日本法令印刷株式会社　　製　本　大口製本印刷株式会社

©2022, Kyoichi IKEO. Printed in Japan

ISBN 978-4-641-16603-5

落丁・乱丁本はお取替えいたします。

★定価はカバーに表示してあります。